AF282520

Christian Rebosch

DAS GEBURTSRECHT DES LEBENS

Teil 2
Die innere Natur

1. Auflage: Copyright © Mai 2025 Christian Rebosch

Bibliografische Information der Deutschen Nationalbibliothek:
Die Deutsche Nationalbibliothek verzeichnet diese Publikation in der Deutschen Nationalbibliografie; detaillierte bibliografische Daten sind im Internet über http://dnb.dnb.de abrufbar.

Verlag: BoD · Books on Demand GmbH, Überseering 33, 22297 Hamburg, bod@bod.de
Druck: Libri Plureos GmbH, Friedensallee 273, 22763 Hamburg
ISBN: 978-3-8192-7916-4

Inhaltsverzeichnis

Für Sabine

VORWORT

„Manchmal ist das Einzige, was man braucht, eine neue Perspektive." Anchu Kögl

Im Auftaktteil, „Das Geburtsrecht des Lebens" – Mein engelhafter Dämon, erfuhren Sie u. a., was das Geburtsrecht des Lebens ist, erhielten Aufschluss über seine Wirksamkeit und darüber, wie es mit dem Menschen interagiert. Sie lernten Ursachen und Wirkungen seelischer Krisen kennen, empfingen einen Überblick über Ihre mentale Macht und Kraft in Ihrer Innenwelt und durch welche Bilder sie in Ihrem Inneren repräsentiert werden. Sie bekamen einen Einblick in meine ganz persönliche Geschichte, meine Selbsttäuschung, meine Erkenntnis über diesen Selbstbetrug und wie ich persönlich den Kampf gegen meinen inneren engelhaften Dämon aufnahm und ihn überwältigte.

Das Leben selbst als eigenständige, materielle Naturerscheinung spricht jedem Menschen auf der Welt ausnahmslos alle Rechte zu, welche ihm zu einem Leben in selbstbestimmter Individualität und Perfektion in sämtlichen Lebenslagen verhelfen. Diese Rechte garantiert es ihm durch das Geburtsrecht des Lebens, welches es ihm bei seiner Menschwerdung zuteilwerden lässt.
Die in diesem Recht verankerte Materie, das dort bestehende unveränderliche und selbstständige Seiende, kann in uns so manches Mal den Eindruck erwecken, als stünde es im Widerspruch zu den variablen Eigenschaften des Lebens und dessen dualistischer Systematik. Allerdings gehören diese Konstellationen zur notwendigen Regulierung der Ausgewogenheit und Stabilität allen Lebens. Unser Dasein beinhaltet endlose Wechselwirkungen unzähliger Spiele. Alles hängt in einer bestimmten Weise mit allem zusammen wie einzelne Puzzleteile, die am Ende ein eindrucksvolles und bewundernswertes Bild ergeben. Viele Assoziationen und Synthesen erschließen sich weder dem bloßen Auge noch sind sie in einer

Form dem menschlichen Geist zugänglich. Doch oft sind es die verborgenen Verbindungen, die ein Leben bestimmen können.

„Die äußersten Gegensätze berühren sich. Sie scheinen, sich vermeintlich zu widersprechen, aber sie ergänzen sich.“
Christian Rebosch

In diesem zweiten Teil, „Das Geburtsrecht des Lebens" – Die innere Natur, geht es darum, die inhaltsvolle Substanz und absolute Makellosigkeit und Vollkommenheit dieses Rechts zu erkennen und herauszukristallisieren, welche Wichtigkeit und Geltung sowie welchen Wert es für das Leben jedes Einzelnen besitzt.
Was ich Ihnen in diesem Buch vermitteln möchte, sind mögliche andere Interpretationen und Würdigungen für eingleisig gedachte Glaubenssätze und dysfunktionale Denkgewohnheiten. Ebenso frische Inspirationen und vorstellbare abweichende Standpunkte oder Betrachtungswinkel von eingefahrenen Verhaltensschablonen und Analysestrukturen. Praxisorientierte Optionen, um eventuell feine Korrekturen in der Lebenseinstellung und Persönlichkeitsgestaltung auszuprobieren und damit für sich potentiell ein neues, womöglich behaglicheres und willkommeneres Lebensmodell zu konzipieren und entstehen zu lassen. Nicht zuletzt möchte ich auch behutsam ein paar schwierige und leidvolle Realitäten benennen, selbst auf die Gefahr hin, dass sie nicht immer in eigene Überzeugungsmuster oder Gefühlsabschnitte hineinpassen.

Lassen Sie uns gemeinsam auf eine Reise gehen und dabei alte und vergessene, aber auch aufschlussreiche neue Räume betreten und das Verborgene im Leben erforschen! Tauchen wir zusammen ein in die Welt der uns rechtlich zustehenden Gefühle, Zustände, Einstellungen und Wesensarten, um uns neu zu erfahren und um eine neue bewusste Manifestation unseres Lebens zu designen. Bringen wir zusammen die tiefere Bedeutung der so oft vernachlässigten oder ignorierten, jedoch uns rechtmäßig zuerkannten

Rechte ans Licht und erkunden die bisher häufig unerkannte wahre Echtheit und den substanziellen Sinngehalt des Lebens. Dadurch erhalten wir die Möglichkeit, das Geheimnisvolle und Rätselhafte eines teils unbekannten und ungebräuchlichen Lebensmusters und inneren Repräsentationssystems im Alltag zu erkunden, zu begreifen und transparenter für uns hervorzuheben. Wir lernen, zu erkennen, dass sich das Leben nicht ausschließlich nach einer einseitigen rationalistischen Betrachtung ausrichtet, sondern in einer großzügig vielseitigen und sinneseindrücklichen Zusammensetzung sowie eines individuellen Schaffungsprozesses eigenständig gestaltet.

„Das Durchschnittliche gibt der Welt ihren Bestand, das Außergewöhnliche ihren Wert." Oscar Wilde

Am Ende des ersten Teils führte ich bereits an, dass es damals ein Gefühl gab, welches mein Leben primär bestimmte:

ANGST

1. ANGST

„Kein Übel ist so schlimm, wie die Angst davor." Seneca

Kaum etwas elektrisiert und polarisiert die Menschen so, wie das Thema „Angst". Bei dem Begriff „Angst" würde jeder zunächst einmal sagen, dass diese Empfindung auf keinen Fall zu den positiven Bestandteilen des Lebens gehören kann. Angst lähmt, quält und wirkt vernichtend. Sie produziert empfundene Macht- und Hilflosigkeit, da sie generell in die Schublade der sabotierenden und kontaminierenden Emotionen unseres Lebens gepackt wird.
Welche Gedanken kommen uns zuerst bei der Thematik „Angst"?
Angst zerstört brutal unsere Innen- und Außenwelt. Sie peitscht unser Gemüt, zersetzt unsere Wahrnehmung und führt unseren Blick ausnahmslos in die Dunkelheit. Sie wird als bedrohliche und gefahrbringende Kampfansage des Lebens empfunden und als ein Ausfall der emotionalen Sicherheit angesehen. Angst möchte kein Geschöpf in seinem Dasein verspüren, denn sie bindet unser Gedankengut, führt unsere Gefühlswelt in den Abgrund und lässt uns den Blick für das Wesentliche verlieren. Sie überkommt uns unfreiwillig und oft unkontrolliert, belastet und ruiniert die Psyche.
Doch entspricht das auch der Wahrheit? Klammert Angst unsere Gedanken? Legt sie uns Scheuklappen an, wodurch uns der Überblick für das Wichtige und Sinnhafte der Situation abhandenkommt? Bewirkt Angst wirklich eine zerschlagende und liquidierende Lebensweise und einen verletzenden und demoralisierenden Lebensstil? Überlastet sie uns ausschließlich im Leben und mutet uns zu viel zu? Was ist Angst in Wirklichkeit? Was will sie uns sagen, wenn sie sich uns nähert, und wird sie von uns innerhalb unserer Emotionen in der richtigen Weise klassifiziert? Ist Angst wichtig, vielleicht sogar lebenswichtig?

*„**Angst ist der einzige sichere Ratgeber, den das Leben überhaupt hat.**"* August Lafontaine

13

Grundsätzlich besteht die Aufgabe der Angst evolutionsbedingt darin, das Überleben, in unserem Fall das der Spezies Mensch, zu sichern. Sie sendet uns bei ihrem Erscheinen stets eine Botschaft, und diese gilt es, bewusst mit der tatsächlichen Bedeutung und nötigen Akzeptanz aufzunehmen und im Kontext der Umstände richtig einzuordnen. Angst ist zweifellos unangenehm und teils auch widerwärtig, da sie immer mit einem abstoßenden und zerrüttenden Gefühl behaftet ist und auf einer Desorientierung oder dem Verlust des Gefühlslebens beruht. Allerdings ist Angst in Wahrheit lediglich ein Grundgefühl jedes Lebewesens, und sie ist weder lebensübergreifend noch wirkt sie destruktiv oder Verderben bringend. Sie hat sich über die Jahrtausende hinweg entwicklungsgeschichtlich im Leben des Menschen bewährt, da sich ihre Grundnatur schützend an seine Seite stellt.

Angst ist relativ und ergibt sich aus der persönlichen Wahrnehmung und Interpretation von Menschen und Situationen. Was dem einen unheimliche Angst einflößt, ist für den anderen kaum von Bedeutung. Dies ergibt sich aus dem individuellen Erfassen und der Auslegung des Ereignisses.

„Haben Sie keine Angst davor, Angst zu haben. Angst zu haben ist ein Zeichen von gesundem Menschenverstand. Nur Vollidioten haben vor nichts Angst." Carlos Ruiz Zafón

Angst ist eine Basisemotion, welche jede lebende Existenz für Gefahren sensibilisiert, und sie ist in normal ausgeprägter Form enge Alliierte unseres Ichs und damit feste Größe innerhalb unseres Geburtsrechts. Grundsätzlich ist sie unsere Freundin und Verbündete, jedoch ausschließlich dann, wenn weder zu viel Angst das Verhalten ver- bzw. behindert noch zu wenig davon eventuell konkrete Bedrohungen und Risiken ignoriert.

Die eigentliche Bestimmung und Intention der Angst bestehen darin, die Gedanken im Menschen für vorhandene oder zukünftige Unheil prognostizierende Ereignisse konzeptuell abzustimmen, zusammenzufassen und anzupassen. Infolge der Sensibilisierung unserer Sinne auf bestimmte Situationen will uns die Angst darauf aufmerksam machen, etwas in oder an uns zu verändern, uns vorzubereiten oder bestimmte Aktionen oder Reaktionen auf den Weg zu bringen. Die Aufgabe der Angst umfasst das Signalisieren von Gefährdungen, damit durch uns eine entsprechend individualisierte Handlungsweise bewirkt wird, welche dann signifikant über Erfolg oder Misserfolg entscheidet. Wir werden in diesem Moment entweder zu Erstarrung, Kampf oder Flucht veranlasst (Freeze-Fight-Flight-Reaktion), um so unsere Gesundheit oder unser weiteres Leben in einer speziellen Form zu sichern.

Angst schärft im Normalfall in den entsprechenden Sachlagen unsere Wahrnehmungsfähigkeit und aktiviert Körperkräfte, um die uns innewohnenden Schutz- und Überlebensabläufe zu starten und ein der Gegebenheit angepasstes, adäquates Verhalten einzuleiten. Sie weckt elementar ein nützliches und weiterhelfendes Potenzial in uns und fokussiert unser Bewusstsein auf eingetretene, bevorstehende oder scheinbare Episoden im Leben.

Bei dieser Form der Angst spricht man von
„Angst als Zustand" (positive Angst).

„Lass die Angst nicht zu deinem Feind werden. Sie kann deine Beraterin und Beschützerin sein, immer dann, wenn du sie brauchst."
Sousou Diysign -Der kleine Stern und die Angst vor der Angst-

Ist Angst in einem normalen Verhältnis im Innenleben von uns verankert, ist sie in unklaren, nicht überschaubaren oder riskanten Situationen von großer Bedeutung und erheblichem Vorteil, da wir sensibler und vorsichtiger operieren. Sie agiert wie ein Spürhund, um uns dabei zu assistieren, Schaden von uns, einem anderen Menschen oder hochwertigen Gütern abzuwenden. Angst lässt uns Gefahrenkonstellationen erkennen und hilft uns bei deren mitunter herausfordernder Bewältigung. Durch den damit verbundenen Erfolg kommt es bei uns mehrheitlich zu einer Steigerung des Lebensgefühls, des Selbstvertrauens und des Selbstwertgefühls.

Doch warum ängstigen sich die Menschen dennoch vor so vielen Lebenslagen, obwohl die Angst doch faktisch unsere zuarbeitende Mitstreiterin im Leben ist?
Zum einen, weil sie die aufkommende Angst nicht als positive Angst identifizieren, zum anderen, weil wir Menschen uns vor dem Unbekannten und vor Veränderungen fürchten. Wir können schwer mit Neuem umgehen, weil dann unser Lebenssystem in seiner bisherigen Struktur durcheinandergebracht oder aufgelöst werden könnte, oder wir unter Umständen unsere Komfortzone verlassen müssten. Und das macht uns am Ende Angst. Wir müssen im Zuge des Angstgefühls in einer Form reagieren, die nicht mit unserer eigentlich geplanten, aktuellen und normalen oder automatisierten Lebensvorlage harmoniert. Da der Mensch von seinem inneren Konzept her auf Beständigkeit, Kontinuität und Sicherheit bedacht ist, misstraut er grundsätzlich allem Unübersichtlichen, Unbestimmten und nicht Kalkulierbaren. Wird er damit konfrontiert, stellen sich erstmal unweigerlich Beklemmung und angstmachende Sorgen ein.

„Im Laufe des Lebens verliert alles seine Reize wie seine Schrecken; nur eines hören wir nie auf zu fürchten: das Unbekannte."
Marie von Ebner-Eschenbach

Im Zuge meiner Überlegungen und Recherchen kam ich letztlich zu dem Schluss, dass der Mensch ohne positive Angst nicht lebens- bzw. überlebensfähig ist.
Das Leben ist eine Bühne mit ständig wechselnden Protagonisten, doch nicht alle meinen es gut und ehrlich mit uns. Es ist wichtig, uns die Fähigkeit anzueignen, zwischen diesen Akteuren zu unterscheiden, sie in ihrer authentischen Wahrhaftigkeit richtig einzu-

schätzen und uns letztlich angemessen zu verhalten. Die positive Angst ist trotz ihrer unliebsamen Prägung und Erscheinungsform eine der Lebensgestalterinnen, die aufrichtig zu uns ist und uns protegieren möchte.

In der Vergangenheit war Angst für mich einfach nur Angst, egal in welchen Kausalitäten der Situationen und in welchen Intensitäten sie bei mir auftrat. Ich kam mir oft wie eine paralysierte Erscheinung vor (s. Teil 1). Doch mir wurde im Zuge meiner Betrachtungen immer mehr bewusst, dass ich eine bestimmte Form der Angst brauchte, und dabei war es unerheblich, ob sie mir lästig und unerfreulich erschien oder nicht. Ich benötigte sie, um entsprechende Situationen neu überlegter, vorsichtiger oder substantiierter anzugehen. In diesem Kontext wurde mir klar und verständlich, dass ich sogar ein Recht auf Angst besaß und dass diese Angst weder ein Defizit in meiner Gefühlswelt noch eine Schwäche meiner Persönlichkeit darstellt. Ich musste die positive Angst lediglich auch als **positive** Angst erkennen und dann als meine vertraute Bundesgenossin in vermeintlichen oder realen Bedrohungslagen im Leben betrachten.

„Angst ist für das Überleben unverzichtbar." Hannah Arendt

Was passiert, wenn der Mensch an einer Lungenentzündung erkrankt? Er bekommt Fieber, denn es ist ein Begleitsymptom dieser Krankheit. Fühlt die Person sich durch das Fieber besser oder gesünder? Nein, denn es schwächt sie, und sie hat teilweise das Gefühl, innerlich zu verbrennen. Die Symptome des Fiebers, beispielsweise Schüttelfrost, Kopfschmerzen oder Muskel- und Gelenkschmerzen, sind äußerst unangenehm.

Ist Fieber bei Auftreten einer Krankheit deshalb schädlich? Wirkt es bösartig oder sogar vernichtend? Nein, vorausgesetzt, es erreicht keine, das Leben gefährdende Temperatur von 42,6°C. Ab diesem Wert hat der menschliche Körper nämlich sein physikalisches Limit erreicht.

Fieber ist grundsätzlich eine sinnvolle Abwehrreaktion des Körpers. Durch die Erhöhung des körperlichen Wärmegrades bekämpft er Krankheitserreger und produziert Abwehrstoffe. Das innere Aufheizen zeigt, dass sich das Immunsystem des Menschen gegen Viren oder Bakterien, welche den Körper heimgesucht haben, wehrt, es also funktioniert und seiner Bestimmung entspricht. Wir erkennen demgemäß, dass Fieber in seiner normalen Ausprägung nützlich, wertvoll und gesundheitsbestimmend, wenn nicht sogar lebensrettend ist, obwohl es in seiner Wahrnehmung sehr unbehaglich und sogar abscheulich empfunden wird.

Genauso verhält es sich mit der positiven Angst. Das Aufnehmen und Fühlen dieser Angst in unserer Innenwelt ist zwar ebenfalls abstoßend und nimmt uns in dieser Zeit die Lust und Freude am Leben. Dennoch will sie uns helfen und uns auf diese Weise vor Gefahren sichern, unsere Gesundheit gewährleisten oder mehr noch, unser Leben garantieren. Durch ihre Leitung in Gefahrenlagen werden wir befähigt, unheilvolle, Furcht gebietende oder lebensgefährliche Situationen, Zusammenhänge und Umstände zu erkennen und uns nach diesen auszurichten.

„Angst ist für die Seele ebenso gesund wie ein Bad für den Körper." Maxim Gorki

Aus diesem Grund dürfen wir die positive Angst nicht verdammen, uns nicht gegen sie stellen oder versuchen, sie aus unserem Leben auszuschließen. Vielmehr sollten wir sie als die uns warnende und beschützende Begleiterin im Leben anerkennen und annehmen und dabei kein Verständnisproblem mit ihr aufkommen lassen!

Wir müssen versuchen, zu verstehen, dass unser Geburtsrecht des Lebens bestrebt ist, mit uns zu kommunizieren, wenn wir positive Angst verspüren, da sie ein funktionierender Bestandteil dieses Rechts ist. Ein Aufgabenbereich unseres Geburtsrechts ist es, unsere Gesundheit und die Unantastbarkeit des Lebens zu gewährleisten, und dafür bedient es sich der Wirksamkeit der positiven

Angst. Sie ist ungefährlich und meint es gut mit uns. Sie beinhaltet eine alarmierende, absichernde und auch rettende Funktion und Wirkung in unserem Dasein. Das Angstempfinden fordert uns auf, gedanklich oder körperlich tätig zu werden und erforderliche Maßnahmen zu ergreifen. Auch wenn es sich absurd anhört: Aber wir besitzen nicht nur das Privileg, Angst fühlen zu dürfen, sondern wir verfügen über das notwendige und nicht absprechbare **Recht** auf Angst. Der Mensch wäre heutzutage nicht in der Lage, in dieser Welt ohne Angst zu überleben, noch wäre er im Verlauf seiner geschichtlichen Entwicklung dazu fähig gewesen. Ohne die positive Angst wäre er schon lange nicht mehr Teil dieser Welt.

Wenn es regnet, sagt man immer, dass dies das schlechteste Wetter sei, und unsere Laune verschlechtert sich ebenfalls. Aber ohne Regen funktioniert das Leben auf dieser Erde nicht. Genauso gehört auch Angst zum Leben. Ohne sie würde das Leben ebenso wenig funktionieren. Wenn wir dieses Gedankennetzwerk in unserem Gehirn richtig erkennen und für uns auslegen, sind wir bedeutend schneller und leichter in der Lage, uns auf sie einzulassen und mit ihr umzugehen. Versuchen wir, uns mehr mit der Angst anzufreunden!

Lassen Sie in Zukunft diese Angst, die **positive** Angst, nicht mehr als ein „Gegen-Mich" neben sich bestehen, sondern als ein treues „Für-Mich" für sich arbeiten!

„Angst ist eine konstruktive Gefährtin für den, der in der Lage ist, ihre wahre Natur zu erkennen." Christian Rebosch

Meine damals empfundene Angst war indes nicht die positive, nicht die normale, aufmerksam machende und wachende Angst. Dadurch, dass sie sich infolge diverser Zu- und Umstände sowie der Depression überdimensional verwandelte, verflog sie nicht nach dem Ende einer beklemmenden Situation, sondern wurde im Laufe der Zeit monströser und wirkte in einer fortlaufenden, übermäßigen Intensität in mir. Sie brannte mich innerlich vollkommen aus, und mein Leben war derzeit alles andere als glücklich. Ich fühlte mich nur noch wie betäubt, leer und einsam.

Demgemäß erlangte diese wuchtige Angst eine weitreichende Macht über mich und bestimmte immer mehr mein Leben. Meine Existenz gestaltete sich zu einer von mir empfundenen Provokation des Lebens, da die Angstbegleiter Verzweiflung, Hoffnungslosigkeit, Mutlosigkeit und Hilflosigkeit mehr und mehr mein Lebensmanuskript schrieben und meinen Lebensfilm inszenierten.

Es bedurfte vieler Überlegungen, langer Prüfungen und Feststellungen und des Zusammenführens diverser Kombinationsvarianten, um in der Gesamtbilanz zu erkennen, dass früher vordergründig eine veränderte, mutierte Form des Angstgefühls mein Leben uneingeschränkt und restlos infiltrieren und dann mental auflösen wollte. Diese gravierende Angst war und ist Zubehör des im ersten Teil beschriebenen engelhaften Dämons, welchen ich dort im Kampf überwinden und aus meiner Innenwelt verbannen konnte.

Die Quintessenz meiner Gedanken war, dass in jener Zeit nicht die positive Angst mein Leben dirigierte, sondern ihre weitaus mächtigere, bedeutend gefährlichere und alles vernichten wollende Kontrahentin.

„Angst hat eine große Familie." Friedrich Nietzsche

Ist also Angst unnatürlich stark in einem verankert, und bewirkt sie Panikattacken und im weiteren Verlauf Panikstörungen. Tritt sie unnormal oft auf, bestimmt sie das Leben und ist nicht mehr beeinflussbar. Führt sie zu nicht mehr beherrschbaren oder dezentralen Aktionen bzw. Reaktionen, oder leitet sie unsere Empfindungs- und Vorstellungswelt in einen ewigen, dunklen Abgrund, spricht man von der

„Angst als Eigenschaft" (negative Angst),
und wir treffen dann auf die hässliche, unbarmherzige und gnadenlose Rivalin der positiven Angst – die …

2. ANGSTSTÖRUNG

„Es gibt keine größere Hölle, als ein Gefangener der Angst zu sein." Ben Johnson

Meine, in der Vergangenheit gefühlte Angst fraß mich von innen heraus auf und war dabei, mein Leben vollends zu zerstören. Erst durch die Inanspruchnahme fachkundiger Hilfe, das Auseinandersetzen mit diesem hochbrisanten Thema sowie meine Recherchen dazu erhielt ich die notwendigen Erkenntnisse und konnte dann die richtigen Schlüsse ziehen. Anschließend war ich in der geeigneten Lage, meine Wahrnehmungen und Gefühlswelt wieder in die der Wirklichkeit entsprechenden angebrachten Bahnen zu führen.

Angst agiert durch den Menschen entweder aktiv (Reaktion) oder passiv (Erstarrung). Sind das Angstempfinden und die resultierende Angsthandlung angesichts der evidenten oder angenommenen Bedrohungslage unqualifiziert und unangebracht und wird die Angst übermächtig und kommandiert unser Leben, spricht man von einer Angst, welche durch eine **Angststörung** entfesselt wurde. Sie kann jeden treffen. Niemand sollte sich sicher vor ihr wähnen, denn sie ist wie ein Geist, unsichtbar und geräuschlos. Sie kommt geschmeidig schleichend wie ein Panther auf Beutezug und schlägt dann erbarmungslos zu. Obwohl sich die Angststörung heimlich verborgen und lautlos nähert, wird ihre Wirkung schonungslos und eiskalt gespürt und erfahren. Die durch sie verursachte Angst besitzt eine weitaus höhere Qualität und Intensität als die der normalen Angst und nimmt beträchtliche, lebensübergreifende Ausmaße an. Diese Angst verbrennt unsere Seelen.
Eine durch eine Angststörung hervorgerufene Angst ist sinnbildlich vergleichbar mit dem lebensbedrohlichen Fieber ab 42,6°C.
Bei der Angststörung werden durch die damit verbundene irrationale Angst das subjektive Wohlbefinden und der Lebensturnus des Erkrankten stark belastet. Es kommt zu unerträglichen inneren

Spannungen und Qualen. Er hat den Eindruck, dass es nur noch Scheiße vom Himmel regnet und findet keine Auswege mehr, egal in welche Richtung er geht. Er leidet unter der permanenten Last des Lebens, die gefühlt zunehmend zu schwer für ihn wird und der Vorstellung, dass ihn dieses Gewicht letztlich unter sich begräbt. Der Erkrankte ist dann nicht mehr in der Verfassung, ungebunden über seinen eigenen, autonomen Willen zu verfügen. Wenn seine klare Wahrnehmung und freie Willensentscheidung eingeschränkt oder vollkommen ausgeschaltet sind, übernehmen seine negativen Blickwinkel und Emotionen sein Leben und steuern ihn in der Folge fremd in Richtung Dunkelheit, Verzweiflung und Alleinsein.

Eine Angststörung führt den Menschen in eine ihm unbekannte, entsetzliche und gefährliche Dimension der Gefühls- und Situationswahrnehmung, in welcher er psychophysisch umfassend überfordert ist, so, wie es damals auch bei mir der Fall war. Diese krankhafte Angst ist der Stoff, aus dem Albträume gemacht sind.

„Angst ist ein schlecht dressierter Kampfhund, den man nicht an der Leine halten kann, wenn er Blut wittert." Sebastian Fitzek

Berichten und Statistiken zufolge ist die generalisierte Angststörung (langanhaltende Ängste, die zu Anspannung, innerer Unruhe und Nervosität führen) in Verbindung mit einer Panikstörung (urplötzlich auftretende Angstanfälle, extreme Ängste wie Todesangst oder Panikattacken, die meist nur wenige Minuten andauern) der am weitesten verbreitete Angstzustand. Wird jene Störung nicht behandelt, setzt sie sich fest, und die Angst vor der Angst tritt permanent in den Mittelpunkt des Lebens. Der Mensch hat im Rahmen seiner Angststörung mehr und mehr Angst vor der penetranten Wiederkehr derselben, dem damit verbundenen anhaltenden und unablässigen Angstwirken und den in dieser Hinsicht ineinandergreifenden Konsequenzen. Es entstehen Panikattacken, und wenn sich diese in einer gewissen Zeitspanne wiederholen, kommt es zu einem Teufelskreis, welcher in einer Panikstörung (dauerhafte Angst vor der Angst) endet. Grund dafür ist, dass sich die mit einer Angststörung verbundenen Faktoren (Traumata, anhaltende stressreiche Belastungen, Gewalt, Missbrauch u. v. m.) gegenseitig verstärken, positive Rückkopplung genannt, und somit den Zustand des Betroffenen beständig weiter verstören und verschlimmern. Dabei versucht er jedoch stets aus Scham, nach außen hin diszipliniert und kontrolliert zu wirken. Alles, was seinen tiefen inneren Schmerz durchscheinen lassen könnte, wird unterdrückt, und seine wahren Gefühle verbirgt er, so gut es geht.

„Keine Macht beraubt den Geist so sehr seiner Handlungs- und Denkfähigkeit wie die Angst". EdmundBurke

Sehr verbreitet ist auch die soziale Phobie (Angst vor negativer Beurteilung durch andere Menschen).
Wir sind bestrebt, uns so zu verhalten, dass jeder uns gernhat. Alle sollen uns liebhaben und nicht nachteilig oder abfällig über uns reden. Aus diesem Grund beißen wir uns oft auf die Zunge und gaukeln Sympathie vor, wenngleich wir gar keine empfinden. Es ist uns angenehmer, weiterhin ins Bild zu passen, obwohl wir eigentlich lieber berechtigte Kritik anbringen möchten. Am liebsten würden wir dem anderen unsere Meinung und unser Missfallen ins Gesicht brüllen. Aber die aus der sozialen Phobie resultierende Angst vor Zurückweisung, Missbilligung oder Verurteilung schreckt uns ab und lässt uns im Nichtstun und Ertragen verharren.
Das Schlimmste, **Ablehnung**, wollen wir auf jeden Fall vermeiden, weil dadurch das unerträgliche Gefühl in uns entsteht, nicht gemocht, benachteiligt oder nicht berücksichtigt zu werden, nicht integraler Bestandteil zu sein oder am Ende allein auf weiter Flur zu stehen. Daher ist unser Wunsch, „everybody's Darling" zu sein.
Dabei muss ich an den Spruch „Wer immer everybody's Darling sein will, ist irgendwann everybody's Depp" denken, der dem Politiker Franz Josef Strauß nachgesagt wird. Möchten wir jedermanns Liebling sein, sind wir nicht mehr wir selbst, sondern machen uns

vor allen und für alle zum Deppen. Jederzeit nur darauf zu schielen, was andere schön und korrekt finden, führt zu Pauschalität und Ersetzbarkeit. Zum Schluss werden wir als das enden, was wir auf jeden Fall vermeiden wollten. Als Witzfigur, welche von allen hinter vorgehaltener Hand verlacht, verachtet und nicht wertgeschätzt wird. Zusätzlich werden wir durch den kontinuierlichen Versuch, uns den Vorstellungen der anderen anzugleichen, immer unzufriedener und resignierter und verlieren am Ende unsere eigene Individualität und Selbstachtung.

„Du tust Dinge, die der Andere von dir erwartet und verlierst dadurch dein Ich." Katharina Eisenlöffel

Warum werden nun Menschen von solch einer dermaßen ausgeprägten und krankhaften Panik vor diversen Konstellationen, Verhältnissen, Personen oder Situationen heimgesucht?
Angststörungen entwickeln sich meist durch eine Synthese unterschiedlicher Elemente. Beispielsweise kann ein genetisches Naturell vorliegen, bei dem Menschen schneller und leichter mit übersteigerter Angst auf bestimmte Reize reagieren als andere. Ursächlich hinzukommen können zudem zurückliegende oder aktuell herrschende tiefgreifende Lebensumstände, wie etwa Misshandlungen, schwere Unglücksfälle, Gewalttaten, Katastrophen oder kriegerische Auseinandersetzungen.
Bei derartigen Vorkommnissen können sich übersteigerte Ängste in Form von Triggerpunkten (Hinweisreizen) entwickeln. Werden diese durch Orte, Menschen, Töne, Bilder, Gerüche oder Ähnliches aktiviert, werden die Personen mit Gefühlen überschwemmt, mit denen sie nicht mehr umgehen können. Die entsprechenden psychischen Ausnahmesituationen brechen dann in Form einer Panikattacke hervor, und die damit verbundene Angst schnürt dem Betreffenden die Luft ab. Sein Herz rast und sein Körper zittert. Für ihn ist klar, dass er jetzt die Kontrolle über sich und die Situation verloren hat, und dieses Ausgeliefertsein nimmt ihm jegliche Wi-

derstandsfähigkeit und Selbstregulation. Er kommt sich vor wie in einem Gefängnis, dessen zwei Wächter Hilflosigkeit und Machtlosigkeit ihn nicht aus den Augen lassen. Diese Angst tyrannisiert und entthront, dominiert und kontrolliert ihn.

„Den gesunden Menschenverstand lässt der Mensch im Zustand der Panik gerne mal über Bord gehen." Thom Renzie

Was der Mensch dann in der Gegenwart fürchtet, existiert meist gar nicht in der konstruierten Größenordnung und Vehemenz. In der Regel fehlt den meisten überdimensionalen Ängsten jede wirkliche Grundlage, und ein gesunder Mensch ist auch imstande, dieses Zusammentreffen bestimmter Gegebenheiten richtig zu taxieren. Vollkommen anders verhält es sich bei einer an einer Angststörung erkrankten Person bei der Einschätzung dieser Grundlagen. Sie projiziert aufgrund vorangegangener Ereignisse eine Fantasieversion in die wirkliche Welt, wie sie de facto nicht existiert. Sie denkt sich aufgrund ihres psychischen Leidens zu unheilvoll und grauenerregend in die jeweilige (Angst-)Situation hinein. Entsprechend malt sie sich ein Horrorszenario von dem aus, was kommen **könnte**, und erzeugt in ihrer Vorstellung unwillkürlich und zwanghaft die unheilvollsten, entsetzlichsten und grauenerregendsten Gedanken und Bilder. Ihre Einbildungskraft, imaginäre Kreativität oder ihr gedankliches Schöpfertum …, was auch immer, in Verbindung mit der aufkommenden Angst, streut ihr Sand in die Augen. Sie gibt den Sachverhalten ein neues Gesicht mit einem veränderten, sie ängstigenden, manipulierenden und lähmenden Bezugsrahmen. Aufgrund dessen baut sich für diese Person nicht nur eine mentale, sondern gleichfalls eine physische Hürde auf, die ihr unüberwindbar erscheint.
Infolge dieser schrecklichen und katastrophalen Gedankenspiele wird die Angst immer mehr geschürt, wirkt zunehmend gefährlicher und unheimlicher und nimmt im weiteren Verlauf exorbitant an Reichweite und Heftigkeit zu. Sie bestimmt vermehrt alles Füh-

len, Denken und Handeln, und Einsamkeit, innere Leere sowie erstickende Bewegungslosigkeit werden übermächtig. Der Leidende befindet sich zu dieser Zeit in einer anderen, abscheulichen Welt.

Da unser Gehirn überwiegend in Bildern denkt, manifestieren sich diese Schreckensentwürfe und die damit in der Fantasie der erkrankten Person entstehenden Angstsequenzen bildlich und entsprechend eindringlich in deren Kopf und kreieren ihr Fühlen und ihre Gedanken. Sie verbindet eine anhaltende Angst mit einer Situation, die so, wie sie in der Vorstellung des Menschen vorliegt, in der Regel nicht existent ist und für gewöhnlich auch nicht seinem Vorstellungssinn entsprechend echt in Erscheinung treten wird. Allerdings ist es dem Betreffenden im Stadium seiner anormalen Sinnesaufnahme und seines pathologischen geistigen Verarbeitungsmechanismus nicht möglich, den Unterschied zwischen Realität und Täuschung zu erkennen.

„Wenn du deine Ängste überwindest, wirst du sehen, dass sie nichts anderes als Illusionen sind." Anthony Robbins

Fatalerweise „behandeln" viele Menschen ihre Angststörungen und die sie flankierenden Begleiterscheinungen in Folge ihrer Scham oder ihres Selbstbetruges mit Alkohol, Drogen, Tabletten oder unangebrachten bis maßlosen Aggressionen. Es herrschen eine geistige Orientierungslosigkeit und innere Verlorenheit, und die Leidtragenden verlaufen sich immer mehr im Schatten ihrer Angststörung. Dass ihr jetziges Leben nicht mehr als ein Scherbenhaufen ist, verleugnen sie lieber, als fair und grundehrlich zu sich zu sein und sich Hilfe zu suchen.
Angststörungen sind indes nach wissenschaftlichen Erkenntnissen und entsprechenden Voruntersuchungen therapierbar (Psychotherapie in Kombination mit einer psychiatrischen Behandlung). Mithilfe von Psychotherapie und Medikamenten, verordnet durch einen Psychiater, können angsteinflößende Belastungsstörungen

wirksam behandelt werden, wodurch es dem Erkrankten wieder möglich wird, ein freieres und willkommeneres Leben zu führen.

Auch ich bin ehemals Wege gegangen, die mit Selbstbetrügereien übersät waren, denn ich habe die reale Wirklichkeit damals übersehen, weil ich sie nicht sehen wollte. Sie passte nicht in mein gewünschtes Lebensmuster, und mir fehlten der Mut und die Selbstehrlichkeit für ein Eingeständnis dieses Selbstbetrugs. Ich konstruierte mir stattdessen lieber meine Scheinwelt und bezog stolz mein illusioniertes Traumschloss, welches am Ende in der tatsächlichen Wirklichkeit nach und nach über mir einstürzte, als mir gleich einzugestehen, dass ich ein psychisches Problem hatte und zu dessen Bewältigung professionelle Hilfe brauchte (s. Teil 1). Damit erhielt die Angststörung durch mich höchstselbst einen Freifahrtschein hinein in mein Leben. Erst durch heilsame Selbsterkenntnis und die Inanspruchnahme fachgerechter und professioneller Unterstützung von außen wurde ich wieder Herr über meine Gefühle und Gedanken und damit über mein eigenes Leben. Durch das Beschreiten dieses Weges wurde es mir schrittweise möglich, das Leben, aber vor allem auch mich, erneut zu schätzen, anzunehmen und zu lieben.

„Pooh, was war das Mutigste, was du jemals gesagt hast?", fragte Piglet. „Ich brauche Hilfe.", antwortete Pooh. pinterest.de

Die menschliche Psyche ist ein Spielfeld mit ständig wechselnden Einflüssen, positiven, aber eben auch negativen. Die Aufgabe des Menschen besteht darin, auf diese verschiedenen Kräfte richtig einzugehen und angemessen darauf zu reagieren.

Die Angststörung ist eine Macht, die ausschließlich darauf bedacht ist, die Menschheit so zu konditionieren, dass sie ausschließlich und bedingungslos ihre „Werte" achtet und sich nach ihr ausrichtet. Wenn wir nicht wachsam sind, kann sie in uns eine widersinnige Konfliktlage auslösen, die alles Positive in unserer gesamten Innenwelt ausrotten wird. Daher müssen wir unbedingt gegensteuern und uns bemühen, unsere überängstlichen Gefühls- und Stimmungsmuster zu durchbrechen. Wir müssen uns anstrengen, um zu den Assoziationen, welche uns die Angststörung vermittelt, Distanz aufzubauen! Dadurch können wir uns am Ende oftmals von ihnen lösen, die Partie nach unseren Regeln bestimmen und das Spiel zu unseren Gunsten ändern.

Albert Einstein sagte schon: „Lerne die Regeln des Spiels und dann spiele besser als alle anderen!" Richten wir uns danach! Lassen wir nicht mehr zu, dass die Angststörung ihre dreckigen Pfoten in unserem Leben mit im Spiel hat. Geben wir den Takt wieder selbst an, um die Akkorde unserer Lebenslieder erneut in einen emotional harmonischen Gleichklang zu bringen. Setzen wir unsere inneren lädierten Einzelteile wieder zusammen, um als starkes Ganzes wirken und unsere Zukunft selbstständig generieren zu können.

Man muss dem Monstrum Angststörung ein „Ja" entgegenschleudern, wenn es sich einem in einer Konfrontationsabsicht nähert. Aber nicht wie ein Lamm, sondern wie ein Löwe. „Ja, jetzt stelle ich mich dir." Und: „Ja, jetzt überwinde und besiege ich dich." Und anschließend schlagen wir dem Miststück mit gehörig Schwung so richtig in die Fresse und treten es kräftig aus unserer Innenwelt.

„Sich seiner Angst bewusst zu sein, ist klug. Sie zu überwinden ist das Kennzeichen einer erfolgreichen Person." Seth Godin

Es ist an der Zeit, aus der Finsternis unserer Dämonen, zu welchen auch die Angststörung mit ihrer negativen Angst zählt, herauszutreten und ihrem Zersetzungsmechanismus entgegenzuwirken. Zu lange wurde ihr schon zu viel Tribut gezollt. Viel zu oft hat sie unser Leben in schändlichster Weise manipuliert und korrumpiert, unsere Tränen getrunken und unsere Wünsche gefressen. Zu ausgiebig und breitgefächert führte sie uns ins Entsetzen und in die Ausweglosigkeit, isolierte und demütigte uns und drückte uns die Kehle zu. Andauernd hat sie sich scheinheilig, perfide und mit einem falschen Lächeln vor uns verbeugt und uns zum Tanz aufge-

28

fordert. In zu vielen Fällen sind wir diesem Gebot auch nachgekommen und begaben uns somit ins Kreuzfeuer unserer Gedanken, Gefühle und Vorstellungen, weil wir uns nicht zu helfen wussten. Unsere Lebensbedingungen und unsere Lebensqualität verschlechterten sich demzufolge dramatisch. Erwachen wir aus unserem Dornröschenschlaf und stehen auf, um tätig zu werden und noch wirkungsvoller handeln zu können. Versuchen wir mit fachgerechter Hilfe, rational zu denken und kontrolliert zu handeln, denn außer der Angststörung nutzt es in solcher Situation niemandem, nur ständig weiter ins Kissen zu heulen! Lernen wir, zu erkennen, dass unser Angsterleben in unseren eigenen Händen liegt. Um das Böse zu besiegen, muss man auch bereit sein, in das Innere des Bösen zu blicken, um es zu durchschauen und zu stürzen.

Unsere inneren Dämonen werden unsere Kraft und unseren Willen erst fürchten, wenn sie sie verstehen. Und sie werden sie erst verstehen, wenn wir sie auch einsetzen. Mit loser Theorie kommt man da nicht weiter und kann sie auch nicht besiegen. Wir müssen uns deswegen der Angststörung mit maximaler Stärke entgegenstellen, um uns vor emotionalen Dauerschäden zu bewahren und uns von einer unablässig pessimistischen Erwartungshaltung zu lösen. Dafür ist es primär erforderlich, uns in diesem Augenblick unseres Opferstatus zu entledigen. Wir dürfen uns jetzt nicht mehr als Opfer der Angststörung betrachten, sondern uns vielmehr als angreifenden Aggressor gegen sie sehen, denn sie ist nicht unbesiegbar. Wir müssen Jäger werden und nicht mehr Gejagte bleiben. Schließlich sollen wir die Helden in unserer Lebensgeschichte sein, nicht die Opfer oder irgendwelche Randerscheinungen.

Mit der Einstellung: „Irgendwie wird es schon weitergehen. Hat ja auch bisher auf irgendeine Weise geklappt", werden wir nichts erreichen, denn Veränderungen **in** uns entstehen nur durch aktives Handeln **durch** uns.

„Ein Held spürt die gleiche Angst wie ein Feigling. Aber ein Held handelt anders." Unbekannt

Mächte verschieben sich. Das sehen wir in allen Regionen des Lebens, überall auf der Welt. Warum sollte also nicht auch ein Machtwechsel in unserer Innenwelt möglich sein? Wir stoßen die Angststörung von ihrem Thron und besetzen ihn neu mit unserer herausragenden Persönlichkeit. Wir besitzen eine unglaubliche Überwindungsstärke, der wir uns lediglich immer wieder neu bewusstwerden müssen! Dieser Prozess erfordert viel Selbstdisziplin, Überwindung und situative Impulskontrolle. Wir müssen ein konzentriertes Lagebewusstsein für unsere Wahrnehmung und Emotionalität entwickeln und anwenden, damit die Angststörung nicht weiterhin die Befehlsgewalt in uns ausübt. Vertrauen wir uns und ziehen unser Ass, unseren intensiven Siegeswillen, aus dem Ärmel, mit dem die Angststörung nicht rechnet, und werfen es in die Runde! Treten wir ihr mit all unserem Mut, unserer Kraft und Entschlossenheit entgegen! Ergeben wir uns nicht so ohne Weiteres unserem Schicksal, sondern nehmen wir es selbst in die Hand! Etablieren wir unsere innewohnende Herrschaftsgewalt in unserer Existenz! Ansonsten wird unser zukünftiges Leben eine Blaupause unseres bisherigen Lebens sein.

Erst nachdem es mir bewusst gelang, mit den vorgestellten Mechanismen zwischen der positiven und der krankhaft negativen Angst zu unterscheiden, die möglichen Konsequenzen zu kanalisieren und richtig zu typisieren und damit mein Verständnisproblem zu lösen, war ich in der Folge qualifiziert, meine verschiedensten Ängste zu beherrschen. Seitdem kann ich objektiver mit ihnen umgehen und damit mein Leben angstfreier, innerlich deeskalierter und mental besänftigter leben. Es verläuft jetzt langsam, aber unaufhörlich, in eine neue, verheißungsvolle Richtung.

Die Angst flüsterte mir einst leise ins Ohr: „Ein Sturm wird kommen, dem du nicht standhalten wirst."
Heute flüstere ich der Angst zurück: „Ich bin der Sturm."
Jammer-nicht-lebe.de

3. GLÜCK

„Lerne loszulassen, das ist der Schlüssel zum Glück." Buddha

Glück, welch großer und gehaltvoller, aber auch inhaltlich mehr-deutig bewertbarer Begriff und was für ein überschwängliches in-neres Gefühl. Es bezieht all das in sich ein, was eine inwendige Ausgeglichenheit und Erfüllung oder nach außen hin leise, viel-leicht sogar lautlose, bis ausgelassene Euphorie in uns auslöst. Hierbei können sowohl das eingetretene selbst definierte Lebens-glück wie auch das Zufallsglück Glücksgefühle in uns hervorrufen.
Der Mensch beschreibt Glück allgemein als einen Zustand einer starken zustimmenden Emotion voll durchdringender und ausge-prägter Zufriedenheit. Dieses Gefüge in unserer Innenwelt umfasst dann positive Gefühlsbewegungen, die entweder für eine kurze Zeitspanne, eine längere Zeit oder aber dauerhaft in uns wirken. Glück ist eine übergreifende und weiterwirkende Hochstimmung oder lediglich eine nur vorübergehende Momentaufnahme multi-lateraler oder einseitiger emotionaler Begeisterung, welche durch vielfache Elemente zum Tragen kommen. Die Farben des Glücks sind universell, und jede Farbe ist auf ihre ganz spezielle Weise wunderschön. Da das Glück dermaßen facettenreich gestaltet und von subjektiven Einstellungen, Verhaltensweisen, Gefühlsregun-gen, Faktoren und Wünschen abhängig, aber auch fluktuierenden äußeren Komponenten geprägt ist, gibt es bis heute keine eindeu-tige und generell gültige Definition dafür.

Wenn wir uns fragen, was Glück für uns bedeutet, kommen uns wahrscheinlich Einflussgrößen wie finanzielle Unabhängigkeit, die Verwirklichung unserer Träume, Gesundheit oder eine stabile und harmonische Liebesbeziehung in den Sinn. Genauso sind aber auch unser Traumberuf, ein förderliches und wohlwollendes Sozi-alleben und das Gefühl von Vertrautheit und Zusammengehörig-keit Sockelfaktoren für ein glückliches und erfülltes Leben. Das

persönliche Empfinden und die Auslebung des so abwechslungsreich geformten Glücks hängen von unseren extrem unterschiedlichen Selbstmodellen ab, da es sich hierbei um unsere individuelle
Interpretation eines Gefühls, meist in Verbindung mit Bedürfnissen, Erwartungen und Einschätzungen, handelt.

*„Glück ist keine besondere Wahrheit und hat keinen verborgenen
Lohn, sondern ist allein ein reines, inneres Wohlgefühl."*
Theodor Fontane

Der griechische Philosoph Platon vertrat die Meinung, dass sich
die menschliche Seele in drei Teile untergliedert: Vernunft, Willen
und Begehren, und ein Mensch erst dann glücklich ist, wenn alle
diese drei Teile des Seelenlebens im harmonischen Einvernehmen
miteinander verbunden sind und sich in keiner Weise gegeneinander auflehnen.
Der griechische Universalgelehrte Aristoteles hingegen war zu seiner Zeit u. a. der Ansicht, dass das Glücklichsein daraus resultiert,
wenn der Mensch gut leben kann und gesund ist.
Und der griechische Philosoph Diogenes von Sinope meinte, dass
ausschließlich der Mensch glücklich ist, der frei von entbehrlichem
Verlangen und äußeren Diktaten lebt.
Drei vernünftige und weise Menschen und zugleich drei so unterschiedliche Meinungen, was veranschaulicht, dass Glück ein vielschichtiges Konstrukt ist. Zum Schluss bleibt jedoch die Erkenntnis,
dass wir Glück zum Selbstzweck und für unser persönliches Wohlergehen suchen und auch brauchen, um eine Maximierung unseres zufriedenen und erfüllten Selbst zu erreichen.

Jeder Mensch möchte auf seine Weise glücklich sein. Aber was bedeutet das für den Einzelnen persönlich? Ist ein Mensch glücklich,
wenn er gesund, aber arm ist? Reichen Berühmtheit und Reichtum
oder nur die Erfüllung eines bestimmten Teils seines Daseins aus,
um wirkliches, ungetrübtes und dauerndes Glück zu empfinden?

Natürlich verleihen ein besonderer Nimbus und Prominenz sowie die Zugehörigkeit zur Glitzerwelt ein Glücksgefühl voller Befriedigung, Genugtuung und Wohlbehagen. Auch materielle Autonomie und die Perspektive, für sich selbst sorgen zu können, haben einen nennenswerten Einfluss auf unser Glücklichsein. Nur: Verhelfen diese Aspekte allein zu einem **anhaltend** strahlenden und vor allem in gleichbleibender Weise wirkenden glücklichen Leben? Können wir das Glück dann auch richtig und unverrückbar in uns **fühlen**? Wo bleiben dabei unsere sozialen Bedürfnisse, die Menschen, die wir lieben, und unsere Familie? Entsprechen lediglich Reichtum und Anerkennung stets unserem Lebenssinn, unserem Glück? Es sollte uns immer klar sein, dass Glück sich nicht erkaufen lässt und angehäufter Besitz selten unser Glückskonto auffüllt.

Wahres, absolutes Glück ist vorrangig weder mit den Sinnen und kognitiven Fähigkeiten noch im Materiellen fühlbar, sondern in der Tiefe primär allein mit dem Herzen und der Seele wahrnehmbar und zu verstehen. Also stimmig und im Einverständnis mit sich selbst. Durch unsere Aufmerksamkeit, bewusste Informationsaufnahme sowie Erkenntnis- und Schlussfolgerungsfähigkeit sind wir **intellektuell** in der Lage, fremdes bzw. eigenes Glück zu registrieren und zu erkennen. Aber um in uns aufblühendes Glück in seinem gehaltvollen Ausmaß ebenso **fühlen** zu können, müssen Herz und Seele erwachen und jubilieren. Ansonsten bleiben nur eine sachlich trockene Aufnahme eines Glücksbildes und dessen Außendarstellung übrig.

„Das Glück wohnt nicht im Besitze und nicht im Golde, das Glücksgefühl ist in der Seele zu Hause." Demokrit

Der niederländische Soziologe Ruut Veenhoven, eine Koryphäe der Glücksforschung, beschreibt Glück folgendermaßen:
„Glück ist der Grad, in dem ein Mensch mit der Qualität seines eigenen Lebens zufrieden ist. Also das Maß, in dem man das eigene Leben mag."

Wie ein Mensch seine psychische Regung und seine aktuelle Lage und Verfassung einschätzt und daraus sein Glücksgefühl ableitet, hängt also nicht von allgemeingültigen Fakten ab, vielmehr davon, wie er Gegebenheiten für sich speziell wahrnimmt, versteht und bewertet. Dabei besitzen allerdings ungeschönte Selbstehrlichkeit und täuschungsfreie Beurteilung oberste Priorität. Gelegentlich denken wir bei dem einen oder anderen, dass er das Glück gepachtet hat, weil es danach aussieht, und er sich nach außen hin so verhält. Doch bei genauerem Hinsehen und Hinhören bemerken wir dann, dass es diverse, nicht sofort erkennbare glückshemmende Störfeuer und bedrückende Instanzen in dessen Leben gibt. Sein in der Welt demonstriertes Glücklichsein ist also keine wahrheitsgetreue Anerkennung seiner Lebensumstände, sondern nur ein getragenes Kostüm, um die wahre Lebenssituation zu verschleiern.

Leider gibt es kein Patentrezept für den Erwerb von Glück. Dafür sind die Systemeinstellungen unserer einzelnen Persönlichkeiten und die damit verbundenen Erwartungshaltungen und Rezensionsmaßstäbe zu verschieden, und unsere Wertvorstellungen und Ziele driften zu sehr auseinander. Diverse Erfahrungen und Erlebnisse, derzeitige Lebensumstände sowie unterschiedliche innere und äußere Einflüsse stehen einer einheitlichen Glücksformel im Wege. Was für den einen absolutes Glück bedeutet, ist für den anderen schon seit längerer Zeit Normalität und bedeutungslos und repräsentiert für ihn nicht mehr zwangsläufig Glück. Es ist also in seiner Betrachtung und Wahrnehmung relativ.
Allerdings bleiben einige Fakten unanfechtbar:
Glück umfasst in seinem gehaltvollen Grundcharakter, mit dem Leben zufrieden zu sein, auf breiter Front mit seiner Innen- und Außenwelt im Einklang zu stehen und Liebe zu erhalten und schenken zu können. Es beinhaltet, die Schönheiten des Lebens zu erkennen und mit ihnen zu spielen, vergeben und loslassen zu können und seine Fähigkeiten und Ressourcen zu entdecken und zu

nutzen. Glück umarmt das Gefühl des familiären und sozialen An-
gekommenseins und schließt Gesundheit sowie Kapital mit ein.

In erster Linie jedoch drückt sich ein glückliches Leben dadurch
aus, seine eigene Großartigkeit und Herrlichkeit in sich zu fühlen.
Sich demzufolge der damit verbundenen Souveränität, Erhabenheit und Größe seiner Persönlichkeit als Einzelwesen bewusst zu
werden, um sich letztlich mit diesem Bewusstsein frei zu entfalten
und seine innere Ausgewogenheit zu finden und zu erhalten.

*Das Glück erkennt man nicht mit dem Kopf, sondern mit dem
Herzen.* Sprichwort aus Norwegen

Können wir unser Glück eigentlich beeinflussen, es selbst gestalten oder eigenständig erzeugen? Die gesellschaftlichen Meinungen gehen hierbei auseinander.

Ich persönlich denke nicht, dass ich fähig bin, mein Glück jederzeit
und überall aus eigener Kraft heraufzubeschwören oder zu beherrschen. Dafür bin ich von zu vielen externen Faktoren und Personen
abhängig, die ich nicht dirigieren kann. Und toxische Positivität, also alles nur positiv sehen, jegliches Unschöne weglächeln und dadurch glauben machen wollen, dass ich ein glückliches Leben füh-
re, ist in meinen Augen die falsche Sicht- und Verhaltensweise und
führt keinesfalls zum ersehnten, wahren Glück. Allerdings glaube
ich, dass ich es ein bisschen in die von mir gewünschte Richtung
lenken kann, wenn ich mich bewusst dafür entscheide und Einfluss
auf die durch mich beherrschbaren Zustände und Bedingungen
nehme. Ich bin überzeugt, dass ich meinem Glück Rückenwind verleihen kann, wenn ich die Variabilität meiner Ermessensmöglich-
keiten klug und hilfreich nutze.

Dies wird auch in einem Artikel von lifta.de/magazin/gesund-
leben/was-uns-wirklich-gluecklich-macht ersichtlich:

„Studien der letzten Jahre brachten jedoch das Ergebnis hervor,
dass Zufriedenheit und Glück im Leben auch eine Frage der Veranlagung sind. Expertinnen und Experten sind sich einig, dass unsere

Fähigkeit zum Glücklichsein etwa zu 50 Prozent von unseren Genen abhängt. Weitere 10 Prozent machen die Lebensumstände aus, in denen wir uns befinden. Die restlichen 40 Prozent liegen den Studien zufolge in unserer eigenen Hand."

Es wird also erkennbar, dass Glück nicht ausschließlich von unserer Einstellung und Sichtweise, unseren persönlichen Lebensresultaten und unserem subjektiven Ranking von Umständen abhängt, sondern gleichfalls von der Komposition unserer Erbanlagen und der subjektiv schaffenden Lebensverwirklichung. Es wird ebenfalls sichtbar, dass Glück auch einem gewissen Abhängigkeitsfaktor unterliegt und damit nicht immer generell regelbar ist.

„Glück ist keine Einbahnstraße. Es kommt aus mehreren Richtungen zu uns." Christian Rebosch

Umgeben wir uns mit Menschen, die wir lieben, die uns wichtig sind! Bewegen wir uns in einem sozialen Umfeld, das uns aufbaut! Tun wir die Dinge, welche uns Spaß machen und Erfüllung schenken, an denen wir wachsen und uns weiterentwickeln können! Eignen wir uns Dankbarkeit an für das, was wir besitzen, und wertschätzen wir die Natur und genießen sie! Kosten wir Augenblicke des Genusses intensiver aus! Leben wir den Moment, und machen wir es uns zur Gewohnheit, vermehrt zu lächeln und zu verzeihen. Schmunzeln wir gelegentlich über uns selbst und akzeptieren Unvollkommenheiten, um dadurch Zeitpunkte der zufriedenen Entspannung und gelösten Selbstkontrolle zu erfahren! Verbinden wir uns mit dem Leben, das wir genau jetzt, in diesem Moment, führen, anstatt uns auf die Vergangenheit zu konzentrieren, die wir vielleicht bereuen, oder eine Zukunft, die uns womöglich unangenehm ist oder Angst macht!

Ventilieren wir unser Leben, unsere Grundsätze und unseren Lebenssinn! Sondieren wir, was für uns wahres Glück bedeutet, was uns glücklich macht und was beruhigt aus dem Leben gestrichen werden kann! Grundlegend ist das Wichtigste bei der Frage nach

Glück, sich klarzumachen, welche Unverzichtbarkeiten für einen selbst das Glück repräsentieren und was für die Realisierung dieser Glücksgrundlagen zumutbar und umsetzbar ist. Dadurch bringen wir uns in die Lage, persönliches Glück erkennbar und erfahrbar zu machen.

Wenn wir uns befähigen, diese Nutzaspekte zu verinnerlichen und in unser Leben zu integrieren, spaziert das Glück bereits an unserer Seite und reicht uns die Hand, um es zu absorbieren und sowohl belastende als auch boykottierende Flügelschläge des Lebens zu kompensieren.

„Was mich nicht glücklich macht, kann weg." Albert Einstein

Um Glück erfahren und leben zu können, ist es von entscheidender Bedeutung, bei sich zu bleiben und die Welt objektiv und wirklichkeitsnah wahr- und anzunehmen. Unser Denken und Fühlen müssen der Realität entsprechen. Verlassen und stützen wir uns auf unsere Wahlalternativen und Begabungen! Vertrauen wir unseren Kompetenzen und unserem Willen und darauf, dass wir Einfluss auf uns selbst als einheitliches, autonom denkendes und handelndes Wesen nehmen können! Ideologisieren wir unser Leben demgemäß in Richtung Glück und öffnen ihm auf diese Weise Türen und Tore, um es innerlich zu fühlen und glücklich zu sein.

Für mich persönlich bedeutet das größte Glück, meine Familie gesund zu wissen und Liebe zu schenken und zu empfangen. Liebe, die mich nicht loslässt, die Liebe meiner Frau in allen Höhen und Tiefen. Sie an meiner Seite zu wissen, ihre Nähe zu fühlen, ihrem Blick zu begegnen, ihre Worte zu hören, ihr Lachen zu vernehmen, ihre Wärme zu spüren, ist die größte Erfüllung für mich. Sie bildet das Zentrum meines glücklichen Lebens, denn mit ihr habe ich die wahre Liebe gefunden. Sie war und ist immer für mich da, glaubt an mich, bringt die Kraft auf, mir meine Fehler zu vergeben, versteht mich und ist da, wenn ich zu Boden gehe. Bei ihr schaffe ich es, meine Deckung fallen zu lassen, und mit ihr zusammen wird alles bedeutend einfacher. Egal was die Zeit an Schwierigkeiten für mich bereithält, durch sie und mit ihr wird alles leichter, und wo ich auch bin, mit ihr an meiner Seite ist es immer schöner. In ihrer Nähe weiß ich, dass ich angekommen, dass ich zu Hause bin. Mit ihr zusammen kann ich lieben, lachen und weinen … und manchmal auch ziemlich kontroverse Diskussionen führen.

Ich weiß, dass mich irgendwann der Engel des Todes entführen wird und ich meine letzte Reise antreten muss. Allerdings weiß ich nicht, wie lange er mir noch einen Aufschub bis dahin gewährt und wann dieser Tag kommt. Aber an allen anderen Tagen lebe ich, und ich habe mir fest vorgenommen, bis zu diesem Stichtag mit meiner Frau und gesamten Familie in allen Einzelheiten ein glückliches Leben zu führen. Denn das ist es, worauf es ankommt. Auf echte menschliche Liebe und Zuneigung und auf das gemeinsame Hier und Jetzt. Nichts ist wichtiger, nichts besitzt mehr Wert.

„Du bist für mich Nähe ohne Enge, Geben ohne jede Erwartung, Zärtlichkeit ohne eine Absicht, Liebe ohne Forderung und Zauber ohne Ende." Unbekannt

Es kommt vor, dass wir mit einer bestimmten Entwicklung ein „Happy End" verbinden. Ist dieses dann eingetreten, geht die Tour jedoch weiter, allerdings ohne „Happy". Das Glück schleicht von dannen wie ein Dieb in der Nacht. Um nun wieder Glück in unser Leben zu ziehen und es erneut aufs Podest zu stellen, müssen wir Problemzonen erkennen und bittere Wahrheiten akzeptieren. Folglich sind wir dann gehalten, zeitgerechter, vielleicht auch einmal abweichend, zu überlegen, zu zensieren und zu revidieren. Neue, womöglich ungewohnte Wege müssen erkannt und eingeschlagen werden. Es ist erforderlich, eventuelle Missstände ausfindig zu machen und Verhältnisse zu verändern, damit wir nicht in einer negativen Einstellung steckenbleiben, sondern um erneut eine positive Emotionsprognose erstellen zu können. Es müssen teils gravierende und essenzielle Entscheidungen getroffen werden, die

unter Umständen auch einmal unbequem sind und ein wenig Befangenheit und Angst hervorrufen. Doch sie können für das zukünftig nachhaltige Glück bestimmend, sogar entscheidend sein.
Nicht selten ist es notwendig, über den eigenen Schatten zu springen, um vergeben oder zumindest Frieden mit einer Angelegenheit machen zu können. Infolge dieses Verhaltens können mehr Toleranz, Nachsicht und Entgegenkommen und damit verbunden mehr Glücksphasen wirken. Das Glück wird dann durch uns erneut an die ihm zustehende exponierte Stelle in unserem Leben gerückt. Dies ist natürlich kein einfacher Prozess, sondern ein Stadium der Entwicklung. Eine Phase des Lernens, der Erkenntnis, Reife und menschlichen Offenheit. Allerdings werden wir uns beständig im Wege stehen und über die eigenen Beine stolpern, wenn wir uns perspektivisch nicht diesen multiplen Glückskriterien widmen. Durch das Loslassen nachteiliger und unschöner Erinnerungen, Standpunkte und Denkweisen befreien wir uns systematisch von negativen Grübeleien, trainieren unseren Optimismus und vermeiden ungünstige Vergleiche.

Das Glück muss man erobern. Deutsches Sprichwort

Glück ist keine Laune der Natur oder eine Phantomerscheinung, selbst wenn uns das manchmal so vorkommt. Glück wird real, wenn wir unsere erwünschten und erlangten Ideale und Ziele in ihrer Gesamtheit im Außen erleben und im Innen wahrnehmen können und in der Lage sind, zu begreifen, dass wir es zu einem erheblichen Teil selbst mitentscheiden können.
Im Rahmen dieser Glücksprojektierung sollte auch ein bestimmter Grad an Verrücktheit nicht zu kurz kommen. Ein bisschen Narrheit und Blödsinn steigern das Amüsement des Lebens, setzen positive Energien frei, heben die Laune und erweitern damit ein ausgelasseneres Glücksgefühl. Verrücktheit gestaltet das Leben ein wenig knisternder und leidenschaftlicher. Wenn wir in unserer leichten, gesunden Tollheit nicht immer über alles bis ins Detail nachden-

ken, schaffen wir es besser, im Augenblick zu leben und können unvorhergesehenen Wendungen müheloser zustimmen. Wir bringen mehr Helligkeit und innere Ungebundenheit in unser Dasein und ermöglichen uns, angespannte Lebenssituationen zu entspannen. Wir können das, was in uns lebt und in Zukunft leben möchte, damit wir ein Leben in Glück genießen können, zum Ausdruck kommen lassen. Wir wirken nicht steif und steril, sondern ein wenig unkonventioneller und demzufolge menschlich lockerer.

Ungezwungenheit, Offenheit, Toleranz für Unerwartetes, geistige Elastizität und Anpassungsfähigkeit sowie soziale Beweglichkeit sind Bestandteile einer natürlichen und frischen Verrücktheit und somit gleichfalls Türöffner für das Glück.

„Die höchste Form des Glücks ist ein Leben mit einem gewissen Grad an Verrücktheit." Erasmus von Rotterdam

Glück ist weder ein Gottesgeschenk noch ein Selbstläufer. Das Glück und alles, was damit verbunden ist, bedarf unserer beständigen Zuwendung und Assistenz. Dann werden aus Glücksmomenten Glücksstunden und daraus wiederum Glückstage bis hin zu einem Leben in glücklicher Zufriedenheit. Unser Glücksstern wird dauerhaft leuchten und all das Schöne in unserem Leben anstrahlen, was in der Gegenwart und Zukunft enthalten ist.

Schaffen wir uns ohne Druck, Mühe und Anstrengung mehr eigene Räume und innere Freiheiten. Manchmal **IST** das Leben einfach nur. Lassen wir es gewähren, selbst wenn es unserer Ansicht nach streckenweise einen Wildwassercharakter aufweist! Es hat in solchen Augenblicken weder Hintergedanken noch hält es Intrigen bereit oder will uns in irgendeiner Form täuschen. Es trachtet einzig und allein danach, ungehindert strömen zu können und sich in diesem Rahmen verändern zu dürfen. Wir können es nicht immer kontrollieren, kalkulieren oder regulieren. Allerdings können wir unsere Methoden der Lebenshandhabung verbreitern und schulen, welche uns durch das Potenzial des Lebens zur Verfügung gestellt werden. Dadurch zentralisieren wir das Glück in unserem Geist und unserer Existenz und können es optional auf unsere ganz persönliche Situation und unsere Wünsche zuschneiden.

Wenn es uns in diesem Lern- und Veränderungsprozess wieder gelingt, unsere innere Stimme deutlicher zu hören und zu verstehen, umso müheloser und glücklicher werden wir zusammen mit dem Fluss des Lebens fließen können. Wir schaffen es dann mit Akzeptanz, Verständnis und Bewusstsein, das Leben geschehen zu lassen und uns auf den momentanen Augenblick und seine Magie zu verlassen. Wir synchronisieren unsere Einstellungen positiv mit der natürlichen Intelligenz des Lebens. Schenken wir seinen Bewegungen unseren Glauben und unser Vertrauen! Versuchen wir, mit und nicht gegen den Strom zu schwimmen, denn das Wasser des Lebens ist lebendig und frei von jeglicher bösen Absicht.

Dieser Fluss beherbergt zwar auch Unwegsamkeiten und Stromschnellen, doch wir sind dann in der Lage, unerwünschte, plötzliche und vorgeschriebene Ergebnis-, Tempo- und Kurswechsel des persönlichen staubigen Lebens zu unseren Gunsten zu beeinflussen und in eine von uns gewollte saubere Richtung zu leiten.

Um unserem Bedürfnis nach Glück, welches auch durch unsere Erfolge im Leben mitbestimmt wird, nachkommen zu können, sollten wir bereit sein, in See zu stechen. Die Kühnheit aufbringen, das Meer der Virtualität, Chancen und Abenteuer, aber auch Risiken zu erkunden, um innerlich zu wachsen und am Ende glücklich über unsere Triumphe zu sein. Vor diesem Hintergrund sind wir fähig, neue, glücklich machende Wege zu orten, uns in unserer Ganzheit zu erfahren und vollständig bei uns anzukommen. Wir erkennen, wer wir wirklich sind und können unser Entwicklungskapital neu definieren und abgrenzen.

„Wer dies Wasser und seine Geheimnisse verstünde, so schien ihm, würde auch viel anderes verstehen, viele Geheimnisse, alle Geheimnisse." aus „Siddhartha", Hermann Hesse

Der französische Philosoph und Schriftsteller Voltaire sagt zwar in seinem Roman „L'Ingénu": „Die Zeit heilt alle Wunden", doch diese Macht besitzt die Zeit leider nicht. Sie unterstützt uns lediglich dabei, unsere Tränen zu trocknen. Die Zeit schließt zwar allmählich die Wunden, ob äußerlich oder innerlich, wodurch der Schmerz erträglicher wird, doch sie hinterlassen Narben, optisch und fühlbar. Sie können langsam verblassen, aber sie können nicht weggewischt werden wie ein Schmutzfleck. Wir lernen schrittweise, mit den Narben umzugehen und mit ihnen zu leben, doch sie bleiben ein Leben lang. Demzufolge können sie uns daran hindern, das Glück in seiner vollen Weite und leuchtenden Brillanz wahrzunehmen und zu erleben, und halten uns davon ab, unsere eigene glücksbringende Heilung zuzulassen.

Narben basieren immer auf Wunden hässlicher, manchmal sogar perverser Ereignisse aus der Vergangenheit. Sie sind der Beweis für widerfahrenes Leid und erlittenen Schmerz. Wir sind zwar bemüht, diese Erlebnisse hinter uns zu lassen, doch viel zu oft werden wir von ihnen erneut eingefangen, und sie bringen wiederholt Angst, Schmerz, Trauer oder Wut mit sich. Gleichwohl sollten uns Narben nicht beharrlich unser Glück streitig machen.

Wann werden nun diese widrigen Narbenbildungen unseres Lebens, egal ob äußerlich oder innerlich, zum Hindernis des Glücks?

Wenn wir sie reizen, ihnen zu viel und zu oft Aufmerksamkeit schenken und uns über ihre Erscheinungen jedes Mal ärgern und dadurch stark gedanklich an ihnen reiben, herumritzen oder sie gänzlich aufkratzen. Wenn wir es nicht schaffen, die Vergangenheit loszulassen, so schlimm, krankhaft und widersinnig sie auch gewesen sein mag, leben die Erinnerungen wiederkehrend in ihrer vollen Blüte und Emotion auf. Und demgemäß verspüren wir Schmerzen, somatisch, psychisch oder psychophysisch. Wir reflektieren schädliche Gedanken, welche erneut abträgliche Bewertungen oder Verurteilungen, andernfalls Leid und Traurigkeit sowie neues abstoßendes und grässliches Kopfzerbrechen nach sich ziehen, und die vernarbten Wunden reißen erneut auf.

Wenn es uns nicht gelingt, uns mit unserer Geschichte bewilligend zu versöhnen, werden uns unsere Narben ein Leben lang schmerzhaft begleiten.

„Wenn du deine Narben ständig reizt, werden alte Wunden wieder aufbrechen und dir erneut äußere oder innere Schmerzen zufügen. Jedes Mal." Christian Rebosch

Es gibt jedoch auch Episoden im Leben, die wir nicht begreifen, die gnadenlos und höllisch sind. Lebensabschnitte, in denen sich unser Herz vehement dagegen wehrt, zu verstehen, dass das Eingetretene besser sein soll als das, was wir uns vorstellten, wünschten oder niemals erleben wollten. Ereignisse, die für uns keinen Sinn ergeben, bei deren Bewältigung uns keine Macht der Welt verstehen oder Trost schenken kann, und wir uns dementsprechend in einer Akzeptanzklemme befinden. Verluste oder Schicksalsschläge, bei denen wir das Gefühl bekommen, dass selbst der Boden unter unseren Füßen uns das Gleichgewicht verweigert. Diese Narben sind krankhaft. Sie wuchern und verhärten sich. Über diese Tragödien wird kaum gesprochen, dennoch sind sie vorhanden. Aber auch diesen Wundmalen kann mit viel Überwindung und Bewältigungskraft der Schmerz bis zu einer gewissen Vereinbarkeit genommen werden. Für diese Überwindung und Bewältigung muss man sich jedoch bereiterklären können.

Dieser Weg bedeutet eine Veränderung unseres Bewusstseins und die Überarbeitung unserer grundsätzlichen Gedanken- und Gefühlsstruktur, was die Wirksamkeit des Lebens angeht. Dazu müssen wir uns ein neues Erklärungsmodell für diesen Wirkmechanismus aneignen, um das annehmen zu können, was ist. Dieses Erklärungsmodell muss dann Verständnis, Vergebung und eine Einräumung des Erfahrenen umfassen und zulassen. Wir dürfen uns mit unserer Trauer oder Wut nicht mehr an die Vergangenheit fesseln, denn von Bedeutung ist, was wir hier und jetzt tun. Dabei sollen wir das vergangene Traurige zukünftig weder ignorieren noch missachten. Es geht vielmehr darum, es angemessen und liebevoll in unserer Innenwelt aufzunehmen, sanft zu pflegen und dadurch tröstlich darüber hinwegzukommen.

Selbstverständlich ist unser bisheriger Lebenslauf kein Licht, das einfach ausgeknipst werden kann, und damit ist man dann davon befreit. Es sind eine innere Neugestaltung und Gefasstheit und eine durch Lebenserfahrung erlangte und mit Weisheit und Reife verbundene Ausgeglichenheit erforderlich. Und es bedarf einer tiefgreifend überwindenden und erträglich machenden Gewährung des Unvermeidlichen, um diese Loslösung zu erreichen. Doch das alles benötigt Zeit. Zeit, die man sich nicht nur geben sollte, sondern geben muss. Zeit, um nach der wichtigen Trauer das verlorengegangene und doch so ersehnte Glück wiederzufinden.

„Manchmal braucht das Herz mehr Zeit, um etwas zu akzeptieren, was der Kopf schon längst weiß." Unbekannt

Entsenden wir eine weiße Taube der Versöhnung als Zeichen der An- und Hinnahme in die früheren unvorstellbar schwierigen und entsetzlichen Zeiten! Nehmen wir die Schwere aus ihren Flügeln und verleihen ihr somit mehr Leichtigkeit, damit sie auch bei Gegenwind befreiter fliegen kann. Schließen wir Frieden mit dem Gestern, dem Vorgestern und dem Davor und schließen so Frieden mit uns selbst. Dann können wir mit der Zeit lernen, zu akzeptieren, Schmerz zu neutralisieren und mit den Narben zu bestehen.

Wenn wir uns dazu entschließen können, werden wir die Kraft finden, aus unserer fragilen Gemüts- und Verständnisarchitektur eine feste Burg der Einwilligung in die Lebensfügung entstehen zu lassen und den Weg zurück zu uns selbst zu finden. Sich mit dem Vergangenen auszusöhnen, heißt hier nicht, damit abzuschließen, zu vergessen oder nicht mehr zu lieben, sondern für das Erlebte den entsprechenden Platz im eigenen Herzen und sozialen Umfeld zu finden und dann die richtigen Schlüsse für die Zukunft und einen Neuanfang zu ziehen. Dann wird es möglich sein, neuen belastbaren Halt zu finden und den Lebensweg mit einem neu wirksamen Plan weiter zu beschreiten, trotz allem.

Es ist weder leicht noch schmerzfrei, diesen nächsten Schritt zu gehen. Doch solange unsere Herzen schlagen, müssen wir nicht im Dunkel der Unverständlichkeit untergehen. Loslassen baut immer eine Brücke zum Freigeben, Entbinden und Übergeben. Wenn wir es schaffen, den geliebten Menschen loszulassen, geben wir ihn in diesem Moment auch frei. Wir befreien ihn von der Klammer unserer Trauer und geben ihm den Weg frei, um in die gesunde Leichtigkeit des neuen Seins, ins Licht zu ziehen. Wir entbinden ihn von Verantwortung und übergeben ihn der Mühelosigkeit. Wir entbinden ihn von Verpflichtung und übergeben ihn der Unbekümmertheit. Wir entbinden ihn von Zwang und übergeben ihn der Zwanglosigkeit. Wir entbinden ihn von Abhängigkeit und übergeben ihn der Freiheit. Wir entbinden ihn von Angst und Trauer und übergeben ihn der Liebe und Dankbarkeit. Dann bleibt dieser Mensch für immer in unseren Herzen und lebt ewig in unseren Erinnerungen.

Ich persönlich hoffe und glaube daran, dass das Leben nach dem Tod in einer anderen Weise, einer veränderten Daseinsform weitergeht. In einer Dimension, die für uns unvorstellbar, wunderschön und friedlich ist. Ich bin mir sicher, dass unsere Liebsten bereits sehnsüchtig auf uns warten und vertraue darauf, dass wir sie irgendwann einmal glücklich in die Arme schließen können. Dann werden alles Warten, alle Trauer und sämtliche Sehnsüchte ein Ende haben. Leid verwandelt sich wieder in Glück, Erinnerungen werden zu Wirklichkeiten und all unser Sehnen wird gestillt.

„Wenn das Licht erlischt, bleibt die Trauer, wenn die Trauer vergeht, bleibt die Erinnerung." Unbekannt

In jedem Menschen wohnt hinter all der Trauer, dem Schmerz und der Wut eine unglaubliche Verarbeitungskraft, die erkannt und geweckt werden muss. Hoffnung gibt es nur in der Gegenwart und für die Zukunft, nicht in der Vergangenheit. Das Glück ist viel zu wertvoll, um es im Wahnsinn des Unglücks zu verlieren. Es braucht oft sehr viel Mut und Überwindung, etwas Neues zu wagen. Schlagen wir die Tür des Lebens nicht zu, sondern öffnen wir sie wieder, denn das Leben hat noch so viele Geschichten und Ergänzungen für uns geplant. Machen wir uns bereit für eine neue Reise in eine gewinnbringende und glückliche Zukunft!

Versuchen wir, die Vergangenheit Geschichte sein zu lassen! Wir können sie nicht mehr ändern, unmöglich. Die Zeit ist nicht umkehrbar. Wenn wir es nicht erreichen, das Schmerzliche aus unseren Köpfen und Herzen tröstlich zu entlassen und uns versöhnend davon zu lösen, werden wir es nicht schaffen, das zukünftige Glück in seiner Vollkommenheit und traumhaften Weite zu spüren und zu nutzen. Dafür können wir uns nur konsequenter und intensiver bemühen, all die unangenehmen, ungerechten und traurigen Empfindungen sowie hässlichen und widerlichen Begebenheiten, die Narbenverursacher unseres persönlichen Werdegangs, freizugeben und uns von ihnen abzuwenden. Wir dürfen diesen Lebensgestaltern nicht mehr gewähren, dass sie uns unser Glück rauben, sich unsere Tage ohne Licht in der Nacht verirren, und sie eine Schneise der Verwüstung in unserer Innenwelt hinterlassen. Wir haben die schwierige Wahl. Entweder wir schaffen es, die negativen und tränenreichen Erinnerungen in uns zu bereinigen und letztlich unsere Einwilligung dafür zu erteilen, oder wir kollidieren weiter damit und lassen uns auch in Zukunft von vergangenen Ereignissen heimsuchen und uns unser Glück von ihnen entreißen.

„Glücklich ist der Mensch, der die Vergangenheit gewährend loslässt, zufrieden in der Gegenwart lebt und zuversichtlich in die Zukunft blickt." Unbekannt

Probieren wir, diesen Rhythmus, der sich uns jedes Mal aufs Neue aufzwingen will, zu durchbrechen und zu überwinden! Dann können wir von dem Reichtum des gegenwärtigen Lebens profitieren und ihn in vollem Ausmaß am eigenen Leib spüren und ausschöpfen. In der Folge wird uns ein inniges, achtsam zugewandtes und warmherziges Glücksgefühl einnehmen, wenn wir in die Weite des Sonnen- oder Sternenhimmels sehen und fühlen, dass uns unsere Liebsten, welche uns aus der Himmelssphäre sanft lächelnd und liebevoll zuwinkend, ganz nah und damit präsent sind. In diesen Momenten werden wir ihre besondere Aura buchstäblich spüren können.

Unser Leben soll als eine Strahlenquelle fungieren, von welcher eine freudvolle und glückselige Energie ausgeht und wieder zu uns zurückkehrt. Eine Energie voll Wärme zwischenmenschlicher Beziehungen und tief empfundenem Glück.

Werten wir einmal die Blackbox unseres Lebens aus! Vielleicht werden wir uns über all das, was in ihr enthalten ist, ein wenig wundern, bisweilen aber auch erkennen, was uns am Glücklichsein hindert. Unter Umständen werden wir etwas suchen, was wir unbewusst schon verloren haben und gar nicht mehr benötigen. Wir wussten es nur noch nicht. Womöglich stoßen wir auch auf kleine Hinweise, welche uns behutsam und leise verdeutlichen, aufzustehen und neue Richtungen zu gehen, um am Ende unserer Lebensreise friedlich und glücklich zurückblicken zu können.

Ich frage mich manchmal, ob das Leben eine Reise voller glücklicher Momente ist, welche gelegentlich von unglücklichen Passagen gekreuzt wird, oder umgekehrt. Bei vielen Menschen ist es leider umgekehrt. Setzen wir einen neuen Schwerpunkt in unserem Leben! Machen wir häufiger Menschen glücklich, bei denen wir das Gefühl haben oder wissen, dass sie unglücklich sind, dass sie wieder ein bisschen Wärme in der Kälte ihres Lebens benötigen und einen Menschen brauchen, der ihr Glück erneut ein wenig anregt. Durch diese Zuwendung werden auch wir noch glücklicher.

„Es gibt keinen Augenblick in unserem Leben, in dem wir nicht einen neuen Weg einschlagen könnten." Charles de Foucauld

Lassen wir unser Lebensglück nicht in einer Nulllinie verlaufen! Stellen wir unseren Willen nach Glück ins Zentrum dieser Welt! Ermächtigen wir uns dadurch mündig und weisungsfrei, es in seiner universellen Vielseitigkeit nicht nur theoretisch und abstrakt zu erkennen, sondern es vor allem auch mit unseren Herzen und Seelen in uns zu fühlen und dadurch vermehrt anzuziehen.

Wir verlieren unser glückliches Leben viel zu schnell aus den Augen, weil wir im Alltag häufig zu aufmerksam auf die negativen Seiten des Lebens blicken und uns von diesen beeinflussen lassen. Wenn wir uns jedoch wieder auf das Kostbare, Edle und Lebenswerte besinnen, werden wir im Nachklang ein großartiges Gefühl des Glücks empfinden. Wir begreifen, was uns das Leben an Wunderbarem immer wieder im Alltäglichen und Nichtalltäglichen bietet, wenn wir ihm sein Recht gewähren, sich so zu entwickeln, wie es in seiner Natur bestimmt ist, selbst wenn dies nicht mit unseren Vorstellungen übereinstimmt. Es wird dann in seiner glücksverbreitenden Funktionsvielfalt erneut offener, unverfälscht erkennbarer und greifbarer.

Wenn wir jung sind, wollen wir immer älter aussehen, und wenn wir älter sind, möchten wir jünger aussehen. Dabei ist das vollkommen unwichtig. Entscheidend ist, dass wir glücklich aussehen.

Wir tragen alle das Recht auf Glück in uns, auf ein Glück voll umfangreicher Ausdehnung, atmosphärischer Dichte und harmonischer Tiefe. Der Mensch tendiert oft dazu, nach dem zu greifen, was glitzert und strahlt. Dabei vergisst er jedoch, dass nicht alles Gold ist, was glänzt, und uns der Schein dieses falschen Funkelns und Leuchtens weder glücklich macht noch von Leid oder Mangel befreit. Darum sollten wir bewusst und klug überlegen, welche Zutaten in unserem Leben Glück in uns auslösen. Eigentlich befindet es sich immer in unserer Nähe. Wir müssen nur in die wirklich richtige Richtung sehen, um es erkennen und fühlen zu können.

„Glück ist, wenn der Verstand tanzt, das Herz atmet und die Augen lieben." Albert Einstein

4. PERFEKTIONISMUS

*„Die große Gefahr für die Menschheit liegt in der ständig stei-
genden Perfektion bei gleichbleibender menschlicher Unzulänglichkeit."* Charles F. Kettering

Perfektionismus, welch wunderbare Eigenschaft. Sämtliche über-
tragenen oder selbst gestellten Anforderungen in vollendeter Präzision, detailgetreu und fehlerfrei zu Ende bringen. In allem super
korrekt, gründlich und akribisch agieren und die gestellten Aufträge und Verpflichtungen erstklassig abschließen. Aufgrund unseres
Fingerspitzengefühls, unserer Qualifikation und absolut vorbildli-
chen, exakten und unübertrefflichen Meisterhaftigkeit vom bestehenden Umfeld bewundert und bestaunt.
Diese Vorstellung ist grandios für uns. Infolgedessen muss das
Recht auf Perfektion unserem Geburtsrecht des Lebens innewoh-
nen. Unserer Meinung nach erhöht schließlich das Streben nach
persönlichem Optimum und Fehlerfreiheit unseren Beachtungs-
grad und unser gesamtheitliches Profil in unserem sozialen Milieu
und der Öffentlichkeit. Wir erhalten demgemäß mehr Respekt und
Wertschätzung, fühlen uns anerkannter und geachteter. Dieses
Gefühl motiviert uns. Es spornt uns an, eine noch größere Ausdauer bei der Bewältigung unserer Missionen aufzubringen, unsere
Fehlertoleranz in Zukunft weiter zu verringern und noch bessere
Ergebnisse zu erzielen. Wir bauen darauf, dadurch den Qualitäts-
zielen, welche wir selbst an uns ausgeben, noch gerechter werden
zu können und unser Ansehen weiter zu vergrößern.
Aber ist das alles auch gut für uns? Profiliert Perfektion unser Leben in einer Form der Weiterentwicklung und Wertschätzung, der
Verbesserung und des Wachstums? Berauscht sie unser Leben
positiv und macht sie es schöner? Oder bringt sie vielleicht doch
eher spannungsgeladene und sabotierende Belastungen mit sich?

„Perfekt oder nicht perfekt, das ist hier die Frage." Unbekannt

Übertriebener Perfektionismus ist eine der hartnäckigsten und verbissensten inneren Einstellungen, die dem Menschen ein Leben voller Glück, Zufriedenheit, Gelassenheit und Entspannung streitig machen wollen. Oft, nicht immer, sind wir uns dessen auch bewusst, können diese inwendige Struktur jedoch nicht so ohne Weiteres überwinden. Sie krallt sich fest, haftet an uns und zieht uns mit sich, und wir folgen ihr brav in unserem Wahn nach perfekter Umsetzung und Diensterbringung. Dabei vergessen wir dann leider schnell, wie viel Lebenszeit und -qualität wir auf diese Weise verschleudern.

Perfektionismus schnürt die Luft ab, nimmt die Bewegungsfreiheit und manipuliert das Denken, führt zu Stress, Ärger, oft zu Deprimiertheit und diversen körperlichen Beschwerden. Zusammengefasst hält uns Perfektionismus in einer Zelle gefangen, bremst uns aus und macht uns krank. Unsere Zellengenossen sind Beschränkung, Einengung, Fessel, Anspannung, Entmutigung, und diese Mithäftlinge blockieren, bekämpfen und reduzieren uns. Wir spüren zwar, dass sie uns strapazieren, ignorieren diese Erkenntnis jedoch meist mit der Begründung, dass wir so sind, wie wir sind.

Nicht wenige Menschen behaupten von sich, Perfektionisten zu sein, doch zum Glück ist das in den überwiegenden Fällen nicht so. Die meisten dieser Leute sind generell leistungsmotiviert, penibel und arbeitsam. Sie geben ständig ihr Bestes, wissen am Ende allerdings auch, wann es genug ist, und geben sich mit ihrem messbaren Resultat zufrieden. Den einen oder anderen Schönheitsfehler nehmen sie am Ende wohl wahr, akzeptieren ihn nichtsdestoweniger und sind somit in der Lage, loszulassen und mit ihrem Geleisteten einverstanden zu sein. Sie sehen diese Mängel nicht als Nachweis ihrer Unzulänglichkeit oder Dämlichkeit an. Sie setzen sich hohe, aber realistische Ziele und wissen, wann Schluss ist.

„Wenn ich selbst über Perfektion entscheide, dann kann ich mich auch gegen sie entscheiden.“ Isabell Prophet

Doch woher kommt dieser Drang, stets perfekt sein zu müssen, alles mit absoluter Präzision und unbedingt vollständiger Akkuratesse und Punktualität zu verrichten und zum Abschluss zu bringen? Was bewirkt Perfektionismus in unserem Leben? Welchen Einfluss nimmt er auf die Persönlichkeitsentwicklung? Muss oder sollte der Mensch trotz allem perfekt sein, damit Qualitätsniveaus hochgehalten und Anforderungsprofile in allen Sektoren erfüllt werden können?

Wahre Perfektionisten kommen nie an, im Gegensatz zu den vorbildlich und leistungsmotiviert arbeitenden Personen. Oft scheitern sie an ihren persönlich speziellen Ansprüchen. Sie sind im Grunde Opfer ihrer selbst. Ein Grund für Perfektionismus ist die Angst, zu versagen. In der Kindheit wurde man bei Unfähigkeit oder Erfolglosigkeit von den Eltern oft abgewertet oder auf die eigene Schwäche reduziert und nur gelobt, wenn etwas fehlerfrei geleistet wurde. Das erzeugte im Weiteren das Gefühl, ein Versager und Nichtskönner zu sein. Folglich trieb man sich im Anschluss bis zum heutigen Tag immer und immer wieder bis über die eigenen Grenzen hinaus zu Bravourstücken, zu Superlativen an.

Dysfunktionale (krankhafte) Perfektionisten peitschen sich zwanghaft an, alles untadelig zu erledigen und keine Fehler zu machen, aus Angst, sonst abgelehnt oder sanktioniert zu werden. Sie stehen ständig unter einem permanenten Bewältigungsdruck und bestehen auf sorgfältigster Gründlichkeit und Genauigkeit. Dies kann am Ende dazu führen, dass sie sich selbst, aber auch andere bremsen. Sie kommen in eine Abwärtsentwicklung, da aus dieser Gehemmtheit, zu enttäuschen und zu scheitern, die erneute Angst erwächst, das Ziel nicht zu erreichen. Diese Menschen leiden unter dem ständigen Gefühl der Furcht, nicht rechtzeitig fertig zu werden oder die gestellten Forderungen nicht zu befriedigen und die daraus resultierenden Konsequenzen tragen zu müssen.

„Sie müssen nicht perfekt sein, es reicht, die richtigen Dinge richtig zu machen." Carsten Maschmeyer

Die Betroffenen versuchen in ihrem Leben zu jeder Zeit, ihr Über-bestes zu geben und ihre Pflichten perfekt zu erledigen, weil sie dadurch ihren Ansprüchen, jedoch auch den Erwartungen der an-deren gerecht werden wollen. Sie müssen unbedingt Kritik und Einwände an ihrer Arbeit vermeiden, sich demzufolge unantastbar machen und Nichtanerkennung ausweichen, bestenfalls aus-schließen. Ihr Profilierungsbedürfnis ist außerordentlich stark aus-geprägt. Meistern sie mal eine Aufgabe nicht zu hundert Prozent richtig, machen sie sich Vorwürfe, schämen sich und konstruieren endbezogene Zweifel an ihren Fähigkeiten und Talenten. Sie ge-ben sich die Schuld an einem etwaigen Misserfolg oder Scheitern eines Projektes oder Geschäftes, obwohl der Grund dafür mögli-cherweise ganz woanders zu suchen ist. Sie gehen immer kontinu-ierlich sehr hart mit sich ins Gericht.

Es kommt auch nicht selten vor, dass Perfektionisten solch hohe Maßstäbe und Anforderungen an sich selbst stellen, dass sie auf-grund ihrer Fehlersensibilität eine Aufgabe erst gar nicht begin-nen. Die Angst, diese nicht vollkommen überkorrekt bewerkstelli-gen zu können, zu versagen, letztlich keine Anerkennung zu erlan-gen und abgewiesen zu werden, ist für sie einfach zu groß. Damit beschneiden sie sich selbst in ihrer Kreativität, ihrem Schaffens-drang und Lebensoptimismus und halten sich persönlich eng und klein. Sie sind kompliziert, bedrückt und entkräftet. Infolge ihrer Perfektionismus-Prinzipien und des damit verbundenen Stresser-lebens sind sie nicht in der Lage, ihr Leben gelöst zu leben.

„Mit Erfolgsdruck und Perfektionswahn lässt sich hervorragend das Burnout füttern." Helmut Glaßl

Wenn wir unsere sämtlichen Herausforderungen, Pflichten und Tätigkeiten mit perfektionistischen Gedanken starten, investieren wir ungemein viel Zeit und Energie. Wir gehen mit umtriebigem, rastlosem Hochdruck und Überschallgeschwindigkeit an die Bewäl-tigung unserer Mission heran. Wir geben jedes Mal unser Bestes, doch das ist uns nicht gut genug. Wir sind unzufrieden und wollen stetig noch schneller, höher, weiter und besser werden. Wir stacheln uns mantrahaft zu extremen Höchststeigerungen an und verlieren dabei unsere persönliche Markung, die Dimension unseres natürlichen eigenen und zufriedenstellenden Könnens, aus den Augen. Wir beginnen, einen unglaublichen Erfolgszwang aufzubauen, wodurch wir vielleicht über die wichtigen Dinge den Überblick verlieren und fraglos unsere Flexibilität einbüßen. Wir hören immer wieder auf unseren inneren Kritiker, der meint, wir müssten noch vorteilhafter und genauer, noch korrekter und erfolgversprechender werden.

Dabei könnte es so einfach sein. Wenn nicht alles exzellent, fantastisch und meisterhaft ausgeführt wird, beginnt dessen ungeachtet nach der nächsten Nacht wiederum der folgende Tag. Nehmen wir uns und unsere Angelegenheiten ernst und wichtig, doch nicht zu überernst und überwichtig! Investieren wir unser Interesse auch in den entspannenden und versöhnlichen Ausgleich des Seins! Begrüßen wir lieber zufriedenstellende Zeiten der Sorglosigkeit, des Durchatmens und der Lust, damit wir am Ende nicht nur das Ergebnis erfahren, sondern auch auf dem Weg dorthin Glück und Befriedigung erleben können! Ansonsten werden wir nie erfüllt und ungekünstelt begeistert am Ziel ankommen, und vor lauter Selbstkritik werden alle Lebensfreude und Lockerheit abklingen, bis sie vollends verloren sind.

„Entweder man lebt, oder man ist konsequent." Erich Kästner

Die perfektionistischen Ansprüche, welche wir für uns selbst erheben, stellen wir im täglichen Leben auch an unsere Mitmenschen, obwohl wir das natürlich vehement bestreiten. Wir sind uns dessen nicht bewusst, doch wir zensieren und vergleichen deren Anstrengungen und Ergebnisse ständig mit unserem eigenen überhöhten Erwartungsdenken. Dadurch wird dann die Arbeit mit Mitarbeitern oder Menschen, mit denen wir Hand in Hand tätig sein wollen bzw. müssen, um gesteckte Ziele zu erreichen oder Interessen zu vertreten, problemgeladen. Wir transformieren unsere überpeniblen, detailbesessenen und hyperkorrekten Anforderungen und Bedürfnisse auf diese, wodurch Konflikte vorprogrammiert sind. Wir entwickeln durch unsere perfektionistischen Züge die Neigung, die guten Bemühungen, Anstrengungen und Impulse der uns helfenden und unterstützenden Personen auf zynische Weise sofort zu kritisieren, zu unterbrechen und abzuschnüren. Wir nehmen sie unter Beschuss und versenken das Engagement dieser Helfer, die beistehend und nützlich aktiv werden möchten, weil deren Plan oder Idee unserer Meinung nach nicht perfekt durchdacht und bis ins kleinste Detail ausgeklügelt ist. Wir pressen sie in eine Schublade mit der Aufschrift: einfältig und untauglich.

Wir müssen im Rahmen unseres Rausches nach Vollkommenheit lernen, zu entdecken, worum es wirklich geht, wenn uns jemand unter die Arme greifen möchte! Im Vordergrund steht dabei nicht die Selbstdarstellung der Person. Es handelt sich primär um die Hilfsbereitschaft und den guten Willen des anderen, uns zu unterstützen, und um ein wenig Spaß an der Sache. Erkennen wir doch die Mithilfe und den Dienst des Menschen an, statt zu bemängeln und zu tadeln und ihm das Gefühl zu geben, er wäre die größte Pfeife unter der Sonne und für nichts zu gebrauchen!

„Ich erwarte nie perfekte Arbeit von unperfekten Menschen."
Alexander Hamilton

Respekt, Wertschätzung und Anerkennung sind Streicheleinheiten für die Seele, auch für die unserer Mitmenschen. Oft sind Perfektionisten insgeheim überrascht, wie schnell auch mal ein bisschen gelacht werden kann bei der Aufgabenerfüllung, selbst wenn sie total nervt und nicht absolut bravourös und unübertroffen vollendet wird. Schließlich geht es darum, sich gegenseitig zu befürworten, zu bestärken, zu entlasten und aufzumuntern. Ein gemeinsames Ziel soll auch entspannt gemeinsam erreicht werden, und auf dem Weg dorthin sollten grundsätzlich entkrampfte Lockerheit, leichte Gelassenheit und ausgleichendes Vergnügen herrschen.

Erlauben wir uns einfach nur mal so **keinen** Perfektionismus und überwinden diesen Fluch! Schauen wir mehr auf das Geleistete als auf eventuelle Fehler oder fehlende Professionalität! Wenden wir uns von zu hohen Maßstäben und Maximalwerten ab! Reden wir unsere Ergebnisse und unseren Einsatz nicht klein, sondern richten unsere Konzentration auf die erreichte Vollendung! Entschärfen wir uns ein wenig und dadurch ebenfalls das kollektive Zusammenarbeiten mit unserem Umfeld! Geben wir alternativ den Dingen ihre ursprüngliche Einfachheit zurück, statt beständig diesem pedantisch akribischen Zwang zu unterliegen! Verbringen wir weniger Zeit mit perfektionistischen Gedanken und Haarspalterei und dafür mehr Zeitstufen mit Entspannung, Zufriedenheit, Wohlgefühl, Romantik und lustvollem Amüsement!
Auf diese Weise verschonen wir uns vor vielen Enttäuschungen. Besinnen wir uns eher auf Pragmatismus als auf Perfektionismus und nehmen somit die Spannung aus der Situation! Dann sind wir in der Lage, sinnvoll einzuschätzen, was, wann, in welchem Maß notwendig und ob es objektiv auch angemessen durchführbar ist.

„Wer alles perfekt haben will und stets perfekt sein will, wird perfekt unglücklich." Walter Ludin

Niemand fordert von uns Perfektion in allen Dingen. Das sind ausschließlich wir selbst. Wenn wir etwas nicht meisterhaft bewältigen, kommen wir uns enthüllt und bloßgestellt vor und denken, dass jeder nun merkt, wie fehlerhaft, unkorrekt, lückenhaft, falsch, oberflächlich, faul, ungenau und, und, und ... wir sind. Schamgefühle entwickeln sich. Dadurch wird unser Streben nach Selbstoptimierung immer größer. Wir vermengen Gewissenhaftigkeit und Korrektheit mit überhöhtem Qualitätsanspruch. Also treiben wir unsere bereits übertriebenen Vorstellungen und Erwartungen an uns, unseren Lebensbereich und das Leben in seiner Gesamtheit weiter in die Höhe. Das führt dazu, dass wir an unserer Perfektionsschraube noch ein wenig drehen, unsere Einstellung noch ein bisschen nachjustieren und demzufolge beständig mehr Druck und Zwang in uns errichten. Infolgedessen bringen wir weitere Wucht und Härte in unsere Aktivitäten … und immer mehr … und immer mehr … und noch immer mehr … und jetzt fallen wir einfach um. Fertig. Dann liegen wir im Krankenhaus, und anschließend geht die Reise womöglich weiter bergab.

Lassen wir es nicht so weit kommen! Atmen wir ein, zwei Mal tief durch, und beim Ausatmen lassen wir schon einen großen Teil Stress und Anspannung heraus! Entkrampfen und lockern wir uns ein wenig, bevor wir mit einer entsprechenden Tätigkeit oder einem Projekt zeitgestresst und mustergültig beginnen oder fortfahren! Erkennen wir dabei, dass es völlig ausreicht, wenn wir unser und die anderen ihr Bestes geben! Hauptsache, alle haben Freude an der Sache, entwickeln Initiative, schöpfen ihr Potential aus und das Ergebnis ist angemessen und solide. Wenn das Resultat immer noch makelloser und meisterhafter, noch eindrucksvoller und vollkommener werden soll, werden wir nie zur Ruhe kommen und uns niemals an der Ernte unserer Saat erfreuen können.

„Die Krankheit unserer Zeit ist der Perfektionismus.“
Konrad Adenauer

Den Menschen ist im Grunde genommen piepegal, welche Ansprüche wir an uns erheben. Sie möchten, dass eine Angelegenheit sauber, gewissenhaft und zuverlässig erledigt und abgeschlossen wird, mehr nicht. Perfektionistische Details werden oft gar nicht wahrgenommen. Verlieren wir uns also nicht in irgendwelchen eigenen extremen und abstrusen Standards! Denken wir daran, dass stets eine erlaubte Handlungsfreiheit existiert!

Darum beginnen wir damit, „NEIN" zu uns zu sagen! Nein, zu Perfektionismus. Nein, zu allen Situationen, Veranlagungen und Kriterien, die uns überfordern. Nein, zu Stress, Hektik und Hetze. Fangen wir an, „JA" zu sagen! Ja, zu Überlegenheit. Ja, zu pflichtangemessenem Erfolg. Ja, zu machbarkeitsorientiertem Pragmatismus. Ja, zu Normalisierung und innerem Frieden. Und vor allem: Ja, zu individuellem Freiraum. Verändern wir in unserem Leben die Stellenwerte! Belastender Perfektionismus und strapazierende Pedanterie sollten dabei nicht mehr zu finden sein. Verlangen wir von uns nicht etwas, das andere von uns auch nicht erwarten!

Lassen Sie uns die Beine hochlegen, zufrieden sein mit dem Geleisteten, heiter und gut gelaunt! Vor allem: Lassen Sie uns stolz auf uns und den Ertrag unserer Bemühungen sein! Konzentrieren wir uns bewusst darauf, unseren Perfektionismus zu abstrahieren, damit wir das Leben wieder in seiner bunten Farbenpracht erkennen und gemischten Diversität erleben können! Diese Lebensvielfalt bildet unsere Daseinsgrundlage, denn sie dient der Erholung unseres Körpers und Geistes sowie der Regulation unserer Emotionen. Emanzipieren wir uns von alten anerzogenen, nicht persönlichkeitsfördernden und nicht erfolgversprechenden Konventionen und überwinden wir überfordernde eigene feste Regeln! Kokettieren wir wieder mehr mit der spielerischen Ungezwungenheit unserer Verantwortlichkeiten und erweitern unseren konstruktiven und gestalterischen Aktionsradius!

„Perfektion ist Lähmung." Winston Spencer Churchill

Eine hervorragende Möglichkeit des Ausprobierens und Erlernens des Nicht-Perfektionismus, welche auch ich gewinnbringend nutze, ist die Anwendung des Pareto-Prinzips.

Wikipedia sagt dazu: Das Pareto-Prinzip, benannt nach Vilfredo Pareto, auch Pareto-Effekt oder 80-zu-20-Regel genannt, besagt, dass 80 % der Ergebnisse mit 20 % des Gesamtaufwandes erreicht werden. Die verbleibenden 20 % der Ergebnisse erfordern mit überwiegend 80 % des Gesamtaufwandes die quantitativ meiste Arbeit.

Ich selbst habe mich früher reihenweise und üppig in Kleinigkeiten und Details meiner Arbeiten und Pläne verloren, um unangreifbar und anerkannt zu sein, und dementsprechend eine Menge Energie verschwendet. So hatte sich damals auch die mit der Erbsenzählerei verbundene Zeit unabänderlich in Luft aufgelöst. Ich übte ständig übermäßige Selbstkritik und war äußerst selten vollends zufrieden mit meiner Arbeit. Ich wollte immer wieder noch das nachregulieren, dieses verbessern, jenes perfektionieren. Selbst nach Abschluss der Tätigkeit überlegte ich weiter, wie ich es anders, besser oder geeigneter hätte machen können oder beim nächsten Mal machen müsste. Ich kam innerlich kaum zur Ruhe und verlor mich ständig in meinem aufwühlenden Überlegungsmechanismus, bis mir im Zuge meiner Recherchen diese Misere in ihrer Gesamtheit durchdringend bewusstwurde.

Seitdem ich jedoch gewollt damit begonnen habe, stets das Optimale zu erreichen, aber nicht perfekt zu sein, hat mein Leben einen weitaus angenehmeren und gleichmäßigeren Klang erhalten und verläuft entspannter und ruhiger. Die bewusste Erkenntnis, dass ich nicht perfekt bin und Fehler und Unvollkommenheiten zum Menschsein dazugehören, war ungemein wichtig für mich. Infolge dieser Bewusstseinsveränderung wurde es mir möglich, zwei nachhaltige Komplexe loszulassen und aus meiner Innenwelt zu verbannen. Zum Ersten handelte es sich dabei um den Engelskomplex. Er beschreibt die Einstellung, in der man den unrealistischen Anspruch hat, alles perfekt und makellos zu verrichten. Zum Zweiten den Sündenbockkomplex, welcher besagt, dass man ausnahmslos sich persönlich die Schuld für sämtliche Probleme und Mängel gibt. Dieses neu initialisierte Selbstverständnis legte in mir eine natürlich ausgleichende Konstante frei, welche mir fortan ermöglichte, in einer unverkrampften und ungezwungenen Weise an die Verrichtung meiner Aufträge heranzugehen.

„Wer kein Perfektionist ist, ist kein Versager, sondern nur normal." Helmut Glaßl

Viele Menschen fühlen sich in der Nähe eines Perfektionisten unwohl, da sie meinen, mit der eigenen Qualität und Anstrengung nicht mithalten zu können. Sie denken, dass sie bei dem Zweihundertprozentigen in Misskredit geraten, ein schlechtes Bild abgeben könnten und im weiteren Verlauf geringwertig über sie gedacht und geredet wird. Durch den nach außen gerichteten Perfektionismus des einen hat der andere das Gefühl, an Akzeptanz zu verlieren. Daraus folgt, dass Perfektionisten nicht selten mehr oder weniger gemieden werden.

Es kommt auch vor, dass sich solche Menschen bei einer Zielsetzung im Klein-Klein verzetteln, das große Ganze übersehen oder vergessen und so den angemessenen Kontakt zum angestrebten Ziel verlieren. Weil sie alles unter Kontrolle behalten und Arbeiten nicht delegieren möchten, überfordern sie sich zusätzlich körperlich wie psychisch und werden entsprechend zur Last für andere.

Ist der Geist erst einmal aus der Flasche entkommen, wird er nicht freiwillig in sie zurückkehren. Wir besitzen allerdings die Möglichkeit, den Geist des Perfektionismus wieder in die Flasche zurückzudrängen und sie dann zu verschließen. Realisieren wir in uns ein Umdenken und einen Sinneswandel und dadurch ein frisches, reformiertes Vorstellungs- und Bewertungsprinzip! Nichts und niemand ist perfekt, und nichts und niemand kann perfekt sein, weil weder die Welt noch das Leben perfekt sind. Mit dieser neu gewonnenen geänderten Einstellung lassen Sie uns in Zukunft die Erfüllung und Bewältigung unserer Pflichten und Herausforderungen aktiv anpacken! Wollen wir innerlich unabhängiger werden und wachsen? Dann trennen wir uns von unserem Perfektionismus! Er hält uns deutlich und prägnant von Entfaltung und Wachstum ab, grenzt uns in unserer weiträumigen Entwicklung und ausgedehnten Selbstverwirklichung ein und schmälert unsere Akzeptanz sowie unser Ansehen bei anderen.

„Das, was uns verletzlich macht, macht uns schön. Mut zeigen und nicht perfekt sein.“ Brenè Brown

Perfektionisten können verminderter genießen, weniger Ruhe und Entspannung finden, geringer Lust erfahren, kaum lachen und behindern ihre eigene positive Persönlichkeitsentwicklung.

Tun wir uns nicht selbst weh, indem wir pausenlos versuchen, in sämtlichen Angelegenheiten fehlerfrei und meisterhaft zu sein! Wir müssen auf keinem Gebiet des Lebens perfekt agieren. Ausnahmen bilden hierbei lediglich ein paar Berufe, wie z. B. Ärzte, Piloten oder Apotheker, denn hier kommt es auf Menschenleben an. Dennoch können wir genial sein, geliebt und geschätzt werden und anspruchsvolle Arbeit leisten! Befreien und erholen wir uns, lassen wir unseren Perfektionismus frei und geben ein Stück Kontrolle ab! Einfach ein wenig loslassen, ganz behutsam … und eine Kleinigkeit mehr gehenlassen ohne Verbesserungsgrübelei! Es tut so gut, so richtig gut. Weniger Perfektionismus, dafür mehr Leichtigkeit, Unkompliziertheit und Schlichtheit. Am Ende bleiben zunehmende Zwanglosigkeit und mehr Entfaltungspotentiale im Leben erhalten.

Im Grunde genommen ist es ziemlich einfach, nicht perfekt zu sein. Wir brauchen einfach bloß Mensch zu sein. Der Rest kommt dann von ganz allein. Diese Tatsache ist so banal und trotzdem so großartig … und leider so oft so schwierig.

„Der Perfekte muss lernen, wie man einen Fehler macht."
Rupert Schützbach

Zum Schluss bleibt die Frage: Besitzen wir ein Recht auf Perfektionismus, und ist es im Geburtsrecht des Lebens enthalten? Die knappe und schmucklose Antwort ist: Nein.

Das Bedürfnis unseres Geburtsrechts besteht darin, uns zu animieren, damit wir beständig Fortschritte machen, uns entfalten, stärker und widerstandsfähiger werden und unsere Schwächen ablegen können. Wir sollen im Leben voranschreiten. Übertriebener Perfektionismus stellt dabei ein sehr großes und dorniges, uns ins Stocken bringendes Hindernis dar.

Da Perfektionismus den Menschen in der Regel nicht mit seinen eigenen Schwächen förderlich umgehen lässt, er Ungeduld, Frust und ungesunden Stress hervorbringt sowie physische und seelische Komplikationen nach sich ziehen kann, gehört er nicht zu den nutzbringenden und konstruktiven Komponenten des Lebens und ist damit auch nicht Inhalt unseres Geburtsrechts. Wir können ihn überwinden, wenn wir lernen, gnädiger mit uns selbst zu sein und behutsamer und kulanter mit uns und unserem Umfeld umzugehen. Dann werden wir auch erkennen, dass wir ein weitaus größeres Recht unser Eigen nennen:

Das Recht auf NICHT-Perfektionismus

und dieses nimmt einen großen Platz innerhalb unseres Geburtsrechts des Lebens ein. Wenn wir Nicht-Perfektionisten werden, haben das zermürbende Ringen nach Anerkennung, unsere überzogene Erwartungshaltung und das auffallende Bemühen um eine positive Außendarstellung endlich ein Ende. Wir gewinnen an Zustimmung bei unseren Mitmenschen, werden angenehmer und gefälliger im Umgang und machen uns beliebter, da diese merken, dass wir uns nicht für etwas Besseres halten oder von oben herab wirken. Sie registrieren, dass wir auch einfach nur Menschen sind und dazu stehen. Unser Leben erhält auf allen Ebenen mehr Anpassungsgeschick, Geschmeidigkeit und Erholung, weil wir das Unwesentliche darin reduzieren.

Lernen wir zu verstehen, dass alles einer bestimmten Bedingtheit unterliegt, dass selbst das Leben in seiner unvorstellbaren Größe, Erhabenheit und unendlichen Weite nicht perfekt ist. Also, warum sollten wir als Menschen dann perfekt sein?

„Perfekt sein zu wollen ist genauso unsinnig, wie Wasser ins Meer zu tragen." Andreas Hollemann

5. VERTRAUEN

„Zwei Dinge verleihen der Seele am meisten Kraft: Vertrauen auf die Wahrheit und Vertrauen auf sich selbst." Seneca

Vertrauen verfügt in unserem Leben über eine hohe Bedeutung, denn es macht glücklicher, optimistischer und beruhigt unsere Emotionen. Durch Vertrauen werden wir mutiger in unseren Plänen und stellen uns größeren Herausforderungen. Wir wissen, dass wir uns auf uns oder eine andere Person bzw. Personengruppe verlassen können und diese uns in Schwierigkeiten beistehen und unterstützen wird. Wir benötigen Vertrauen auch, um uns anderen Menschen gegenüber entsprechend offenbaren zu können, anstatt alles mit uns selbst auszumachen. Es wächst durch das Gefühl des Sich-Kennens. Vernunft, persönliche Wahrnehmungen, eigene Präferenzen und Erkenntnisse sind Quellen, die individuellem Vertrauen zugrunde liegen. Wenn diese Voraussetzungen wiederholt mit anerkennenden und erfreulichen Erlebnissen unterlegt sind, nehmen wir Vertrauen als subjektiv emotionale Richtschnur oft als selbstverständlich hin.

Vertrauen ist eine unsichtbare Substanz, die Beziehungen verschiedenster Lebensareale zusammenhält. Eine innere Festigkeit, die Gemeinschaften durch ein ineinandergreifendes Geflecht von Blickwinkeln und Erlebnissen verbindet. Es bedarf bedeutender Grundlagen, damit es nicht negativ beeinflusst oder sogar zerstört wird. Vertrauen baut auf dem Fundament der zur Gewissheit werdenden Hoffnung auf, dass man in einer Zwangslage oder bei der Erfüllung einer Wunschabsicht nicht allein ist. Es markiert die persönliche Auffassung zur Wahrhaftigkeit von Behauptungen, Loyalität von Menschen, Unanfechtbarkeit und Redlichkeit von Aktionen und Vorstellungen und beruht letztlich auf Erfahrungswerten.

„Vertrauen ist die Strategie der größten Reichweite."
Niklas Luhmann

Vertrauen resultiert also aus unserer Erwartungshaltung, unseren Überlegungen und Einstellungen, unserem Erleben und den sich dadurch ergebenden Weisheiten und Lehren. Aus diesen Ergebnissen heraus erhält es in unserer Gesinnung eine gewisse Üblichkeit und besitzt einen erheblichen Wert für unsere interpersonelle Kommunikation sowie jegliche Interaktion. Der springende Punkt des Vertrauens besteht in der Aufhebung von Ungewissheit und Argwohn. Es besitzt ein beachtliches und vielschichtiges Spektrum, das infolge verschiedenster Zu- und Umstände jedoch oft entweder verkannt oder in seinem vollen Korridor nicht erfasst wird.

In manchen Zeiten besteht unser Leben aufgrund unserer Erfahrungen aus einem argwöhnischen Kampfplatz der Silhouetten und Zweifel, auf welchem mit Trugbildern, Manipulation und Misstrauen gekämpft wird. Teilweise erscheinen uns die Akteure dunkel und rätselhaft und sind selten das, was sie vorgeben, zu sein. Unsere Vorstellungen und Erwartungen verschwimmen mit der Realität, und es wird für uns immer schwieriger, einen vernünftigen, soliden und vertrauensvollen Grundkonsens zu schaffen. Wir bekommen fortschreitend das Gefühl, uns in einem Spiegellabyrinth der Reflexionen zu befinden, in dem wir keinen Durchblick mehr erhalten. Alles vermischt sich undeutlich mit- und ineinander, und in dieser Konfusion werden Wahrheit und Vertrauensbildung durch eine Leibwache der Erfindungen, Täuschungen und Falschinformationen eskortiert.

Ist also generelles Vertrauen gut? Ist es eine Selbstverständlichkeit und genügt es, sich an legitimen Normen und Funktionen zu orientieren, um Vertrauen aufzubauen?

„Aus Vertraulichkeit entstehen die zarteste Freundschaft und der stärkste Hass." Antoine de Rivarol

Wir verlieren zeitweise unser Vertrauen in alle und alles, fühlen uns feige hintergangen, missverstanden und verunsichert. Alles nervt und ist nur noch ein Berg voller Dreck und Mist. Wir fragen uns, warum wir uns diesen ganzen Vertrauensquatsch überhaupt noch antun, da er doch sowieso nichts bringt. Wir versuchen und versuchen, und die anderen schummeln, intrigieren und missbrauchen unser Vertrauen, sodass wir eigentlich nur noch schreien möchten. Und das Schlimmste daran ist, dass die auch noch weiterkommen und wir nicht. Wir verharren und verdorren dort, wo wir uns gerade befinden, nur weil wir vertrauensvoll, ehrlich und aufrichtig waren. Wir stellen die gerechte und ordnende Wirksamkeit des Lebens in fast allen Regionen in Frage.

Ist also generelles Vertrauen gut? Nein. Ist es eine Selbstverständlichkeit? Nein. Reicht es, sich an legitime Normen und Funktionen zu halten, um es aufzubauen? Wieder nein. Wäre es dann nicht sinnvoll, Vertrauen im Leben zu streichen? Nein, auf keinen Fall.

Um eine gemeinschaftliche Vertrauensbasis zu gründen, ist es anfangs oft notwendig, sich einer relevanten Schwierigkeit zu stellen. Trotz unserer persönlich sensiblen Verletzbarkeit und Unsicherheit müssen wir auf andere mit größtmöglicher positiver Hoffnung herantreten, um eine vertrauensvolle Beziehung aufzubauen. Infolge der in der Vergangenheit erlittenen Vertrauensmissbräuche gehen wir dann natürlich jedes Mal erneut Risiken für eventuelle Fehlschläge oder Enttäuschungen ein. Doch ungeachtet dieser möglichen Misserfolge sollten wir uns darüber klar werden, dass wir erst durch unsere vorab zustimmende und gelten lassende Vertrauenshaltung befähigt werden, weitere Aktionen in die Wege zu leiten. Erst dann können wir neue fördernde und ehrliche Kontakte schließen und uns den gewünschten Status in Gesellschaft und sozialem Umfeld kreieren.

„Der beste Weg herauszufinden, ob man jemandem vertrauen kann, ist, ihm zu vertrauen." Ernest Hemingway

Um sich eine transparente und lückenlose Darstellung von Vertrauen zu verschaffen und es in der Breite zu verstehen, ist es notwendig, zunächst Klarheit über die zwei Arten jener Einstellung zu erlangen. Das Vertrauen in sich selbst, das Selbstvertrauen, und das Vertrauen in einen anderen Menschen bzw. eine Menschengruppe, das Fremdvertrauen.

Selbstvertrauen besitzt bekanntlich ein beachtliches Gewicht in unserem Leben. Menschen mit einem berechtigt hohen Selbstvertrauen nennen ein gesundes Selbstbewusstsein ihr Eigen, wissen um ihre Befähigung, erfolgreich zu sein, und verlassen sich auf ihr gesamtes Potenzial, um selbst schwierigste Forderungen zu meistern. Die Darstellung, welche sie von sich haben, entspricht der Vorstellung von dem Selbstkonzept, das sie sich wünschen. Durch das Vertrauen in die eigene Persönlichkeit sind sie eins mit sich und von der Richtigkeit und Korrektheit ihres Denkens und Handelns überzeugt. Sie stellen sich ihren Ängsten, gestatten sich Fehler und Schwächen und vertreten ihre Interessen und Meinungen. Sie überwinden Selbstzweifel und verfügen über eine freie Willensentscheidung. Selbstvertrauende Personen verspüren und besitzen eine innere Kraft, Bestimmtheit und eine klare, unaufdringliche Anschauung von sich, sodass sie hoffnungsvoll der Gegenwart und Zukunft entgegenblicken, egal was die Vergangenheit ihnen brachte.

Egoismus? Na klar, aber wohl rationiert. Er ist für sie weder abwertend noch ein Schimpfwort. Sie leben ihn in einem gesunden Maß, damit sie sich und ihre Ansprüche nicht aus den Augen verlieren, aber auch nicht die Belange und Vorstellungen ihrer Mitmenschen vergessen. Ihnen ist klar, dass ein ausgeprägtes Selbstvertrauen ein gesundes Maß an Egoismus berücksichtigt. Ohne ihn würden sie sehr schnell Gefahr laufen, ihr Selbstvertrauen allmählich einzubüßen und in ein fremdbestimmtes Dasein zu verfallen.

Menschen mit einem starken positiven Selbstvertrauen übernehmen Verantwortung und betreiben ein proaktives Verhalten, um Probleme zweckdienlich zu lösen, nachdem sie die Situation neutral von allen Seiten betrachtet haben.

Solides, resistentes Selbstvertrauen ist für jeglichen Vertrauensaufbau und -zuwachs von entscheidender Wichtigkeit, denn vertrauen wir uns nicht selbst, werden wir auch keinem anderen vertrauen können. Wenn wir aufhören, unentwegt unsere Fehler und Unzulänglichkeiten zu erklären und verlässlich zu unseren Stärken, Chancen und unserem Willen stehen, wird unser Selbstvertrauen beständig wachsen.

„Lass dir von niemand, auch nicht von dir selbst, dein Selbstvertrauen rauben, denn dies ist die Grundlage für jeden Erfolg."
Orison Swett Marden

Werfen wir nun einen Blick in die Truhe des **Fremdvertrauens** und das damit verbundene, unter Umständen auftretende Misstrauen. Wer bedingungslos vertraut, wird womöglich sehr oft in seinem Leben enttäuscht und hintergangen, weil andere gerne von blindem Vertrauen kompromisslos profitieren und es ausnutzen.
Sobald einer Person oder Menschengruppierung vertraut wird, geht man in der Regel grundsätzlich von dem Dafürhalten aus, dass ihr Sagen oder Handeln von Wahrheit, Redlichkeit und Aufrichtigkeit geprägt ist. Wird Vertrauen geschenkt, befindet sich der Vertrauen Gebende während der Interaktion mit dem Vertrauen Erhaltenden in der sicheren Erwartung, dass er durch dessen Reden oder Handeln weder übervorteilt wird noch in sonst irgendeiner Weise Schaden nimmt. Widersprüche zwischen Worten und Taten erzeugen unweigerlich Misstrauen untereinander und beeinträchtigen erheblich das Mensch-zu-Mensch-System.
Vertraut man einem Menschen, dessen Persönlichkeit einem noch nicht so bekannt ist, bedeutet dies prinzipiell, dass ein Vertrauensvorschuss geliefert wird, trotz der eventuellen Verwundbarkeit und des Bedenkens. Vertrauten und loyalen Menschen hingegen wird schnell volles Vertrauen geschenkt oder man vertraut ihnen sogar vorbehaltlos, zumal, wenn die Grundübereinstimmung des Vertrauens auf Gegenseitigkeit beruht.

Fr. Dr. Renate Wirth, welche in ihrer Praxis in Berlin Systemaufstellungen praktiziert, sagt dazu:

„Vertrauensvolle Beziehungen sind für das körperlich-emotionale und seelische Wohlergehen von jedem Menschen unabdingbar. Wir sind als Menschen von jeher Gruppenwesen. Vertrauensvolle Beziehungen sind ausschlaggebend für unser Selbstwertgefühl und unsere Orientierung in der Welt."

Allerdings ist Fremdvertrauen, egal in welcher Konstellation, keine Blitzangelegenheit. Es muss von beiden Seiten durch eigene positive Erfahrungen, Emotionen, Aufrichtigkeit, Respekt und subjektive Standards aufgebaut werden. Vertrauen in andere ist stets auch eine Frage der Geduld, verläuft nicht immer in einer geraden Linie und unterliegt nicht selten einer Entscheidungsteilung.

„Vertrauen muss verdient werden und sollte erst nach einer gewissen Zeit kommen." Arthur Ashe

Bei jeglicher Vertrauensbasis sollten wir uns dennoch darüber klar sein, dass es das beständig absolute Vertrauen nicht gibt, obwohl wir womöglich davon ausgehen und es auch von bestimmten Menschen sowie Religionen propagiert wird. Dass dieses unveränderlich absolute Vertrauen nicht praktizierbar ist, liegt im Charakter des Lebens und seinen fortlaufenden Reformen begründet.

Das Leben ist einem ständigen Wandel und Wechsel unterstellt und befindet sich in einer immerwährenden eigenständigen Revision und Überarbeitung. Wir enttäuschen und werden enttäuscht, bewusst und unbewusst. Die Gesetze von Aktion und Reaktion sowie Ursache und Wirkung gehören zum Leben und damit zu dessen kontinuierlicher Veränderung. Im Rahmen dieser steten Umgestaltung ändern Menschen im Laufe der Zeit ihre Werte, Kritikmaßstäbe und Verhaltensstrukturen. Die Ursachen dieser stets pendelnden und wechselnden Entwicklungen, Novellierungen oder Korrekturen könnten etwa Untreue, Illoyalität, Manipulation, Betrug, Lüge oder Tabubruch sein, welche dann zu emotionalen und körperlichen Distanzierungen führen. Das bedeutet, dass wir einer Person, der wir heute zu hundert Prozent vertrauen, infolge veränderter Umstände, Gefühle, gewandelter Interessenlagen oder neu strukturierter Verhältnisse in einer Woche nicht mehr absolutes Vertrauen entgegenbringen können. Das schmerzt nicht selten, ist aber leider nicht zu ändern, so sehr wir uns das auch wünschten.

Misstrauen entsteht immer dann, wenn wir von anderen Menschen, oder sie durch uns, verraten, enttäuscht oder betrogen wurden. Es ist ein Schutzmechanismus unserer systemisch gefühlsbestimmten Haltung gegenüber anderen Personen oder Umständen, um uns vor Schmerzen, Missbrauch, Abhängigkeit oder weiteren Schädigungen zu bewahren. Daher ist ein gesundes Misstrauen vorteilhaft und wichtig. Es ist hilfreich für das eigene handlungsbestimmende und Selbstkontrolle behaltende Leben.

Das Misstrauen ist die Mutter der Sicherheit. Sprichwort

Ein moderates und vernünftiges Fremdvertrauen kennt Grenzen. Ein intaktes Misstrauen ist im Leben entscheidend dafür, uns vor Narzissten, Lügnern und Menschen, die stets nur den eigenen Vorteil im Sinn haben, sowie materiellen und immateriellen Verlusten und Enttäuschungen zu bewahren. Es ist jedoch ebenso wichtig, Misstrauen nicht in einer ständig aufkommenden Sturmflut zu bekunden und anderen entgegenzubringen, damit sich unser Glas des Argwohns nicht zu sehr füllt und letztlich überläuft.

Es ist bekannt, dass Menschen ständig darauf aus sind, sich Vorteile und Gewinne in jeglicher Hinsicht zu verschaffen, sei es beruflich, sozial, finanziell oder materiell. Bei allem, was ein Mensch macht, versucht er grundsätzlich, positive Begleiterscheinungen für sich zu erzeugen und zu nutzen. Dies ist im Normalfall auch nicht verwerflich, eher verständlich, wird allerdings spätestens dann unmoralisch, wenn sie dadurch entstehen, dass andere Personen denunziert oder bloßgestellt, ihre Schwächen ausgenutzt oder Privilegien missbraucht werden oder man sich über Vertrau-lichkeiten hinwegsetzt. Der dann entstandene Vertrauensverlust muss jedes Mal wieder neu aufgearbeitet werden, da er langfristig hängenbleiben kann, und nicht jedes Mal wird eine zweite Chance geboten. Erst recht nicht, wenn es sich um Verrat, Indiskretion oder Wortbrüchigkeit handelt. Vertrauenswegfall führt letztlich zu Verweigerung, Abstand oder kompletter Trennung. Doch auch wenn die Menschen unter einem Lügenproblem leiden, sollten wir uns davor bewahren, deswegen ein dauerndes Vertrauensproblem zu bekommen.

„Gesundes Misstrauen ist die Grundlage eines gesunden Geis-tes." Justus Vogt

Ein Vertrauensbruch zieht am Ende immer unangenehme und bö-se Auswirkungen nach sich, denn die Gesetze von Ursache und Wirkung und Aktion und Reaktion lassen sich nicht brechen wie das Vertrauen. Sie bestehen und funktionieren verschleißfest und unzerstörbar. Vertrauensverrat entwickelt sich im Grundsatz zum Bumerang und begegnet einem nachfolgend selbst. Aus dieser Kausalität ergeben sich dann entsprechend spannungsgeladene In-teraktionsmuster plus unerwünschte und erschwerende Lebensre-sultate.

Es ist demzufolge stets Vorsicht geboten, wann wir wem in wel-cher Situation unser Vertrauen schenken, und wie wir uns selbst verhalten. Um es sinn- und maßvoll ins Feld zu führen und auch selbst nicht zu enttäuschen, ist eine Reflexion unserer Gedanken, Emotionen und unseres Verhaltens wichtig. Es ist ratsam, unseren moralischen Kompass gelegentlich auf seine Unversehrtheit und Funktionstüchtigkeit zu überprüfen, um nicht mit unserem Schiff der Gewissensorientierung auf Grund zu laufen und unsere Ver-trauenswürdigkeit und Rechtschaffenheit einzubüßen. Ansonsten könnte es schnell zu Misstrauen uns gegenüber kommen. Maßge-bend für eine positive Vertrauensbilanz ist, unserem Gegenüber das Vertrauen entgegenzubringen, welches wir uns von ihm wünschen, und ihn nicht in irgendeiner Weise zu brüskieren, denn Vertrauen ist generell eine Kapitalanlage für das Jetzt oder das Später. Um es aufzubauen, sollten wir in der Lage sein, Irrtümer zuzugeben, ehrlich und glaubwürdig zu interagieren, gegebene Versprechen einzuhalten und dafür Sorge zu tragen, dass unsere Taten mit unseren Worten konform sind! Durch Authentizität und Integrität werden wir prinzipiell und jederzeit vertrauenswürdig erscheinen und eine gute Basis für ein weiterführendes Vertrauensfundament schaffen.

„Vertrauen beginnt mit Wahrheit und endet mit Wahrheit.“
Santosh Kalwar

Vernunftbegabtes und pragmatisches Vertrauen ist im Leben unabdingbar, weil wir uns dadurch in die Lage versetzen, unser Leben zu erweitern. Wir können es neu ausrichten, angleichen oder gänzlich umgestalten, neue persönliche oder berufliche Verbindungen knüpfen und dementsprechend neue Erfolge feiern. Wir sind imstande, unsere innere Lebenswohnung zu renovieren oder ihr ein komplett neues Mobiliar zu verschaffen.
Tiefes und ehrliches Vertrauen ist nicht selbstverständlich. Es muss sich entwickeln, wachsen wie ein zartes junges Bäumchen in der Sonne. Wenn sich dieses Bäumchen in den Stürmen der Zeit bewährt hat, wird es stark und widerstandsfähig. Es wird zu einem belastbaren, kraftvollen und resistenten Baum gedeihen, der dynamischen, turbulenten und ungestümen Perioden standhalten wird. In gleicher Weise werden sich mit der Zeit unser Selbst- und Fremdvertrauen formen und in beschwerlichen und delikaten Momenten beweisen, wenn wir nicht zu viel oder zu wenig davon in eine Person oder Sache investieren.
Vertrauen macht uns zwar teilweise abhängig und birgt das Risiko des Vertrauensmissbrauchs in sich, aber wir wissen auch, dass alle Einstellungen und Handlungen im Leben Risiken beinhalten. Ob-

wohl wir dieses Wagnis in unsere Überlegungen und möglichen Bedenken mit einbeziehen, hoffen wir und rechnen damit, dass wir es zur korrekten Zeit, bei den richtigen Menschen, in den zweckmäßigen Situationen und im angemessenen Verhältnis einsetzen. Wir tragen die Erwartung in uns, dass sich unser Vertrauen positiv auswirkt und es sich am Ende zustimmend und erfolgreich in unserem Leben rechtfertigt. Wir prognostizieren für uns trotz eventueller negativer Vorerfahrungen, dass sich unser Gegenüber als vertrauenswürdig erweist.

„Die größte Ehre, die man einem Menschen antun kann, ist die, dass man zu ihm Vertrauen hat." Matthias Claudius

Vertrauen ist ein gemeinschaftliches, für alle Seiten hilfreiches Ab- und Entgegenkommen wechselseitiger Beziehungen, in denen wir besondere, nur einem bestimmten Kreis zugängliche Informationen anvertrauen oder teilen. Dabei haben unser Empfinden, Stresslevel sowie unsere Stimmung und Lebenssituation entscheidenden Einfluss auf unseren Vertrauensaufbau. Es reicht demnach nicht nur, sich bestehenden Standards und Direktiven anzupassen, um ein gesundes Vertrauen aufzubauen. Wir sind gut beraten, dabei auf unseren Kopf und Bauch, aber auch auf unsere Vernunft zu hören. Ebenso wichtig ist bei einem empfundenen Doppelspiel, aufzuschlüsseln, ob es sich um einen Vertrauensbruch oder einen versehentlichen Fehler handelt, bei dem wir nachsichtig sein können.

Unsere Welt und damit unser Leben, werden ständig herausfordernder, komplizierter und sind mit hohem Einsatz in sämtlichen Bereichen verbunden. Infolge eines sauberen Selbstvertrauens und intakten, stabilen Vertrauens anderen gegenüber versetzen wir uns in die Lage, uns diese Welt und dieses Leben einfacher, übersichtlicher, effizienter und gesünder zu gestalten, weil wir bereit sind, körperliche, emotionale oder zwischenmenschliche Hilfe anzubieten und anzunehmen. Demzufolge schaffen wir uns und anderen mehr Freiräume in der Polarität des Lebens. Vertrauen verbindet Einzelnes zu etwas Ganzem, formiert Bündnisse und ist Bindeglied beim Zusammenführen von Konsultationen und Orientierungen. Es lässt unser Leben dementsprechend weiter, vollendeter und ruhiger seinem Ursprung entsprießen.

Auch wenn wir durch Vertrauensmissbräuche enttäuscht wurden, sollten wir uns der Bedeutung dieser Einstellung bewusst bleiben. Klar, wir geben damit ein Stück weit Kontrolle ab, wissen manchmal nicht, was passiert und besitzen teilweise keinen Einfluss darauf. Das, was bleibt, ist die Hoffnung. Dennoch ist Vertrauen für unser Leben in Harmonie, gestärkte Bindungen und Einigkeit sowie persönliches Vorankommen unverzichtbar. Es ist ein wichtiges Element sowohl für nachhaltige Beziehungen als auch ein offenes, faires und glaubwürdiges Miteinander und fördert unsere seelische Verfassung und stabile Wirksamkeit.

„Nichts Größeres kann ein Mensch schenken, als sein ganzes Vertrauen. Keine Gabe erhöht so sehr den Geber und Empfänger."
Henry David Thoreau

Unser Geburtsrecht des Lebens besitzt die Verantwortung, unser Dasein vertrauensvoller und damit zugleich auch zukunftssicherer zu gestalten, und dieser hohen Verantwortlichkeit kommt es in jedem Augenblick nach.

Beim Erblicken dieser Welt erhielten wir vom Leben das Recht auf Vertrauen, allerdings mit einer Klausel, da der Kern des Lebens ein bestimmtes Gerechtigkeitsprivileg enthält. Wir empfangen Vertrauen nur, wenn wir frei von Falschheit sind, in unserem Grundcharakter anständig, verlässlich und glaubwürdig auftreten und den Attributen Wahrheit, Verantwortungsbewusstsein und Echtheit einen hohen Verlässlichkeitsgrad einräumen. Wir dürfen keine charakterlose Ich-AG verkörpern, sondern müssen darauf bedacht sein, unserem Umfeld respektvoll und integer gegenüberzu-

73

treten. Gliedern wir auch nicht unser Recht auf ein stimmiges und verantwortungsvolles Misstrauen aus, da uns dieses auf vielen Ebenen des Lebens vor Enttäuschung, Verlust und Leid warnt!

Ohne das Recht auf Vertrauen und ein bisschen wohlgesteuertes Misstrauen wäre unser Geburtsrecht des Lebens in seinem multispektralen inneren Gehalt nicht vollständig und außer Stande, eine wichtige, den Verhältnissen und Umständen angepasste, schützende Selbstregulation in Gang zu setzen.

Werden wir im Schoß des starken gegenseitigen Vertrauens geborgen gehalten, lösen sich die Fesseln der Unsicherheit, Angst und Hoffnungslosigkeit wie von selbst, und Trost sowie Sicherheit schenken uns Frieden und nehmen uns schützend ein. Uns überkommt das beruhigende Gefühl, dass nichts Schlimmes passieren kann.

„Vertrauen erweckt Vertrauen." Friedrich Wilhelm IV.

6. LUST

„Die Lust ist Ursprung und Ziel des glücklichen Lebens." Epikur

Lust: Jeder nimmt sie mal wahr, lebt sie jedoch leider viel zu selten, nur gelegentlich, vollständig und leidenschaftlich aus.
Epikur von Samos war der Meinung, dass Lust das höchste Gut ist. Wenn wir sie verspüren, breitet sich ein unheimlich starkes, prickelndes Gefühl in uns aus. Wir widmen unsere Gedanken einer Angelegenheit, erfahren einen inneren Drang, dieser nachzukommen, und gelangen bei der Erfüllung des Vorhabens in einen Freudentaumel, einen regelrechten Flow. Lust kann eine unglaublich impulsgebende Zugkraft entwickeln, wobei sich bei der Bewerkstelligung der Intention ein Wille und Gedankengänge aufbauen, die ohne dieses intensive Gefühl undenkbar wären. Würden wir keine Lust in uns fühlen und nur halbherzig an die Umsetzung unserer Überlegungen herangehen, würden wir spätestens nach dem zweiten Fehlversuch das Projekt feierlich begraben und einen anderen Plan verfolgen. Doch durch die uns beherrschende und beflügelnde Lust ziehen wir alle verfügbaren Register und überlegen und experimentieren weiter. Sich regende Widerstände werden überwunden, bis sich der Erfolg eingestellt hat oder es keine Versuchsalternativen mehr gibt. Waren unsere Bemühungen am Ende wirkungsvoll und gewinnbringend, breitet sich ein großartiges Gefühl der Erfüllung, Freude und des Glücks in uns aus.
Besteht zwischen zwei Partnern ein beiderseitiges, zeitlich übereinstimmendes erotisierendes Lustgefühl aufeinander und steigert sich bis zur Wollust, kann es in einem gemeinschaftlich berauschenden Genuss enden. Aus diesem Grund ist gerade die einvernehmliche sexuelle Lust in sich äußerst wertvoll, da sie im unmittelbaren Erleben von allen Beteiligten gewollt und genossen wird.

„Der Mensch ist außerstande, etwas zu unterlassen, was ihm mehr als alle anderen Dinge Lust erzeugt." Henri Stendhal

Lust ist ein grundlegendes Gefühl in unserem Leben, und sie kann uns wie dröhnendes Glockengeläut spontan überkommen oder sich nach und nach aufbauen. Dafür bedarf es natürlich bestimmter Reize, welche dann letztlich in der reagierenden, gestaltenden und erfahrenden Lustauslebung enden. Wir verspüren sie immer als angenehme Empfindung, wenn wir den Wunsch haben, aus einem inneren Bedürfnis heraus etwas Bestimmtes zu tun oder ein spezielles Begehren zu stillen. Allerdings lässt sich Lust nicht erzwingen und ist nicht vorhersehbar. Wir können nicht einfach den inneren Schalter umlegen, und schon ist sie wie aus dem Nichts präsent. Sie ist ein durch Sinnesreize hervorgerufener feuriger Antrieb, eine pulsierende, in sämtlichen Lebensräumen wirkende Kraftquelle, die als Indikator unseres Verlangens entsteht.

Wir können Lust auf ein neues Projekt bekommen oder darauf, gar nichts zu tun und den ganzen Tag einfach im Bett zu verbringen, um dem Rauschen des Windes und Prasseln des Regens zu lauschen. Wir können auch Lust auf Sex bekommen oder darauf, Freunde zu besuchen. Erst recht können wir absolute Lust verspüren, dem Chef unsere Meinung mal so richtig ins Ohr zu brüllen und ihm anschließend unsere Kündigung ins Gesicht zu klatschen. Dafür müssten wir dann allerdings doch aus dem Bett.

„Alle Dinge werden zu einer Quelle der Lust, wenn man sie liebt."
Thomas von Aquin

Lust ist intensivierte Vorfreude bzw. Freude und maximiert sich in einer stark angenehmen Weise des Erlebens. Wir nehmen sie als wohltuend, mobilisierend und vitalisierend wahr und erfahren sie im Zuteilwerden sowie Ausschöpfen der von uns erstrebten und erhebenden Zusammenhänge und Verhältnisse. Sobald sich unser Geist auf die Erfüllung eines von uns gewollten bestimmten Zieles fokussiert, und wir uns diesem Ziel mit Lust und dem darin enthaltenen Enthusiasmus nähern, kommt uns die Zielerfüllung auch mehr und mehr entgegen. Lust hat mit Zuwendung, Fallenlassen,

Freilassen und Treibenlassen, also mit vollster Überzeugung und Ergebenheit, zu tun. Sie zu stillen, untermauert und stabilisiert unser Selbstbewusstsein und Selbstwertgefühl und hebt unsere Lebensqualität auf eine höhere Stufe. Am Ende bleiben immer die Befriedigung und Erfüllung eines besonderen Interesses.

Bei allen Vorteilen, welche Lust in vielfältiger Weise zu bieten hat, müssen wir uns indes auch stets bewusst sein, dass alles Tun mit irgendwelchen Folgen verbunden ist. Wir kommen auch hier niemals um das Gesetz von Aktion und Reaktion herum, und demzufolge kann sich Lust sowohl in positiven als auch negativen Resultaten äußern und entsprechende Konsequenzen nach sich ziehen. Daher müssen wir uns generell zusätzlich immer fragen, ob wir die Früchte unseres gelebten Lustgefühls ebenfalls konsumieren möchten. Wir sollten uns bei diesem Gedanken dann bei uns selbst erkundigen, ob uns die mögliche Befriedigung unserer Lust nicht nur nachhaltig glücklich und einverstanden mit uns persönlich macht, sondern auch, ob sie uns im Leben weiterbringt.
Dem Chef mit der Vollklatsche galant seinen verdienten Tinnitus ins Ohr zu plärren und anschließend die Segel zu streichen, ist womöglich situativ zwar sehr verlockend, würde jedoch gegebenenfalls unsere zukünftige Existenz gefährden, wenn eine notwendig passende Alternativmöglichkeit fehlt.
Bei aller überschwänglichen Lust darf also die Frage nicht außer Acht gelassen werden, ob uns das, worauf wir gerade Lust haben, auch dauerhaft erfolgreich macht oder eher schwerwiegende und tiefgreifende Unannehmlichkeiten nach sich zieht. Dementsprechend sollten wir unsere Schachzüge wohl überlegen und unsere Lust bei bestimmten Konstellationen bremsen, so heißblütig sie auch in uns brennen mag. Nimmt die Lust anfangs zu stürmisch zu viel Fahrt auf, kann sie einen selbst auch schnell mal überrollen.

„Keine Lust ist an sich ein Übel, aber die Wirkungen mancher Lüste bringen vielfache Störungen der Lust." Epikur

Der Mensch ist keine billige Naturerscheinung, sondern der Inbegriff des Lebens, und die Natur des Lebens beinhaltet Ausdehnung und Weiterentwicklung mit dem Ziel der Vervollkommnung. Da der Mensch Leben ist und Lust zur Natur des Menschen gehört, ist sie automatisch in der Natur des Lebens und damit in jedem einzelnen von uns enthalten.

In der heutigen Allgemeinheit besteht bei vielen Menschen, vornehmlich in religiösen Gemeinschaften, die Meinung, dass Lust ein Laster sei, welches unbedingt bezwungen und überwunden werden müsse. Dabei wird völlig ausgeblendet, dass Lust zu den Basisgefühlen des Menschen und damit zu dessen Natur gehört. Man kann versuchen, diese Emotion eine Weile zu ignorieren und zu bekämpfen, doch am Ende kann man sich nicht dagegen wehren, denn was im Menschen lebt, will auch gelebt werden. Das Leben erwartet deshalb von uns, dass dieses von ihm geschenkte, begeisternde und zutiefst glücklich machende Recht des „Lust-Gelebt-Werdens" in vollem Umfang praktiziert und genossen wird.

Moralisten dagegen vertreten die Einstellung, der Mensch sei zu eitel und unersättlich geworden und stets nur auf seinen eigenen Nutzen und Gewinn aus. Darüber verlöre er das Allgemeinwohl, seine Pflichten und das aus dem Verstand resultierende Wesentliche und Notwendige aus den Augen. Seine Lust würde sich ständig wachsend in Wollust wandeln, wodurch Moral und Ethik verlorengingen. Aus diesen Gründen wird von diesen ignoranten und abgestumpften Sittlichkeitsvertretern Lust in Summe lediglich auf die Befriedigung sexuellen Verlangens reduziert, zensiert und angeklagt, obwohl sie das Leben fördert und zu dessen Daseinszustand gehört.

Wie die Lust gehört ein Nadelbaum ebenfalls zur Natur des Lebens. Wer würde diese offensichtliche Natur anzweifeln, den Baum anklagen oder seine Wirksamkeit und Notwendigkeit in Frage stellen, nur weil ein paar Menschen keine Nadelbäume mögen? Niemand, der über einen gesunden Menschenverstand verfügt. So sinnlos und undiskutabel es also ist, die Natur des Nadelbaumes anzuprangern und zu bewerten, so überflüssig und sinnentleert ist es, die Lust und damit die gesetzmäßige Natur des Menschen zu ächten und mit ihr ins Gericht zu gehen. Wir brauchen Lust auf das Leben und im Leben, damit wir unsere positiven Beiträge zur Weiterentwicklung desselben leisten können.

„Was ihr nicht tut mit Lust, gedeiht euch nicht."
William Shakespeare

Die Lust des Menschen ist nicht nur folgerichtig und konsequent in seinem Gepräge und Wesen enthalten, sie ist auch kreativ in ihrem schöpferischen Charakter, wenn es sich dabei nicht um ein Oberflächenphänomen handelt, sondern um tiefes und dynamisches Empfinden. Diese Schöpferkraft und Fantasie pulsieren dann in der Innenwelt eines jeden, mit dem Ziel, an der Umsetzung teilzunehmen und dabei zu bleiben. Dabei wird dann aus der innerlich regen, rhythmischen Lust eine kreierende und gestaltende Lust.
Für diese schaffensfreudige Lust müssen wir uns nicht neu erfinden. Wir brauchen uns eigentlich bloß die Erlaubnis zu erteilen, die Abenteuerlust am Leben wahrzunehmen und unsere Lust zu zelebrieren, ohne jedes Mal auf Normen, Standards oder unbeteiligte Fremdwerte zu achten. Wir bedürfen des eigenen Einverständnisses, die Gunst der Stunde nutzen und Gelegenheiten ergreifen zu dürfen, ohne mehr die Welt und das Leben mit seiner Lust wie durch einen Schleier verschwommen wahrzunehmen. Blicken wir der Lust häufiger in ihre verlockenden Augen und lassen uns von ihr verführen!
Wann ist der perfekte Zeitpunkt, um einmal auf die Überholspur des Lebens zu wechseln? Jetzt! Nicht, um zu arbeiten, Verantwortung zu übernehmen, Terminen nachzujagen oder es allen recht zu machen. Nein! Um aufzugehen, zu genießen, um leidenschaftlich oder begierig, sinnlich oder verführerisch lustbetont oder auch ein bisschen wild zu sein. Nicht unverändert, angepasst und reglementiert, sondern ein Stück mehr entfesselt und hemmungsloser. Ein-

fach kein Kind von Traurigkeit sein, nichts anbrennen lassen und Chancen beim Schopfe packen. Um Lust vollends auszukosten, brauchen wir nur zu leben, das zu tun, was uns frei und glücklich macht und dabei der eigenen, offenen Echtheit zu folgen. Vorausgesetzt, wir schaden damit keinem anderen. Und wenn sich dann auch noch die Liebe zur Lust gesellt, ist die Welt einfach perfekt.

„Lust ist der beste Motor." Manfred Hinrich

Lust ist nicht instinktgesteuert, denn sie besitzt keinen Vertrag mit dem direkten Trieb oder ist ihm untertan. Vielmehr ist sie die Zufriedenstellung und das Auskosten des tendenziell selbstbestimmten Vergnügens und Genusses. Ihr Empfinden ist nicht nur facettenreich, sondern vor allem auch erstrebenswert. Lust ist wohltuend angenehm oder charmant kribbelnd. Man spürt sie pochend im Körper oder höchst leidenschaftlich bis hin zu euphorisch und sogar hemmungslos, gerade was die sexuelle Leidenschaft betrifft. Lust ist kein alleinstehender Vollzug. Sie ist immer in und zwischen etwas enthalten. Sie ist in und zwischen den Gedanken, Blicken und Worten und spielt sich in und zwischen allen Ausführungen und Bewegungen der Körper ab.

Durch gelebte Lust wird der Alltag lebendiger, und das Leben erhält eine andere Dimension und Tiefe, weil wir erkennen, was uns mitreißt, Spaß bereitet und Erfüllung bringt. Wenn wir dieses Erkenntnis- und Wissenskonstrukt in der Tretmühle der Regelmäßigkeit beachten, können wir bremsende Hürden und Energieblockaden überwinden und Erschwernisse in Kauf nehmen, ohne dass uns das viel Probleme bereiten wird.

Wir sind jedoch nicht verpflichtet, jederzeit und immer auf alles Lust zu haben, zumal das auch nicht möglich ist. In eine Zwickmühle geraten wir dann, wenn wir zu oft im Moor der Unlust versinken. In diesem Fall sollten wir in unserem Überlegungsprogramm einen Reset und Neustart vornehmen, um zu erkennen, ob diese generelle Unlust richtig und förderlich ist oder uns in unserer lustvollen Entfaltung behindert. Wir befähigen uns in diesem Zusammenhang ebenfalls, die Ursachen unseres ständigen Widerwillens und unserer inneren Leere zu ergründen.

Dabei darf Lustlosigkeit nicht allgemein negativ betrachtet und kritisiert werden. Sie besitzt eine bedeutsame Stellung innerhalb der menschlichen Antriebe, denn auch in ihr sind grundsätzlich Andeutungen für physische oder psychische Schwierigkeiten enthalten. Durch das bewusste Enträtseln unserer Verhaltensmuster, das Auseinandersetzen mit und Erkennen von Lust und Unlust sowie unserem daraus resultierenden Handeln befähigen wir uns, unsere Gedankenwelt vor Ungewissheiten zu schützen. Wir erlangen Aufklärung über uns. Infolge dieser Erkenntnis und Akzeptanz finden wir unsere innere Ausgewogenheit und sind mit uns und unserem Leben zufrieden. Wir finden heraus, was uns Lust bereitet und was weniger oder gar nicht, können entsprechende Lösungen für unsere beharrliche Unlust erstellen und somit der Gegenwärtigkeit und kommenden Zeit entspannter entgegensehen.

„Jede Erregung körperlichen Vergnügens lässt eine Lust und Freude der Seele aus sich hervorgehen." Epikur

Nutzen wir unser Recht auf Lust für mehr Ausdruck und Vitalität im Leben und behalten dabei aber auch unser Recht auf ein leichtes Unlustgefühl im Blick. Wobei ein Zuviel der Null-Bock-Mentalität toxische (u. a. unsoziale) Auswirkungen besitzt. Durch gelebte Lust werden wir uns unserer angemessenen und praktikablen Selbststeuerungsfähigkeit gewahr.

Eignen wir uns neue, sinnesfreudige und glühend verlockende Lebensvarianten an! Lassen wir das Leben zu einer Landkarte der Lust werden und unserer Vorstellungskraft freien Lauf! Albert Einstein sagte einmal: „Fantasie ist wichtiger als Wissen, denn Wissen ist begrenzt." Lassen wir uns also in der Magie unserer Fantasie fallen! Entwickeln wir Dynamik und Feuer und initiieren neue Wege! Und im Anschluss bahnen wir diese Wege unserer Lust für ein abenteuerlicheres, aktiveres und temperamentvolleres Leben! Vergrößern wir unseren Lusthorizont und verhelfen unserer Existenz zu mehr verlockendem Reiz und erfolgreichem Wirkungsausdruck! Kosten wir unsere Lust ohne andauerndes Nachdenken, Schamgefühl oder Reue aus und beflügeln durch sie unser Leben! Befreien wir uns aus allen Zwängen und richten unser Leben auf genussvolle Lebenslust aus, auf alles, was uns Freude bereitet und ein gutes Gefühl vermittelt! Lassen wir unsere Lust zum Motiv unseres Handelns werden und unser Leben im Augenblick lustbetont und in vollen Zügen reichlich und umfassend genießen, denn es ist zu kurz, um sich ihm nicht in Lust hinzugeben! Kommen wir aus uns heraus, öffnen wir uns vermehrt dem Leben und lassen einfach mal mehr die Sektkorken knallen!

Zur Verschönerung unseres Lebens gehört das Recht auf berauschende, hell erleuchtende und auch ein bisschen schamlose Lust in ihrer so ungemein vielfältigen und verführerischen Art. Daher ist es in unserem Geburtsrecht des Lebens unlösbar verankert. Machen wir unsere Lust zu einem Essay für mehr Lustgewinn im Leben! Geben wir diesem mehr Vorwärtskommen und Lebendigkeit, mehr lustvollen Raum! Es liegt allein an uns, unser Lustgefühl gezielt und leidenschaftlich zu verwenden, um uns und unseren Abenteuergeist neu zu entdecken und uns vielleicht auch wieder neugierig auf das zu machen, was wir schon kennen. Nicht nur das Neue, auch das Altbekannte in jeglicher, vielleicht auch neuer Version kann ein wohlschmeckender Cocktail begehrenswerter Lust sein oder wieder werden. Lassen wir uns nicht die Lust am Leben nehmen! Wer das Leben nicht mit ein paar schelmischen Kapriolen lustvoll genießt, wird irgendwann selbst ungenießbar. Und außerdem ist ein Leben ohne Lust zwar möglich - aber eigentlich sinnlos.

„Was ist nun aber das Leben, oder besser: Ist das überhaupt ein Leben, wenn man sich daraus die Lust wegdenkt?"
Erasmus von Rotterdam

7. ZEIT

„Das einzige Mittel, Zeit zu haben, ist, sich Zeit zu nehmen."
Bertha Eckstein

„Zeit ist Geld", so beschreibt es Benjamin Franklin in seinem 1748 erschienenen Buch „Ratschläge für Kaufleute" und bezieht sich mit dieser Redewendung auf die Arbeit. Aber so einseitig ist sie nicht. Zeit beinhaltet viele das Leben bestimmende Dimensionen. Sie ist auf der Erde eine physikalische Größe und beschreibt die Spanne von Chronologien. Sie besitzt einen unzweifelhaften, unwiderruflichen Weg und ist nicht umkehrbar. Zeit ist die bestimmte Dauer einer Situation, Konstellation, eines Um- bzw. Zustandes oder Vorganges. Das belegt auch Einsteins einfacher Satz: „Zeit ist das, was man an der Uhr abliest." Wir entscheiden am Ende, wie wir diese Zeitphase nutzen und mit welchem Gehalt wir ihren Raum ausstatten. Wir können Zeit sinnvoll oder sinnlos einsetzen.
Einsteins Theorie besagt schon, dass Zeit relativ ist. Er stellt dazu fest: „Wenn man zwei Stunden lang mit einem netten Mädchen zusammensitzt, meint man, es wäre eine Minute. Sitzt man jedoch eine Minute auf einem heißen Ofen, meint man, es wären zwei Stunden. Das ist Relativität." Oder noch einfacher erklärt er es mit diesem Beispiel: „Die Länge einer Minute ist abhängig davon, auf welcher Seite der Klotür du stehst." Und doch besitzt Zeit immer und überall auf diesem Planeten dieselbe Dauer, auch wenn wir oft das Gefühl bekommen, dass sie nicht weiß, was sie will. Mal rennt sie, mal scheint sie stillzustehen. Mal ist sie Verbündete, dann wieder Gegnerin. Bisweilen sind wir glücklich, mitunter aber auch traurig, dass sie schon vorbei ist. Sie rinnt uns durch die Finger, sitzt uns im Nacken, bringt uns Ruhe oder in Bedrängnis, kann weder angehalten noch vorangeschoben werden. Zeit **ist** einfach.

„Die Zeit vergeht nicht schneller als früher, aber wir laufen eiliger an ihr vorbei." George Orwell

Der richtige Umgang mit Zeit ist eine der wichtigsten und wertvollsten Fähigkeiten, die wir uns aneignen können, gleichgültig, wie sie sich für den Moment anfühlt und welche Ereignisse und Handlungen wir in ihr erleben. Wir verhältnismäßigen und relativieren unsere Zeit danach, wie und wie lange wir etwas wahrnehmen, was und wie wir in diesem Zeitraum körperlich oder geistig fühlen, und wie wir uns daraus folgend verhalten.

Mit welchem ideellen oder physischen Inhalt füllen wir also unsere einzelnen Zeitfenster? Vernachlässigen oder fördern wir Körper und Geist in unserer verbleibenden Zeit? Welche Emotionen und dadurch resultierenden Handlungen sind damit verbunden? Welchen Nutzen ziehen wir daraus? Was ist wirklich wahrhaft wichtig für uns in unserem Leben? Werden Prioritäten richtig gesetzt? Welche sinnvolle Substanz geben wir der Zeit? Mit wem verbringen wir einen Großteil von ihr? Sind wir in der Lage, uns mehr Zeit für uns selbst einzuräumen? Können Zeitdiebe in ihren verschiedensten Erscheinungsformen und Wirkungsweisen im Leben stillgelegt und damit unschädlich gemacht werden?

„Man sagt immer, die Lebenszeit sei zu kurz. Allein der Mensch kann vieles leisten, wenn er sie recht zu nutzen weiß."
Johann Wolfgang von Goethe

Wie viel Zeit widmen wir welchen Menschen, Gefühlen oder Aktivitäten? Wie oft denken wir: „Ich muss dieses noch machen." „Ich muss jenes noch fertigstellen." „Ich muss das noch aufarbeiten und dem noch gerecht werden." Wo, mit wem und womit verbringen wir die meiste Zeit? Wenn wir ehrlich sind, verbrauchen wir den Löwenanteil unserer Zeit für Arbeit, Verpflichtungen, Druck und Zwang. Die wenigste Zeit gönnen wir uns vermutlich für Spaß und die Menschen, in deren Nähe wir uns wohlfühlen. Personen, die wir lieben, von denen wir wiedergeliebt werden, deren Leben uns interessiert und die auch ein Interesse an unserem Wirken besitzen. Die uns so annehmen und mögen, wie wir sind.

Wie wichtig ist es doch, sich viel mehr Zeit für die Menschen zu nehmen, welche wir in unser Herz geschlossen haben, um mit ihnen zusammen das zu unternehmen, was uns gemeinsam tatsächlich glücklich und frei macht! Damit wir dann die Dankbarkeit und Freude in den Augen dieser Menschen sehen und das Glück und Lachen des Kindes wahrnehmen und auskosten können, ohne dabei ständig auf alle möglichen ablenkenden und störenden Einflüsse zu achten und stets erreichbar zu sein. Einfach mal raus aus allen Pflichten und sehen, was dann kommt und bleibt. In dieser lebensbejahenden und spielerischen Form der Zeitinvestition könnten wir für uns und unsere Liebsten den Ausgleich von Anspannung und Entspannung schaffen, was uns auch wieder zurück ins harmonische Gleichgewicht mit dem Leben bringen würde. Übereinstimmende Unternehmungen und das Miteinander-Zeitverbringen sind Balsam für jede Beziehung. Sie lösen mentale Verkrampfungen und Blockaden und zeigen den geliebten Menschen, dass sie es uns wert sind, unsere Zeit mit ihnen zu verwenden, und dass sie das Einzige in unserem Leben sind, was wirklich zählt.

„Zeit hat man nicht, die nimmt man sich einfach für das, was einem wichtig ist." spruch-des-tages.de

Keiner von uns weiß, wann die Sanduhr seines Lebens verronnen ist. Heute noch im Stress, verärgert oder voller Pläne, und morgen ist plötzlich alles vorbei. War es der Anlass wirklich wert, dass wir mit dem Menschen, dem wir unser Herz geschenkt haben, stritten, ihn kritisierten oder vernachlässigten, statt ihn in den Arm zu nehmen, fürsorglich und sanft zu streicheln und ihm das Gefühl von Geborgenheit, Wärme, Liebe und Verständnis zu vermitteln? Es ist von so entscheidender Wichtigkeit, den Moment des Augenblicks einfühlsam und liebenswert zu fluten und die eingefahrenen Muster nicht als alltäglich zu betrachten. Wie oft äußern wir mehr so nebenbei „Ich liebe dich", weil man das eben mal sagt, oder geben nur einen flüchtigen Abschieds- bzw. Willkommenskuss und degradieren diese so essenziellen Aktionen zu gewöhnlichen Vorgängen ohne große Aufmerksamkeit und Bedeutung? Dabei ist es doch elementar, diese Botschaften mit einem liebevollen Blick oder sanften Lächeln, einer gefühlvollen Umarmung oder zärtlichen Berührung zu vervollständigen, um damit dem geliebten Menschen zu beweisen, dass er das Beste und Wertvollste in unserem Leben ist, und wir so unendlich dankbar für ihn sind. Warum machen wir das nicht? Weil die Beziehung zur gebräuchlichen Routine geworden ist, und wir uns unserer Sache zu sicher sind.

Wann haben wir das letzte Mal aus tiefstem Herzen gesagt: „Danke, dass du so bist, wie du bist." „Es ist schön, dass du wieder da bist." „Ich brauche dich." „Ich mag es, wie du lachst." „Mit dir ist alles viel einfacher." „Ich habe dich vermisst." Wann haben wir zuletzt außer der Reihe ein Blümchen verschenkt oder uns gefragt, ob der Mensch an unserer Seite auch glücklich mit uns ist, nicht nur zufrieden, sondern eben glücklich? Wie lange ist es her, dass wir uns das letzte Mal vor Augen führten, was uns an unserem Partner so anzieht? Was macht ihn so attraktiv und begehrenswert für uns? Warum haben wir uns ausgerechnet in ihn verliebt? Welche Vorzüge besitzt diese geliebte Person gegenüber anderen?

„Es ist nie zu früh, um zu sagen: „Ich liebe dich!" Und es ist nie zu spät, um zu sagen: „Es ist schön, dass es dich gibt!"
Christian Rebosch

Lassen wir das so unschätzbar normal Übliche nicht zum durchschnittlichen Mittelmaß oder Standard mutieren! Wir sollten jenen Menschen viel häufiger bewusst und intensiv zeigen, welch unersetzlichen Platz sie in unserem Leben einnehmen, denn dieser Aspekt gehört zur wirkungsvollsten, kostbarsten und qualitätsvollsten Ausbeute der Zeit. Nicht, dass wir erst bewusst bemerken, wie wichtig und bedeutend dieser eine Mensch für uns war, wenn die Zeit abgelaufen ist, und wir denken: „Hätte ich doch bloß mal früher …" Dann ist es zu spät. Die Zeit steht für uns in diesem Augenblick zwar still, kann jedoch auch nicht mehr zurückgedreht werden. Womöglich sind wir im Streit auseinandergegangen, sahen nur unsere Bedürfnisse oder konnten uns nicht einmal verabschieden. Es kann so verdammt schnell und unerwartet geschehen. Und dann würden wir so vieles so bitter bereuen.

Räumen wir uns mehr Zeit ein, um das Wir-Gefühl zu stärken und zu festigen, Hand-in-Hand-Erlebnisse und zauberhafte Momente zu genießen und gemeinschaftlich Erfahrungen zu sammeln! Partnerschaftliche und familiäre Beziehungen können nicht warten, bis irgendwann einmal ein wenig Zeit übrig ist. Diese müssen wir uns nehmen, bevor sie unwiederbringlich vergangen ist. Denn Zeit macht keinen Urlaub, sie läuft und läuft und läuft.

Unsere Beziehungen sind wie lebendige Erscheinungen. Sie leben in und durch uns und müssen geschützt und wohlversorgt werden, um am Leben zu bleiben. Sie besitzen einen Beginn, einen Werdegang, das daraus entstandene Konstrukt und irgendwann ein Ende. Wir dürfen diese durch uns entstandene Architektur nicht zu einer lediglich nur noch funktionierenden Einheit verkommen lassen. Verbundenheiten müssen durch gemeinsam durchlebte Zeit zu regelmäßigen, qualitativ hochwertigen und traumhaften Berührungsinseln werden. Machen wir uns bewusst, dass Zeit zur wichtigsten Währung für konzentrierte Zuwendung, Achtsamkeit und Aufmerksamkeit geworden ist! Geben wir der Zeit mehr Zeit und damit dem Leben mehr Leben, der Liebe mehr Liebe, der Erfüllung mehr Erfüllung. Wir haben nur einen wichtigsten Menschen an unserer Seite bzw. eine Familie. Sie ist zwar manchmal anstrengend und gelegentlich auch ein bisschen nervig, aber am Ende ist Familie alles, was wir haben und was bleibt. Es gibt kein größeres Zeitgeschenk als gemeinsame Zeit. Investieren wir sinn- und liebevoll in unsere Beziehungen, es wird sich immer auszahlen.

„Sage einem Menschen so oft, wie du nur kannst, dass du ihn liebhast, denn der Tag wird kommen, an dem es zu spät ist."
Unbekannt

Und wann nehmen wir uns nur mal **für uns allein** eine Auszeit, ohne E-Mails, Handy, Internet, ohne andere Menschen und Ansprüche, die wir berücksichtigen müssen? Egal in welcher Situation wir uns befinden, gewähren wir uns Zeit für uns persönlich, um den Kopf wieder ein wenig freier und klarer zu bekommen! Mal kurz die Pause-Taste drücken. Es muss nicht viel Zeit sein, nur eine entsprechend große Portion, damit wir uns wieder wohlfühlen und mental und körperlich ein wenig zurücklehnen können.

Gönnen wir uns zwischendurch Zeit für uns, um vom Alltag auszuruhen und um uns ein wenig Zeit zu schenken, die es unserer Ansicht nach nicht gibt! Momente, in welchen **unsere** Zeit ein bisschen Zeit erhält, um innezuhalten und die Geschwindigkeit zu drosseln. Augenblicke der Ruhe, um dadurch die stressüberlastete und zu vollgepackte Zeit zur Seite zu legen. Bewilligen wir uns gerade in schlechten Zeiten Zeit für Entspannung, Erholung und Regeneration! Wir filtern dadurch unseren Geist, erhöhen unsere Effizienz und können unser Selbstempfinden bewusster wahrnehmen. Folglich sind wir in der Lage, uns neu zu definieren und unserem Leben zu mehr Geschmeidigkeit und Übersicht zu verhelfen.

Finden wir nicht erst Zeit für uns, wenn alles hundertprozentig erledigt ist, sich alles an seinem Platz befindet oder alle privaten und geschäftlichen Vorgänge erledigt sind! Nicht erst dann, wenn wir in allen Richtungen sämtlichen Ansprüchen und bindenden Verpflichtungen gerecht geworden sind. Gestatten wir uns zwischendurch einen Fingerhut voll Zeit für uns, bevor wir die Welt erhellt haben, wie und wodurch auch immer, und es am Ende womöglich doch keinen wirklich interessiert. Bewilligen wir uns ein Stück mehr freie Vorgehenserlaubnis, um uns unsere eigene „Quality Time" zu schaffen.

„Genieße deine Zeit, denn du lebst nur jetzt und heute. Morgen kannst du Gestern nicht mehr nachholen. Und später kommt früher, als du denkst." Albert Einstein

Zu welchem Zeitpunkt brauchen wir aber erst recht mal eine kleine Atempause für uns? Wenn mal eine Unternehmung missglückt ist, wir eine ungünstige Entscheidung getroffen haben, alles einfach nur so richtig blöd gelaufen ist oder urplötzlich das Leben durch unsere geplante Zeitabstimmung rauschte. Gönnen wir uns gerade in solchen Situationen Zeit, um durchzuatmen und Frieden und Leichtigkeit zurückzufinden! Es ist jetzt, wie es ist. Alles, was wir nun noch eventuell kaschieren, modifizieren oder korrigieren können, lässt sich ganz bestimmt auch ein paar Augenblicke später erledigen. In solchen Zeiten brauchen wir eine Unterbrechung, um wieder zu uns selbst zu finden, um Versöhnung mit den Gegensätzen des Lebens zu erlangen und dadurch eine Schlichtung in unserem inneren Aufgewühlt-Sein zu bewirken.

Ermöglichen wir uns gleichermaßen Zeit für uns, wenn wir der Ansicht sind, es uns gegenwärtig nicht gestatten zu können, weil uns Stress umklammert oder wir uns in unseren Gedanken, Zwängen und Emotionen gefangen fühlen! Dann ist es in jedem Fall höchste Zeit für ein wenig Verlangsamung, Entsagung und Entspannung, um nicht selbst auseinanderzubrechen. Erlauben wir uns, uns individuell Zeit für persönliche Selbststärkung und Entscheidungsfreiheiten einzuräumen! Dadurch wird nichts Schreckliches passieren.

„Fast alles funktioniert wieder, wenn du für ein paar Minuten den Stecker ziehst. Auch du." Anne Lamott

Jeder besitzt das Recht, sich in den Wirren und der Raserei des Lebens eine Oase der Stille und Schönheit zu bewilligen. Sich in diesen stressüberladenen Abschnitten eine kleine Ruhepause zu verabreichen, ist allerdings leider mehr als schwierig. Deshalb verstehen es auch nur die wenigsten Menschen, sich in diesen Lebensphasen eine winzige, überschaubare Frist der Gelassenheit und geruhsamen Lautlosigkeit zu verschaffen. Doch gerade weil diese wenigen Personen über jene geniale Fähigkeit verfügen, sich eine entspannte Atempause zu gönnen, sind sie in der Lage, effektiv, effizient, hochtourig und bedeutend erfolgreich zu arbeiten und sich dennoch nicht ihren Humor, ihre Begeisterung und Beherrschung rauben zu lassen. Diese Menschen besitzen die großartige Gabe, sich im geschäftigen Treiben und aufgeregten, verwirrenden Durcheinander der Zeit ihre eigene kleine Work-Life-Balance zu schaffen.

Wir leben in einem Zeitalter der Hochgeschwindigkeit und des ständigen Überholens und glauben, stets mit diesem Tempo mithalten zu müssen, um nicht den Anschluss zu verlieren und am Ende zu scheitern. Alles rast auf sämtlichen Ebenen des Lebens in einer unglaublichen Schnelligkeit. Wir jagen allen möglichen Zielen sowie eigenen und gestellten Ansprüchen hinterher. Wir wollen das noch schaffen und müssen dieses noch erledigen, dorthin fahren, dessen Auftrag auch noch erfüllen und jene Arbeit ebenfalls zum Abschluss bringen. Wir hetzen mit Blaulicht von A nach B und von B nach C und von C wieder nach A, weil wir D vollkommen vergessen haben. Am Ende sind wir komplett abgespannt, energielos und überlastet und haben kaum noch Zeit für Erholsames und Gefallen bereitendes, geschweige denn Kraft oder Nerven.

„Es gibt Wichtigeres im Leben, als beständig dessen Geschwindigkeit zu erhöhen." Mahatma Gandhi

Nehmen wir uns Zeit für uns, wenn auch nur kurz. Zeit für ein wenig Muße! Lassen wir Druck ab und finden wieder etwas Erholung und Übereinstimmung für unser eigenes Selbst! Machen wir in diesen Augenblicken, was uns entspannt und Ruhe schenkt, und lassen dabei Anstrengung und Belastung aus unserem Körper und Geist entweichen! Ohne Druck, ohne Vorgaben, ohne Eile. Einfach friedvoll und in Harmonie mit uns allein. Alles, was wir vor diesem Hintergrund machen, ist besser, als konstant Fahrt aufzunehmen und die körperlichen und seelisch-geistigen Triebwerke unaufhörlich komprimiert arbeiten zu lassen.

Selektieren wir unsere Zeit, um auch einmal kurz zu pausieren und stillzustehen! Schenken wir uns in dieser Zeit einfach ein bisschen Freizügigkeit und Unabhängigkeit! Lockern wir ein wenig den Griff und lassen dann einfach mal los! Klammern wir uns nicht an alte Gedanken, Gefühle oder Gewohnheiten, welche uns keine Zeit für mehr Zeit lassen wollen! Lassen wir sie gütig weiterziehen und konzentrieren uns auf die kurze Abgeschiedenheit des Augenblicks und auf die Instandhaltung unseres Inneren und Äußeren!

Alles hat seine Zeit. So, wie Verantwortung, Verpflichtung und Kraftaufwand ihre Zeiten benötigen, brauchen genauso Ruhe, Entlastung und Selbstfürsorge ihre Abschnitte. Alles unterliegt der Zeit, geht und vergeht mit ihr. Eine Blume öffnet sich erwartend in freudiger Dankbarkeit und verbreitet ihren lieblichen Duft, wenn sie die Sonnenstrahlen zartfühlend liebkosen. Doch was passiert nach einiger Zeit mit dieser Pflanze und ihrem Duft? Sie verwelkt aufgrund der Sonneneinstrahlung, und der süße Duft vergeht.
Alles weicht eines Tages der Zeit, und oft besitzen wir keinen Einfluss darauf. Etwas Altes entschwindet und macht etwas Neuem Platz. Anderes, Neues kann so unsagbar bedeutungsvoll und elementar sein, wenn wir verstehen, unsere Zeit adäquat und wohlüberlegt zu nutzen. Verwerten wir die Zeit klug und teilen sie gewinnbringend für uns in Beanspruchung und Erleichterung ein, um unsere Ressourcen produktiv, aber auch heilsam einzusetzen.

„Denke immer daran, dass es nur eine wichtige Zeit gibt: Heute. Hier. Jetzt." Leo Tolstoi

Das Leben reformiert, modernisiert und optimiert sich ständig. Das heute Wichtige vergeht und gibt Raum frei für einen ungetragenen Wert. Daneben priorisieren wir unser Leben neu, bewusst oder unbewusst, entlassen eine bisherige Signifikanz und geben einer zeitgerechteren Qualität eine wertangemessene Position. Das Leben ist eine fortdauernde Aufarbeitung, Reorganisation und

Wandlung. Es befindet sich in einem stetigen fortschrittlichen Wechsel und bedeutet dementsprechend auch für jeden Einzelnen immerwährende Veränderung und Neugestaltung. Aufgrund dessen ist es von entscheidendem Vorteil, wenn das vorhandene geltende Zeitmanagement in gewissen Abständen betrachtet, geprüft und gegebenenfalls neu arrangiert wird.

Das Spektrum der Überarbeitung und Umstellung von Gewohnheiten, Interessenlagen oder zusammenhängenden Umständen ist breit gefächert. Gehen wir einen Moment in uns und fragen uns, wie wir uns wahlweise neu aufstellen und orientieren könnten, um eine gewisse Zeitersparnis und mehr unbeschwerte Zeitfreiheit, auch für uns persönlich, zu erreichen! Überlegen wir einmal ein paar Atemzüge lang, welche Kompromisse im Leben möglich sind! In dieser ruhigen Minute der Selbstauskunft erkennen wir unter Umständen neue Möglichkeiten der flexiblen Anpassung an die bestehenden Rahmenbedingungen, um uns einen Touch weniger auf Überbürdung und Verpflichtung zu konzentrieren und dafür etwas mehr auf Vergnügen, das Leben und auf die Menschen, die wir lieben. Auch wenn es häufig kompliziert ist, bedarf es manchmal wichtiger und äußerst schwieriger Entscheidungen, um durch eine neu sortierte und systematisierte Zeiteinteilung sein Leben wieder lebensechter und -intensiver gestalten zu können. Mitunter benötigt es dafür aber auch lediglich eines Hauches an Korrektur oder einer winzigen Veränderung.

„Das Wichtigste im Leben ist die Zeit. Leben heißt, mit der Zeit richtig umgehen." Bruce Lee

Was passiert, wenn wir am Ende einen Zusammenbruch erleiden und nicht mehr können? Wenn es so scheint, als wäre unser Zeitstern fast erloschen? Wen interessiert das, und wer kümmert sich dann um uns? Wir werden von den Menschen unterstützt, denen wir zuvor wahrscheinlich viel zu wenig Zeit widmeten. Von unserer Familie und von den Menschen, denen wir etwas bedeuten.

Und wer ist ständig und zu jeder Zeit an Ihrer Seite, will Ihnen helfen, Sie aufbauen, aufmuntern, heilen, beruhigen und bekräftigen? Die Person, der Sie wahrscheinlich die wenigste Zeit zusprachen und die Sie am meisten vernachlässigten - Sie selbst.

Wir sind aufgrund unserer Persönlichkeitsstrukturen und inneren Systemeinstellungen oft der Meinung, dass wir uns erst Ruhe, Erholung und Entspannung erlauben dürfen, wenn wir perfekt sind oder alles bis ins letzte Detail erledigt ist, oder wenn alle anderen sorglos und zufrieden sind. Erst dann dürfen auch wir glücklich sein und das Leben genießen. Wir gehen von der dogmatischen Maxime aus, dass wir nicht das Recht besitzen, unser Leben zu leben, bevor wir nicht alle von uns verlangten Forderungen erfüllt haben und unser gesamtes Umfeld uns wohlgesonnen ist. Doch wann wird das sein? Nie! Dieser Zeitpunkt wird niemals eintreten. Wir werden immer wieder in irgendeiner, unserer Meinung nach zeitabhängigen Leistungsschuld stehen, egal ob in einer absichtlich herbeigeführten beruflichen, privaten oder sozialen Korrelation oder in einer stochastischen, also vom Zufall gesteuerten Verbindung.

„Ihre Zeit ist begrenzt, also verschwenden Sie sie nicht damit, das Leben eines anderen zu leben! Lassen Sie sich nicht von Dogmen in die Falle locken!" Steve Jobs

Verwöhnen wir uns mit ein bisschen mehr Zeit für uns! Warten wir nicht, bis alle Faktoren und Begleitumstände optimal sind und sich ausgewogen decken! Das wird keinesfalls passieren, und wir werden dann ein ganzes Leben lang in unserer eigenen Warteschleife gefangen sein. Verschieben wir unsere kostbare und unerlässliche Zeit der Selbstfürsorge nicht in die Dunkelkammer der nimmermüden Pflichterfüllung oder des ekstatischen Verantwortlichkeitsbewusstseins für alles und jeden. Lernen wir, unsere Prioritäten neu zu konfigurieren, und machen wir den Wert Zeit in unserem Leben zu einer unserer bedeutendsten Vorrangigkeiten. Durchbrechen und verlassen wir die gewohnten Pfade der Überanstrengung und Stresswirksamkeit, um die Batterien wieder aufzuladen, zu entspannen und den Spiegel unserer Stresshormone wieder sinken zu lassen. Besinnen wir uns darauf, unsere Zeit nicht zu vertändeln oder sogar zu verlieren, sondern sorgfältig, überlegt und gewissenhaft in sie zu investieren! Wir müssen wieder lernen, unsere Intelligenz zu beherrschen, um dann unseren Terminkalender zu beherrschen. Ansonsten werden wir Tag für Tag mehr zu modernen Knechten und willenlosen Zombies, die mit Fristen, Überlastung und konzentrierter Rasanz geschlagen werden und keine Zeit mehr für wiederherstellende Verschnaufpausen finden.

„Eine der Lügen der Welt ist es, Menschen Herren zu nennen, da sie doch in Wirklichkeit nur Sklaven sind von tausenden Dingen."
Teresa von Avila

Hat das etwas mit Eigennutz zu tun? Sicherlich. Ist es womöglich egoistisch? Eventuell. Oder sogar rücksichtslos? Eher nicht. Ist es dumm? Auf keinen Fall. Ist es erforderlich? Auf jeden Fall.
Doch egal aus welchem Grund und unerheblich, wie es von anderen gesehen, kritisch beleuchtet, beurteilt oder sogar verurteilt wird. Wir brauchen diese Zeit für uns, damit wir uns zwischenzeitlich auch erlauben können, glücklich mit **uns** zu sein und unsere innere Festigkeit zu erhalten oder zu erneuern. Um uns gelegentlich liebevoller, humorvoller und gütiger, oder aber auch ein klein wenig wilder, freier und echter zu behandeln.
Jeder Mensch benötigt ausreichend Zeit der Eigenreflexion, um eigene Grenzen der Belastbarkeit neu zu entdecken und wiederholt eine ausreichende Balance zwischen Belastung und Erholung zu finden. Geben wir uns ein paar Momente Zeit für mehr Ausdehnung und Weite unseres eigenen Selbst! Lassen wir einfach mal alle Viere gerade sein und uns Zeit zukommen, um Aufregung und Anpassungszwang abzubauen sowie innere und äußere Verkramp-

fungen zu lösen. Zeit, um zu leben, zu lieben und zu träumen oder auch bloß für ziellose Erholung oder süßen Müßiggang! Realisieren wir, dass es nicht Zeit für die Welt und irgendwelche darin enthaltenen Trivialitäten ist, sondern Zeit für unsere Selbstliebe und Selbstannahme! Erst wenn wir uns Zeit für uns genommen haben, eine bescheidene eigene Premium-Zeit, um uns innerlich und äußerlich zu regenerieren, aufzufrischen und wieder auf die Beine zu kommen, sind wir fähig, auch unsere Mitmenschen zu unterstützen und unseren Aufgaben gerecht zu werden.

„Normale Menschen überlegen meist nur, wie sie sich die Zeit vertreiben können. Kluge Menschen bemühen sich, sie sinnvoll zu füllen und zu nutzen, sei es auch nur für sich selbst.“
Christian Rebosch

Das Leben hält tausende Geschichten für uns bereit. Von daher ist es wichtig, uns bewusst zu überlegen, womit wir die Seiten in unserem Lebensbuch füllen. Locker-, Los- und Seinlassen ist durch und durch schwierig und anfangs kostet es sehr, sehr viel Überwindung, zumal, wenn man der Ansicht unterliegt, dass dieses eigentlich so unentbehrliche Zeitintervall überhaupt nicht existiert. Es zwickt innerlich und man wird hibbelig, doch wir können dadurch nur gewinnen und nichts verlieren. Wenn wir uns gegen unseren inneren Zwang der kontinuierlichen Weiter- und Überbeanspruchung durchsetzen, werden wir ermutigend auf andere Personen wirken. Diese werden sich dann auch wieder mehr Zeit für sich gestatten, wodurch ein harmonischeres und bequemeres Verhältnis zwischen den Menschen zustande kommen kann, weil sie sich nicht mehr so niedergerungen und ausgelaugt fühlen.
Um unser Wohlbefinden und unsere Lebhaftigkeit optimal begünstigen zu können, bedarf es einer vorteilhaften Zeiteinteilung. Dadurch ermöglichen wir es uns, unser Leben durch Zugabe von lebenswertem Inhalt, höherem Niveau und lebensbejahender Vielfalt verheißungsvoll und chancenreich zu verdichten. Doch warten

wir nicht zu lange! Nehmen wir uns nicht erst Zeit, wenn unsere Innenwelt implodiert ist! Dann sind wir womöglich über der Zeit, und es ist zu spät für uns. Zu spät für unsere Gesundheit, für Ausgewogenheit, zu spät für die Liebe und ein erfülltes Leben.

Wir brauchen Zeit für uns und die Menschen, welche Signifikanz in unserem Leben aufweisen und in deren Leben wir ebenfalls Geltung und Tragweite besitzen! Von diesen gibt es nicht so viele auf der Welt, das dürfen wir niemals vergessen! Aus diesem Grund sollten wir sie immer wertschätzen und liebevoll in unsere Lebensordnung mit einbeziehen, denn Tage werden erst dann zu etwas ganz Besonderem, wenn wir Zeit mit diesen Menschen verbringen. Lassen wir in diesem Sinne nicht nur los, sondern lassen wir auch sein, körperlich und geistig! Lassen wir ein wenig mehr Arbeit, Arbeit sein, Verpflichtung, Verpflichtung sein, Verantwortung, Verantwortung sein! Leben und lieben wir! Von Zeit zu Zeit erhält das Leben auch erst seinen tieferliegenden Sinn, wenn wir lernen, die Dinge dabei zu belassen, wie sie sind.

„Echte innere Balance kommt nicht vom Loslassen. Sie resultiert aus dem Gegenteil – dem Seinlassen.“ Siegfried Santura

Wenn wir das nicht schaffen, uns nicht in der Lage fühlen, eine gewisse Zeitdauer zu erübrigen, um Betriebsamkeit, Stress und Eile für ein paar Zeitintervalle abzustreifen, um im Offline-Modus zu verweilen, leben wir unser Leben weiter in Hyperaktivität, Rastlosigkeit und unter Hochdruck. Entspannende und auflockernde Zeiten mit ein wenig Komfort und Leichtfüßigkeit bleiben dann auf der Strecke, gehen einfach verloren. Übrig bleibt am Ende eine über das Maß hinausgehende Belastung, geprägt von ruhelosen, treibenden und erschöpfenden Strapazen, welche unsere seelischen und körperlichen Kräfte zunehmend heimsuchen und aufreiben. Wenn wir uns nicht genügend Zeit für Ausgleich und Erfüllung nehmen, können wir keine Träume verfolgen und keine Momente des Glücks genießen. Wir werden demzufolge von einem

Leben zersetzt, das von gleichbleibend übersteigertem Antrieb und stufenlos motorischer Aktivität unterwandert und gesteuert wird. Im Leben ergeben sich immer wieder Abhängigkeiten und Gegenabhängigkeiten, und wir wollen, dass diese Abläufe reibungslos funktionieren. Dabei müssen wir jedoch darauf achten, dass unsere innere Mitte stabil bleibt und wir keinem chronischen Stress verfallen.

Obwohl das Recht auf unabhängig einteilbare Zeit weder ausgesprochen noch oft bewusst wahrgenommen wird oder in einer Rechtssatzung etabliert ist, gehört es dennoch zur gehaltvollen Essenz des Geburtsrechts des Lebens. Weil ebenjenes Geburtsrecht darauf spezialisiert ist, uns auch in Zeiten überdurchschnittlichen Arbeitsaufwandes, psychischer und körperlicher Überlastung sowie überspannter Erregung zu einem gelasseneren und ausgeglicheneren Leben zu verhelfen, ist in ihm auch das Recht auf frei bestimmbare Zeit installiert. Selbst, wenn es mitunter ein bisschen schwierig ist und kaum machbar erscheint, sind diese bestimmten Zeitintervalle extrem wichtig.

„Es ist kaum glaublich, wie nachlässig die Menschen mit der Zeit umgehen." Georg Christoph Lichtenberg

Werden wir uns dieses für unsere Gesundheit und unser Glück so unverzichtbaren Rechts auf Zeit bewusst, und nutzen wir es, um unserem Leben seine teilweise verhängnisvolle Dynamik zu nehmen! Löschen wir den Satz „Ich habe keine Zeit" aus unserem Standardvokabular! Unterstützen wir lieber unsere Psyche, mentale Stärke, körperliche und geistige Resilienz und Impulskontrolle durch den Gedanken: „Ich nehme mir ab jetzt mehr Zeit für ..."

Wir sollten uns vorsätzlich mehr bemühen, mit einem aktiven Bremsen in sämtlichen Lebensbereichen die berufliche und private Geschäftigkeit und Temposteigerung unseres Lebens aufzuhalten. Wenn wir in unserer „Immer-Online-Welt" den Zeitpunkt verpassen, inmitten von Hektik zur Ruhe überzugehen, werden wir letztlich im Wirbel der fieberhaften Eile und Hetze des Lebens nicht dauerhaft standhaft bleiben können. Während sich die Zeiger unaufhörlich weiterdrehen, werden wir einem hoffnungslos hartnäckigen Stress und einer kennzeichnenden körperlichen Unruhe verfallen. Diese werden den Körper in einen fortgesetzten Aktivierungs- und Intensivierungszustand versetzen, welcher wiederum früher oder später zu anhaltender Ermüdung und Niedergeschlagenheit sowie enormem Kräfteverschleiß führen wird.

Gönnen wir uns ein bisschen mehr Zeit für Entlastung, Frieden und gemeinsam verbindende Ziele und Wünsche mit unseren Liebsten! Verzichten wir darauf basierend auf unverhältnismäßig zeitfressende Prinzipien sowie digitale Vergiftung und erhalten dadurch mehr Besonnenheit, Wohlbefinden und Lebensqualität! Unser Geburtsrecht des Lebens wird uns die dafür nötigen Signale senden, und es liegt an uns, sie zu beachten und entsprechende Konsequenzen zu ziehen.

Zeit ist nicht greifbar, lediglich die Folgen ihrer wohlbedachten oder unbedachten Nutzung sind erkennbar. Zeit ist kein Probe-Abo, sondern ein vom Leben an uns übergebenes Geschenk, und wir entscheiden unser gesamtes Leben lang, wie wir mit dieser kostbaren Schenkung umgehen, wie wir sie respektieren und sinnvoll hervorheben. Irgendwann wird die Zeit kommen, wo wir keine Zeit mehr dafür haben werden, um das zu machen, was wir noch machen wollten. Daher sollten wir unsere Zeit auskaufen, um an unserem Lebensabend sagen zu können, dass wir unser Leben gelebt und nicht verlebt haben.

„Liebst du das Leben? Dann vergeude keine Zeit, denn daraus besteht das Leben." Benjamin Franklin

8. BESTER FREUND

„Wenn du im Gefängnis sitzt, wird ein guter Freund versuchen, dich zu befreien. Ein bester Freund dagegen wird in der Zelle neben dir sitzen und sagen: „Verdammt, hat das Spaß gemacht."
Groucho Marx

Wer möchte das nicht, einen besten Freund an seiner Seite wissen? Jemanden, der bereits B sagt, weil er weiß, dass wir gleich A sagen werden. Aber sind wir uns auch über die Bedeutung und den Wert einer derartigen Beziehung im Klaren? Können wir sie auf unserem Geltungsniveau richtig einordnen und ihr die nötige Wertschätzung verleihen? Ist solch eine Verbindung wichtig in unserem Leben und wenn ja, warum?
Was ist eine tiefgründige, unumstößliche und intensive beste Freundschaft, was macht sie aus? Kein einfacher Freundeskreis oder eine Bekanntschaft, wie sie oft gehalten werden, sondern eine unanfechtbare, fundierte und wahre Freundschaft, eine unangreifbare Zusammengehörigkeit. Ein Verhältnis von ausschließlich zwei Menschen, welches auf wechselseitige, respektvolle, opferbereite und füreinander einstehende Bedingungslosigkeit und Sympathie zurückgeht und primär und alternativlos auf Loyalität aufgebaut ist. Von diesem Freund existiert immer nur der Eine. Er sieht, dass wir gesund sind und erkennt und weiß dennoch, dass wir leiden.

„Der wahre beste Freund ist der, der dein Lächeln sieht und trotzdem spürt, dass deine Seele weint." Unbekannt

Bekanntschaften und einfache oder auch gute Freundschaften sind ein Mensch oder ein Kreis von Menschen, den wir kennen. Sie sind eine eher anfällige Kontur gesellschaftlicher Verbindungen.
Haben wir wirkliche beste, selbstlose Freunde oder sind es lediglich Freundschaften, die uns sympathisch sind, bei denen wir uns

wohlfühlen und mit denen wir unsere freie Zeit gerne verbringen? Sind es Personen, mit welchen wir gut feiern und über interessante Themen reden können? Menschen, deren Namen wir kennen, denen wir ab und zu mal begegnen, ungeplant oder geplant, wobei Einzelheiten in deren Leben nicht von so großer Wichtigkeit sind und sich schnell der Schleier des Vergessens darüberlegt?

In der Regel sind Bekanntschaften und Freundschaften schlicht und füllen unstrukturiert unser Dasein. Sie sind die unverfänglichste Art unserer gemeinschaftlichen Bindungen, in welchen wir gelegentlich sich deckende Vorlieben teilen, private und vor allem intime Angelegenheiten indes meist im Verborgenen bleiben. Nichtsdestotrotz ist jede Bekanntschaft oder Freundschaft eine Ergänzung im Leben, aus der nicht selten auch ein Vorteil entstehen kann. Mit bekannten oder befreundeten Personen sind wir ganz gerne zusammen, da sie uns auf andere Gedanken bringen und den Alltagsstress vergessen lassen. Von wahren besten Freundschaften kann in diesen Fällen jedoch niemand sprechen, selbst wenn es einem persönlich so vorkommt. In diesem Zusammenhang wird der Begriff des besten Freundes in der heutigen Zeit viel zu inflationär benutzt. Zu einer tiefen Freundschaft gehört viel, viel mehr. Zumal jeder, im Gegensatz zu dem **einen** besten Freund, mit **diversen** Bekanntschaften oder Freundschaften aufwarten kann.

„Was wir gewöhnlich Freunde und Freundschaft nennen, ist weiter nichts als eine durch Zufall zustande gekommene nähere Bekanntschaft, an die man sich gewöhnt hat, und durch die ein gewisser geistiger Austausch erleichtert wird.“
Michel de Montaigne

Ein bester Freund erfüllt weit hochwertigere Ideale. Seine Neigung und Beachtung uns gegenüber sind bedeutsam, und es bestehen wechselseitige Wertschätzung, Vertrauen und Nachsicht. Wir können über **alles** gemeinsam reden, und er akzeptiert uns so, wie wir sind, egal wie das Umfeld dazu steht oder darauf reagiert. Er ist bereit, selbstlos etwas für uns zu opfern, ohne zu bereuen oder zurückzufordern, und unbedingte Treue sowie Ehrlichkeit stehen dabei stets an erster Stelle. Dieser Mensch realisiert augenblicklich, in welchem Gemütszustand wir uns befinden, vollkommen gleich, was wir sagen, oder wie wir uns verhalten. Er macht aus unseren Fehlern Tugenden, fördert kontinuierlich das Größte von uns ans Tageslicht und vermittelt uns das Gefühl der Geborgenheit. Auf den besten Freund können wir uns jederzeit verbindlich verlassen, und er steht uns zu jedem Zeitpunkt bei. Er ist die feste Burg, in die wir uns zurückziehen können, und er ist stets bemüht, die Geister zu vertreiben, die unsere klaren Blicke verzerren.

Eine beste Freundschaft verbindet ein gemeinsamer Wertekodex, und sie assoziiert, achtet und lässt uns unsere Freiheiten.

„Wirklich gute Freunde sind Menschen, die uns ganz genau kennen und trotzdem zu uns halten." Marie von Ebner-Eschenbach

Dieser eine Mensch vermittelt und verschafft uns Freude, Gleichstellung und Emanzipation. Dieses Gefühl des Vertrauens und das Wissen, dass da jemand ist, der mit einem auch durch die schlechtesten Zeiten geht, schenken uns Ruhe und Zuversicht und geben Schutz in den Stürmen der Zeit.

Der beste Freund stellt keine Forderungen. Er gibt um des Gebens willen und ist da, wenn er gebraucht wird. Er kann still neben uns sitzen, wenn wir nicht reden möchten, sondern nur nicht allein sein wollen. In genau solchen Momenten schenkt der beste Freund Halt, Erleichterung und Unterstützung. Diese Persönlichkeit muntert uns nicht bloß auf, im Gegenteil. Sie regt sich mit uns über all die minderbemittelten Tölpel und Schwachmaten auf, wegen derer wir stumm, wütend oder traurig sind. Jener Mensch sympathisiert mit uns und verbrüdert sich mit uns gegen unsere Widersacher. Unser bester Freund wird uns nicht verurteilen, sondern bestätigen und inspirieren.

Ich persönlich hatte vor fast 44 Jahren das unglaubliche Glück, meine beste, meine allerbeste Freundin zu finden, die all diese Eigenschaften in sich vereint. Sie hat sich in dieser Zeit mit mir zusammen durch viel Schmutz des Lebens gewühlt, und das hat unserer Beziehung kraftvolle Verlässlichkeit und großes Vertrauen zueinander verliehen und uns unverbrüchlich zusammengeschweißt. Was auch passiert, sie hält immer und in jeder Lebenslage zu mir, selbst dann, wenn sie mal eine andere Meinung vertritt. Aber auch gerade das zeichnet eine beste Freundschaft aus: unterschiedlicher Meinung sein und trotzdem zusammenhalten, den anderen nicht bloßstellen und gemeinsam den Spinnern der Zeit Paroli bieten und ihnen zeigen, mit wem sie es zu tun haben. Damit ich sie für alle Zeiten an meiner Seite weiß, bin ich kein Risiko eingegangen und habe sie geheiratet. Sicher ist sicher.

„Freunde fragen dich, warum du weinst. Beste Freunde haben schon die Schaufel parat, um die Pfeife zu begraben, die dich zum Weinen gebracht hat." visualstatements.net

Vor ein paar Jahren fand ich dann noch einen wahrhaft besten Freund und Partner, auf welchen ich mich vollständig und uneingeschränkt verlassen kann. Der stets zu mir stand und steht und welcher mein uneingeschränktes Vertrauen genießt. Jemand, der stets sein Persönliches zurückstellte, wenn ich in Bedrängnis war.

AXEL

Axel ist eine sehr großzügige, weitherzige und unverwechselbare Persönlichkeit. Aber das ist nicht das Entscheidende. Das Elementare sind seine Selbstlosigkeit und seine Wertschätzung meiner Person gegenüber, und beides gepaart mit seiner bedingungslosen Opferbereitschaft und Integrität. Genau das macht ihn so wertvoll und einzigartig für mich. Gelegentlich weist er mich sehr diplomatisch auf andere Sichtweisen hin, jedoch hat er mich noch nie kritisiert. Ich bin bei meiner Auswahl von Menschen durch meine Erfahrungen ausgesprochen prüfend geworden und wähle äußerst differenziert. Loyalität in jeder Lage spielt bei mir dabei die entscheidendste Rolle. Sie besitzt für mich bei allen Kriterien das ausschlaggebende Gewicht. Genau diese für mich zwingend unentbehrliche Eigenschaft verkörpert Axel.

Ein wahrer Freund zeigt und beweist sich immer erst in Krisenzeiten, wenn sonst niemand mehr zu einem hält. Wenn man allein dasteht, weil sich die anderen abwenden. Auf Axel war und ist ununterbrochen Verlass, permanent, zu jeder Zeit, in jeder Situation. Wenn ich ihn um Hilfe bat, gewährte er sie mir jedes Mal, egal worum es sich handelte, wie spät es war oder wie aufwendig sich diese Hilfe gestaltete. Manchmal musste ich gar nichts sagen. Er sah mich an und wusste, dass ich in Not war. Er war immer zur Stelle und an meiner Seite. Wenn es notwendig war, hat er in jedem Konflikt mit mir und für mich gekämpft und mir mit Rat und Tat zur Seite gestanden. Wenn er sich dadurch bei anderen unbeliebt machte oder Nachteile zu befürchten hatte, war ihm das einerlei. Diese Aspekte interessierten ihn herzlich wenig und stellten für ihn keinerlei Probleme dar. Er war immer zur Stelle. Axel hat nie verlangt oder eingefordert, ausschließlich selbstlos angeboten, gegeben oder geschenkt. Alles ohne Zwang, Verpflichtung oder in Erwartung eines Ausgleichs oder einer Wiedergutmachung, und ich bin stolz, ihn als besten Freund in meinem Leben zu haben.

„Den sicheren Freund erkennt man erst in unsicherer Lage."
Lucius Annaeus Seneca

Wir besitzen alle die Option, unsere vorhandenen Beziehungen auf ihre Leitsätze, Betrachtungsweisen und Ziele, Ideologien und nicht zuletzt ihre Einstellungen zu uns neu zu prüfen und anschließend gegebenenfalls anders einzuordnen.

Menschen verändern sich, meist unbewusst, infolge verschiedenster Umstände. Stress, Vermögenserlangung oder -verlust, Beziehungsprobleme, Schicksalsschläge, Veränderung der Sichtweise oder Umbildung des sozialen Umfelds sind für derartige Veränderungen kausal verantwortlich. Auf Grund dessen, aber auch in Folge unserer eigenen diversen Lebensphasen sowie unseres eventuell gewechselten privaten Umfelds, entscheiden wir am Ende, mit wem wir uns umgeben. Wir ordnen unsere Auffassungen und Prioritäten neu und modifizieren demzufolge auch unsere Sichtweise und Gesinnung gegenüber anderen Personen. Dies kann dann zur Folge haben, dass unsere Wahrnehmung von Menschen automatisch überarbeitet wird, und wir ein neues Ranking unserer Beziehungen vornehmen, mal unbewusst, mal beabsichtigt. Daraus resultiert, dass im Laufe der Zeit ehemals teils unbeachtete oder weniger interessante Menschen wertvoll und einst tadellose Personen etwas unangenehm werden können.

Wenn wir solche Beziehungsmodulationen bei uns lokalisieren, sollten wir uns keinen Gefühlsverrenkungen hingeben oder künstlich aufgesetzte Verhaltensreaktionen an den Tag legen, bloß damit eine alte, jedoch nicht mehr wertbeständige und nachhaltig zufriedenstellende Verbindung aufrechterhalten bleibt! Wir sind nicht verpflichtet, uns mit Menschen abzugeben, die uns nicht mehr guttun. Das Leben verharrt nicht, es bewegt sich fortlaufend. Etwas passiert, die Dinge verändern sich, und man geht weiter, einfach immer weiter, und muss sich dabei umorientieren, neu aufstellen und womöglich neue Allianzen schmieden.

Das Leben unterliegt so manches Mal infolge seiner Turbulenzen gewissen Streuungen und Schwankungsbreiten. Es erstarrt nie in dem Bild, in welchem es sich gerade befindet, und bleibt zu keiner Zeit so, wie es aktuell ist. Desgleichen sind Einstellungen zu Beziehungen veränderlich und damit auch deren Qualitäten und Stellenwerte für uns. Wichtig ist, zu spüren und sich einzugestehen, wenn solche Verhaltensübergänge auftreten, und dann die richtigen Konsequenzen zu ziehen. Wir dürfen uns nicht selbst in einen emotionalen Käfig zwängen und eigenhändig noch die Tür verriegeln, indem wir an einer „besten" Freundschaft festhalten, diese Beziehung jedoch nicht mehr den ideellen Wert und die Geltung für uns beinhaltet, die für eine derartige Verbindung von substanzieller Bedeutung sind. Alles hat eben seine Zeit.

Unsere Aufgabe ist es, zu erkennen, was und wer uns hilft, fördert und stärkt und einen positiven und wohltuenden Einfluss auf uns hat und wer nicht. Und wenn das dann letztlich bedeutet, sich aus einer bestimmten Situation zu verabschieden oder gewissen Charakteren „auf Wiedersehen" zu sagen, dann ist das so.

„Es ist keine Schwäche, wenn du bestimmte Menschen zum Schutz deiner emotionalen Gesundheit meidest. Es ist Weisheit."
Silvia Merschmann

Wir können im Leben nur einen einzigen wahren besten Freund haben. Die Suche kann sich schwierig gestalten, aber wenn wir fündig geworden sind, wird sich dieser Mensch als unverzichtbar in unserem Leben herausstellen. Das heißt nicht, dass wir die meiste Zeit mit ihm verbringen oder unentwegt mit ihm reden müssen. Es bedeutet aber, dass wir offen miteinander sprechen und in den schwierigsten Zeiten unseres Lebens einen aufnehmenden Hafen erreichen können. Einen Ort des Geschütztseins und der Geborgenheit bei einer Person, die uns zuhört, versteht und bedingungslos zu uns hält. Die uns so annimmt, wie wir sind, die uns auffängt, vielleicht auch einmal einfühlsam durchschüttelt und uns wieder zurück in die Spur unseres Lebensweges schiebt.

Mit diesem Menschen können wir lachen, weinen und lästern, Träume schmieden und wieder platzen lassen, uns albern und kindisch benehmen, ohne uns zu schämen, und uns mal anbrüllen, wieder vergeben und dann umarmen. Wir stärken uns und lassen unsere Schwächen im Nirwana unseres Daseins verbrennen. Wir fühlen uns verstanden und angenommen, selbst wenn wir uns mal nicht so ganz im Recht befinden. Wir teilen unseren Liebeskummer, reden über Angelegenheiten, über die wir teilweise nicht einmal mit unserem Partner diskutieren, schimpfen auf Männer oder Frauen und bestellen im Rausch die Boxhandschuhe, mit welchen wir im Anschluss gemeinsam den Vollidioten in unserem Leben gehörig auf die Fresse kloppen wollen. Wir solidarisieren uns selbst bei möglichen Dummheiten miteinander, hassen dieselben Menschen, hören unsere verzweifelten stummen Schreie und richten uns gegenseitig wieder auf. Wenn niemand auf dieser Welt mehr etwas auf uns gibt, sind wir füreinander da. Wir sind Schulter an Schulter stehend miteinander Schwert und Schild zugleich.

„Die eigentliche Aufgabe eines Freundes ist, dir beizustehen, wenn du im Unrecht bist. Jedermann ist auf deiner Seite, wenn du im Recht bist." Mark Twain

Wir nehmen vieles in unserem Leben als selbstverständlich hin, obwohl es nicht selbstverständlich ist. In unserer Erwartungsnorm besitzt der beste Freund womöglich nicht die Relevanz, die ihm eigentlich zustehen müsste, weil er eben als das Normalgängige betrachtet wird. Dabei ist er das nicht, denn er ist viel mehr. Er hilft uns, unser Leben zu jedem Zeitpunkt und in jeglicher Situation besser zu gestalten, zu optimieren, auszubauen und zu korrigieren. Er tröstet uns und stimmt aus voller Kehle in den Gesang unseres Lebensliedes mit ein. Allerdings ist eine beste Freundschaft kein gewohnheitsmäßiger, von allein laufender Dauerbrenner. Sie muss von beiden Seiten erhalten und gepflegt werden.

Mit dem besten Freund an unserer Seite geht es darum, unser Dasein exquisiter, ein wenig ausgelassener und ermutigender wirken zu lassen und das Leben in seiner bedeutenden Abwechslung und Reichhaltigkeit zu erleben. Dadurch erhält unsere Lebensform mehr Einfachheit, diverse neue Betrachtungswinkel und effektive Zusprache. Dieser besondere Mensch ist in der Lage, uns zu vermehrter körperlicher Ausstrahlungskraft, Präsenz und innerer Übereinstimmung zu verhelfen. Aus diesem Grund besitzt jeder Mensch das Recht auf einen besten Freund.

„Freundschaft, das ist eine Seele in zwei Körpern." Aristoteles

9. LIEBE

„Es gibt nichts Schöneres, als geliebt zu werden, geliebt um seiner selbst willen oder vielmehr; trotz seiner selbst." Victor Hugo

Liebe: Die wohl reinste und unschuldigste, mächtigste und ehrlichste Emotion der Welt. Sie ist eines der intensivsten Gefühle, vielleicht sogar die intensivste Seelenregung, welche wir empfinden können. Sie ist weder zweideutig noch mit allen Wassern gewaschen. Die Liebe ist in ihrer wahren Natur klar, makellos, sauber und absolut. Sie ist der Schlüssel zur maßgeschneiderten gegenseitigen inneren und äußeren Verwirklichung und Veränderung. Sie ist das vertrauensselige Licht, welches durch die verhangenen, düsteren Wolken des Firmaments bricht und die begleitende Dunkelheit infolge kleiner liebevoller Momente strahlend hell erleuchtet. Die Selbstliebe erinnert uns in schwierigen Zeiten daran, dass wir ein kreatives Meisterwerk in regelmäßiger Entfaltung sind.

Wir alle möchten leidenschaftlich von Kopf bis Fuß in reiner Liebe baden, sanft von ihr gestreichelt werden und sie weitergeben.

Hingebungsvolle Liebe fragt nicht nach Recht oder Unrecht, nach richtig oder falsch, geschweige denn nach Rache und Vergeltung. Die Liebe vergibt und liebt einfach. Sie ist für einen da, wenn der Mensch es am wenigsten verdient hat, denn sie akzeptiert wertfrei. Sie hält, ohne zu klammern, übt Toleranz, ohne sich zu unterwerfen, umarmt, ohne zu bedrängen. Die Liebe erwartet nichts, möchte allerdings auch nicht hintergangen werden. Sie gibt aufgrund ihrer Selbstlosigkeit und ihres Edelmuts leise, mühelos und zärtlich mehr, als wir erahnen. Jedes Mal. Wenn wir lieben, sind wir unkritischer in unseren Bewertungen und empfinden ein tiefes Gefühl der Akzeptanz, Leidenschaft und Verbundenheit.

Liebe kann ein unbändiges Glücksgefühl, aber auch einen untragbaren Schmerz auslösen. Sie kann uns auf die Wiesen des Himmels führen, jedoch auch in die Abgründe der Hölle stürzen. Die Merkmale und Folgen der Liebe sind die gleichwohl konträrsten und unterschiedlichsten Wahrnehmungen und Leidenschaften, welche ein Mensch empfinden kann. Wir können in ihr und durch sie in eine Euphorie der absoluten Begeisterung und des vollkommenen Glückseligseins emporschweben, aber auch der hoffnungslosesten und furchtbarsten Qual und seelischen Folter unterliegen. Seele und Körper können durch sie die unglaublichste Widerstandsfähigkeit erlangen, gleichwohl auch extrem schmerzhaft und unerträglich in sich zusammenbrechen.

Und obwohl dermaßen gegensätzlich, stehen der Himmel und die Hölle der Liebe oft so dicht nebeneinander. Manchmal leider zu dicht.

„Gegensätze hassen sich." Unbekannt

Der Himmel der Liebe:

Die wahrhaftige und unverstellte Liebe bringt einen Menschen dazu, sein Leben für das des anderen zu opfern. Diese Liebe trägt, verzeiht und löst in uns ein unbeschreibliches Gefühl der Zuneigung und des Hingezogen-Seins sowie der absoluten und vertrauten Hingabe aus. Sie akzeptiert den anderen so, wie er ist, und lässt ihm im Leben die Luft zum Atmen. Eine offenherzige und grundehrliche Liebe lässt uns in einen Rausch der Sinne verfallen. Selbst wenn dieser Rausch nach einer gewissen Zeit an Intensität und Ausstrahlung verliert, hört er dennoch nie auf. Niemals. Unser Herz tanzt, und wir wissen, dass diese Liebe das Erfolgsrezept zu einem erfüllten und freudestrahlenden Leben ist. Wir befinden uns auf einer Reise ins Glück und finden in den Armen des anderen unsere Heimat und Verwirklichung.

Wenn wir aufrichtig und tief lieben, geben wir, ohne dafür einen Gegendienst zu erwarten, geschweige denn einzufordern. Wenn der geliebte Mensch unsere Liebe auf gleiche Weise erwidert, werden wir Zärtlichkeit und Verständnis, Freiheit und völlige Übereinstimmung erleben. Wir werden den Himmel auf Erden genießen und in der Lage sein, mit dem in unser Herz geschlossenen

Menschen die kompletten Irrfahrten des Lebens und die kompliziertesten und beschwerlichsten Zeiten zu meistern. Alle Lebenslagen werden leichter. Uns ist klar, wo sich unser Augenstern befindet, wo wir zu Hause sind und wo wir Liebe, Wärme und Geborgenheit finden. Wir können uns fallen lassen und wissen, dass wir aufgefangen werden. Wir fühlen uns sicher hinter dem starken Schutzschild der Liebe und zugleich gehalten und gepflegt durch ihre gefühlvollen, zartmilden Hände.

Das Leben mit seinen Verfänglichkeiten, anspruchsvollen Herausforderungen und vielen zu überwindenden Mauern wird durch das Erleben der gegenseitigen reinen und authentischen Liebe durchschaubarer, lösbarer und beherrschbarer. Diese Liebe ist für uns der Fels in der Brandung und das Gold im Herzen. Mit ihr an unserer Seite und in unserer Seele finden wir stets die Kraft, um nicht zu verzagen, sondern um weiterzumachen und zu bestehen.

„Liebe ist die stärkste Magie, die es gibt."
Sandra Waltraud Stopar

Die Hölle der Liebe:
Würden wir jedoch diesen geliebten Menschen verlieren, würde uns unser Leben nicht mehr lebenswert erscheinen. Die Erde würde sich plötzlich um eine neue Achse drehen und auf einen Schlag wäre alles anders. Wir wären verwundbarer denn je. Wir würden verzweifelt versuchen, uns gegen den quälenden und alles in uns vernichtenden „Verlassenwerden-Schmerz" und das neu aufgezwungene Leben zu wehren, doch wir würden nur noch eine lähmende Unfähigkeit und Leere verspüren. Wir würden uns unsagbar verloren fühlen, und das eigene Leben käme uns wie aus den Fugen gehoben vor. Wir würden alles hinterfragen und vermeinen, in ein tiefes Loch zu fallen, welches uns ohne Umwege in die Hölle führt. Doch was würde das schon ausmachen? Schließlich hätte das nun unumstößlich und gewaltsam herbeigeführte Leben ohne den geliebten Menschen jetzt bereits begonnen zu sterben und

wäre inzwischen die Hölle auf Erden für uns. Alles in uns wäre vernichtet, unbarmherzig ausgelöscht.

Jeder Tag wäre von Trauer, Schmerz, Verzweiflung und Hoffnungslosigkeit geprägt, und ein Sinn im Leben würde für uns nicht mehr existieren. Der Krater, der sich durch den Verlust in unserem Leben aufgetan hätte, würde alles verschlingen. Wir besäßen weder den Zukunftsglauben noch das Vertrauen, dass sich ein neues, anderes Leben um diesen Krater herum niederlassen und aufbauen könnte. Es wäre für uns unvorstellbar, das Vorbeisein einfach hinzunehmen, und wir kämen uns vom Leben verraten vor.

Sigmund Freud schrieb zu seiner Zeit einem Freund:

„Man weiß, dass die akute Trauer nach einem solchen Verlust ablaufen wird, aber man wird ungetröstet bleiben, nie einen Ersatz finden. Alles, was an die Stelle rückt, und wenn es sie auch ganz ausfüllen sollte, bleibt doch etwas anderes. Und eigentlich ist es recht so. Es ist die einzige Art, die Liebe fortzusetzen, die man ja nicht aufgeben will."

„... und Liebe ist unsterblich und der Tod nur ein Horizont, und ein Horizont ist nur die Grenze unseres Blickes..." Unbekannt

Die Beziehung zu sich selbst ist das wichtigste Liebesverhältnis, das täglich betreut und kultiviert werden muss. In dieser liebevoll-romantischen Verbindung zur eigenen Person mäkelt unsere innere Stimme nicht an uns herum, sondern achtet und beachtet uns und erkennt uns an. Um Liebe geben zu können, ist es wichtig, zu wissen und zu beherzigen, dass wir dazu erst in der Lage sind, wenn wir uns selbst lieben, denn jeder kann nur das geben, was er in sich trägt und fühlt. Besitzen und spüren wir keine Liebe für uns, können wir auch keine Liebe weitergeben. Tragen wir sie jedoch in uns und lassen sie uns auch zukommen, können wir von ihr abgeben, und unsere Mitmenschen werden die von uns auf sie übergreifende Liebe erkennen und wahrnehmen.

Ausgewogene und besonnene Selbstliebe ist kein Akt der Arroganz oder Eitelkeit, des Egoismus oder Narzissmus. Sie ist der Applaus für eine achtsame, fürsorgliche Selbstinterpretation und exklusiv ein Zeichen für Verehrung, Verantwortung sowie Hochachtung gegenüber dem eigenen Körper, der eigenen Seele und der eigenen Persönlichkeit in ihrer Ganzheit. Folglich kann der Mensch durch die wohlgewogene Anwendung der Eigenliebe seiner einzigartigen Individualität mehr Ausdehnung und Verfügungskraft verleihen. Dann ist er in der Lage, andere Menschen wahrhaft zu lieben und ihnen beizustehen und allem Leben mehr Inhalt zu geben. Durch unsere Selbstliebe erhöhen sich unser Mitgefühl und unser Zuneigungsgespür, wodurch sich soziale Barrieren einfacher überwinden lassen und entsprechend der Zugang zu unserem Umfeld unproblematischer wird. Somit sind Selbsttreue und -pflege die Basis für einen freundlichen und liebevollen Umgang mit anderen Menschen.

„Deine erste Pflicht ist, dich selbst zu lieben. Erst wenn du -dich- liebst, kannst du auch andere lieben." Unbekannt

Selbstliebe kann als Elixier eines glücklichen Lebens betrachtet und angewendet werden. Aus ihr und durch sie erlangen wir mehr innere Stärke, Mut und Vertrauen in die eigenen Fertigkeiten. Wir finden Klarheit in uns selbst und befreien uns aus dem Gefängnis fremder Einstellungen und Einstufungen sowie eigener überhöhter Erwartungen und Ansprüche. Durch sie entbinden wir uns von allem, was ungesund für uns ist, und lernen zu erkennen, dass so, wie wir sind, genug ist. Eigenliebe ist die beständige Selbstumarmung in unserem Bestreben der Selbstzuwendung, wobei wir uns dabei ebenfalls die Fähigkeit aneignen, die gelegentlichen Anfälligkeiten und Stopps auf der Fahrt unseres Lebens geeignet und förderlich zu würdigen und Schwächen in Stärken zu verwandeln.
Auch moralisch geht die Selbstliebe Hand in Hand mit dem Gebot, sich an menschlich bindende Grundsätze zu halten. Erst durch die

perfekte Liebe zur eigenen Person kann der Grundstein dafür gelegt werden, andere Menschen in das Geflecht der Liebe einzubinden. Nur durch ausbalancierte Eigenliebe kann die daraus entspringende, wachsende und fürsorgende Poesie der Nächstenliebe von unseren Mitmenschen wahrgenommen werden.

Wird Selbstliebe jedoch nur formal betrieben, bleibt ihre Wirksamkeit so wertlos wie ein einzelnes Sandkorn am Strand. Sie muss herzlich, aufrichtig und von Bestand sein, damit wir sie für uns und unsere Mitmenschen gewinnbringend und dauerhaft leben können. Wie wir mit uns selbst umgehen, bestimmt unsere Lebenskultur und unseren Lebenswert. Wenn wir uns selbst lieben und authentisch annehmen, finden wir auch die Kraft, trotz widriger Umstände die Liebe zu unserem Umfeld zu entwickeln.

Es ist wichtig, dass wir in gewissen Abständen in aller Stille einen kleinen Check-in bei uns durchführen, um aufzudecken, in welchem Verhältnis wir zu uns selbst stehen. Sollten wir dabei feststellen, dass sich eine Distanz zu uns aufgebaut und die Fürsorge für uns nachgelassen hat, wir uns teilweise fremd geworden sind, müssen wir uns erneut berechtigen, mehr Selbstliebe zu pflegen, um mehr gemeinschaftliche Liebe üben zu können. Dann werden wir aus dem daraus entstehenden Hochgefühl wieder in der Lage sein, uns selbst zu begrüßen, zu lieben und die Liebe auf andere zu übertragen.

„Du selbst, genauso wie jeder andere im ganzen Universum, verdienst -deine- Liebe und Zuneigung." Buddha

Gegenseitige Liebe bedeutet nicht nur geben, sondern auch erhalten. Sich um die Liebe eines Menschen zu bemühen, der weder in der Lage noch willens ist, uns diese Liebe zu bestätigen oder zurückzugeben, ist, wie ständig hin- und herzulaufen und zu erwarten, so ans Ziel zu kommen. Am Ende fühlen wir uns nur ausgebrannt, einsam und missbraucht und versäumen am Ende sogar noch den Menschen, der uns wahrlich so liebt, wie es unser Naturell hergibt. Diese Menschen sind es dann nicht wert, dass wir sie lieben, wertschätzen und weiter in unser Leben einbinden.

Wir müssen und können auch nicht jeden Menschen lieben, denn die Liebe unterliegt nicht unserem Willen. Sie besitzt ihre eigene Intention und ihren eigenen Weg. Wir sind nicht verpflichtet, unsere Feinde, Widersacher oder jeden Bezirkstrottel zu lieben. Wenn wir probieren, diese Leute körperlich und geistig schlicht aus unserem Leben herauszuhalten, versuchen, weder Feindschaft noch Zorn gegen sie zu hegen und uns bemühen, bei aufkommenden Gedanken friedlich und respektvoll mit ihnen zu verfahren, ist das in solchen Fällen schon ein ausreichender Akt der Liebe. Niemand kann verlangen, dass wir uns in Situationen begeben bzw. mit Gestalten umgeben, bei denen uns Wut, Ressentiments oder Abneigung entgegenschlagen oder bei uns aufkommen. Es würde keinen Sinn machen und wäre Zeitverschwendung, Zeit für Menschen zu opfern, die uns nicht guttun und die unser Wesen nicht so akzeptieren, respektieren und lieben, wie es ist.

Wir entscheiden über den Text in unserem Lebensbuch, und wir bestimmen, wer dort anerkennend hervorgehoben und wer aus dem Fließtext ausgelagert und lediglich als Fußnote erwähnt wird, wenn überhaupt.

„Du brauchst deinen Nächsten nicht auch noch zu lieben, lass ihn nur in Ruhe. Das brächte den meisten schon viel." Erhard Blanck

Reine Liebe führt keine Machtspiele. Sie ist der zeitlose und besondere, vom eigenen Ego freie Standard der Zwischenmenschlichkeit und das Grundprinzip der Fülle, die wir selbst im Inneren finden, aber auch im Äußeren widerspiegeln können. Sie ist der Grundzug unseres Seins, steht im ständigen Austausch mit unseren Emotionen und möchte zum Leben beitragen und daran teilhaben. Liebe bedeutet Arbeit und Pflege, Kompromisse und Spielraum geben, gleichzeitig aber auch Faszination, Romantik und innere Wärme, Erlösung und Magie, Euphorie und Ekstase.

Ausschließlich aus einer wohlgeformten Eigenliebe ohne Hochmut und Gehaltlosigkeit heraus können alle weiteren Liebesbeweise resultieren. Streuen wir der Liebe rote Rosen auf den Weg, damit sie uns nicht verfehlen kann. Lieben wir uns mit all unseren Vorzügen, Qualitäten und Besonderheiten, aber auch mit unseren Lücken, Handicaps und Empfindlichkeiten! Wir wissen doch genau: „Nobody is perfect." Versöhnen wir uns mit uns selbst, denn wir sind einzigartige Menschen, einfach schon deswegen, weil wir leben, weil wir sind! Wenn das geschafft ist, wird auch das Weitergeben unglaublich leidenschaftlicher, hingebungsvoller und grenzenloser und nicht zuletzt bedingungsloser Liebe möglich. Dann werden wir unseren Beitrag zum Glück und Wohlergehen unserer Mitmenschen leisten können und bereit sein, ihnen Gutes zu tun, um dadurch liebevoll ihre Herzen zu gewinnen.

Reine Liebe ist eine Sprache, die auch Taube hören und Stumme erwidern können, die Zeit und Raum überwinden kann, und die ihrer Natur gemäß immer nach mehr Liebe sucht.

„Liebe ist nur ein Wort, aber sie trägt alles, was wir haben. Ohne sie wäre die Welt leer!" Oscar Wilde

Kein Liebesfilm kann so atmosphärisch, rührend und romantisch sein wie echte, vorbehaltlose und absolute Liebe. Sie lässt den hilflosen Schrei in unserer Kehle in allen Situationen verstummen. Sie ist die Urkraft des Lebens und die Ursehnsucht aller Sehnsüchte. Sie ist die Erklärung für alles Unverständliche und das Urverständnis für alles Verständliche. Wenn sich zwei Menschen in reiner, unverfälschter Liebe begegnen, verbindet sich das Getrennte, eine Einheit entsteht, aus „ich" wird „wir", aus zwei Sprachen wird eine Sprache und aus zwei Herzen wird eines. Liebe liebt sich nie ganz allein, sie teilt immer. Sie ist der verbindende Berührungspunkt von Traum und Wirklichkeit, durchdringt die Herzen und fügt zusammen, was zusammengehört. Diese Liebe ist weder an Bedingungen geknüpft noch nimmt sie Oberflächlichkeiten wahr.

Natürliche und unverkennbare Liebe, hervorgegangen aus der milden Selbstliebe, können wir auf unser gesamtes Umfeld weiterleiten, wo sie sich vervielfältigen und Großes bewirken kann. Jeder Mensch besitzt das Recht, geliebt zu werden und Liebe zu schenken. Wenn wir unser Geburtsrecht des Lebens betrachten, können wir erkennen, dass es angefüllt ist mit unermesslicher Liebe. Zarter und stürmischer, streichelnder und haltgebender, sanfter und vergebender Liebe für uns selbst und andere. Sie ist die goldene Schönheit unter den Elementen unseres Geburtsrechts und sowohl die besondere Macht als auch das verbindende Maß in dieser Welt. Niemand kann sich ihr dauerhaft entziehen. Ehrliche, von Herzen kommende Liebe lässt unsere glücklichen Momente zu Ewigkeiten werden. Sie gibt unserem Leben einen wertvollen und bedeutsamen Sinn und Inhalt. Wahre, tiefgehende Liebe kommt immer von innen heraus, aus uns selbst.

Suchen Sie Liebe, dann wird sie auch Sie suchen. Besitzen Sie Liebe, dann wird sie auch Sie besitzen. Geben Sie Liebe, dann wird sie auch Ihnen gegeben. Verschreiben Sie sich ihr, so wird sie sich genauso Ihnen verschreiben.

Für Liebe ist es nie zu spät. Für sie ist immer die günstigste, die idealste Zeit vorhanden, und für sie gibt es stets den richtigen Moment. Leben heißt lieben und lieben heißt leben. Liebe ist die Essenz des Lebens. Intensiv und leidenschaftlich zu leben heißt, sich einzulassen auf das Wichtigste: die Liebe.

„Wo Liebe ist, ist Leben." Mahatma Gandhi

10. ÄRGER

„Es ist menschlich, verärgert zu sein, aber es ist nicht recht, in diesem Ärger zu beharren." Vincent van Gogh

Ärger bahnt sich im Allgemeinen nicht an und sendet grundsätzlich auch keine Vorboten, bis auf vereinzelte Ausnahmen. Er ist in der Regel eine spontane innere Negativemotion auf unliebsame oder Verdruss auslösende Situationen, welche durch lästige und unwillkommene Personen, Erinnerungen oder Umstände entfesselt wird. Diese emotionale Eruption kommt ohne Überleitung und übernimmt das Kommando in unserer Gefühlszentrale. Wenn wir unsere Ziele und Wünsche durchkreuzt oder unsere geplanten Abläufe geblockt oder Leitsätze verletzt sehen, sind wir gefrustet, und Ärger steigt in uns auf. Wenn uns dann auch noch irgendein bescheuerter Hobbit kränkt oder beleidigt, steigert sich unser Ärger, wird intensiver und geht in Wut über. Unsere Konzentrationsantenne nimmt in dieser Zeit hauptsächlich Funkwellen zu diesem einen bestimmten Thema wahr, und unsere Contenance kommt durcheinander, weil wir innerlich gestresst sind. Unser Körper gelangt auf Hochtouren und reagiert mit dem Gefühl des Ärgers.

Wenn uns Ärger unvermittelt überfällt wie das Raubtier seine Beute, bleibt uns diese reflexhafte Reaktion nach wissenschaftlichen Erkenntnissen in der Regel für ca. 15 Sekunden erhalten, wobei die intensive körperliche Reaktion (z. B. steigender Blutdruck, erhöhte Herzfrequenz, Unruhe) ca. 10 Minuten andauern kann. Dagegen können wir uns auch nicht wehren, da Ärger zu den Primäraffekten des Menschen gehört und eine unwillkürliche Antwort unseres Körpers auf Unmut erregende Situationen ist. Im Anschluss können wir selbst entscheiden, ob wir uns weiter ärgern oder der Angelegenheit überlegter und gelassener begegnen. Dadurch würden wir emotionalem Druck aus dem Wege gehen und uns nicht den Zugang zu unseren anderen Gefühlen verbauen.

Ich persönlich finde den 15-Sekunden-Leitsatz äußerst sportlich und schaffe es höchstselten, meinen Ärger in dieser doch sehr kurzen Zeitspanne wieder loszuwerden. Eigentlich fast nie.

„Wenn Ärger im Menschen ist, so macht er selten das Klügste, sondern gewöhnlich das Dümmste." Jeremias Gotthelf

Oft ist es so, dass wir unser Gedankenspiel nicht so ohne Weiteres beenden können, da wir vieles im Leben, besonders im eigenen, als ungerecht empfinden. Sich seinem Ärger zu widmen, ist allerdings nicht ganz verkehrt, da das regelmäßige Unterdrücken von Ärger ungesund ist und sogar gesundheitliche Probleme (Herz-Kreislauf-Krankheiten, Bluthochdruck, Magengeschwüre) hervorrufen kann. Je mehr er unterdrückt wird, desto mehr drückt er auch wieder zurück. Wird er beständig verdrängt, kann er irgendwann einmal bei der kleinsten Gelegenheit als Wutanfall explodieren. Da Ärger auch mit einem Impuls des Handelns verbunden ist, würden wir in diesem Moment lieber gedankenlos herumwüten, anstatt konstruktiv mit ihm umzugehen.

Wie oft sind wir auch über uns selbst verärgert, weil wir uns über etwas oder jemanden geärgert haben und uns dann aufregen, dass uns dieses Etwas oder dieser Jemand überhaupt ärgerte?

Es kann vorkommen, dass wir in Situationen hineingeraten, in denen uns aufgrund des rücksichts- oder respektlosen Verhaltens anderer der Kragen platzt. Zum Glück gibt es diverses Flickzeug, um den Kragen schnell, zumindest notdürftig, zu reparieren, sodass wir unsere Meinung für uns behalten können oder nicht gleich tätig werden. Manchmal ist das Reparaturset allerdings aufgebraucht, und dann schaffen wir es einfach nicht mehr, ruhig zu bleiben und poltern los. Mitunter vielleicht ein wenig ungeschickt, dafür aber sehr entschlossen und unmissverständlich. Sind die Gewitterwolken dann verflogen, ärgern wir uns die Platze über uns selbst und fragen uns, warum wir nicht in der Lage waren, Ruhe zu bewahren, zumal wir nichts mehr an dem Umstand ändern konnten. Doch die in unseren Augen erfolgte Ungerechtigkeit ließ uns in dem Moment keine andere Wahl. Zumindest sind wir in diesem Augenblick davon überzeugt, später dann vielleicht nicht mehr so ganz. Währenddessen reibt sich der Ärger schadenfroh die Hände.

„Manchmal verstehe ich die anderen einfach nicht, und mich erst recht nicht." Christian Rebosch

Manche Tage beinhalten einfach blöde und ärgerliche Ereignisse. Wir erscheinen auf der Arbeit, und sofort walzt der Chef auf uns zu. Ohne unseren ersten Kaffee pampt der uns erstmal an, warum wir die erteilte Aufgabe von gestern nicht erledigt hätten. Auf unsere Erklärung und den Hinweis, dass wir nach Feierabend schon zwei Überstunden gemacht hätten, erfolgt von ihm die Aussage, dass ihn das nicht interessiere. Aus unserem Kopf wachsen zwei Hörner, und wir fragen uns in diesem Augenblick verärgert, ob sein Hirn Arbeitslosengeld bezieht und wir uns mit ihm besser verstehen würden, wenn wir genauso beknackt wären wie er.
Wir stehen unter Zeitdruck, das Kleinkind muss vor der Arbeit noch schnell mit dem Bus zur Oma gebracht werden. Es ist gerade fertig gewickelt und komplett angezogen. Plötzlich wird der Kopf rot, es bekommt diesen untrüglich glasigen, verklärten, alles durchdringenden Blick, die Vorboten des drohenden Unheils, und schon ertönt ein kleines Gewitter im Bauch des Lieblings. Dann kommt die volle Ladung - in die frische Windel. Das Ganze dauert ca. 10 Sekunden, und anschließend strahlt uns der kleine Sonnenschein über beide Backen befreit und glücklich an, wobei sich ein zuverlässiger, leider unangenehmer Duft im Zimmer verbreitet, und wir denken: „Och nee, verdammte Sch...!!"
Nicht zuletzt kann es auch vorkommen, dass der gesamte Tag einfach nur doof verlaufen ist. Nicht nur, dass nichts geklappt hat, außerdem ist auch noch alles schiefgelaufen.
Wir haben verschlafen, wurden dann geblitzt, der bescheuerte Kollege hat uns dämlich angepöbelt, die ach so hochgelobte Tech-

nik funktionierte wieder mal nicht, auf der Arbeit ist die Hosennaht am Allerwertesten aufgerissen, und zu guter Letzt sind wir vor der Haustür noch in einen Hundehaufen gelatscht.

Es ist zum Aus-der-Haut-Fahren. An diesem Tag wäre es wahrscheinlich besser gewesen, wir wären im Bett geblieben.

„Da geht man nichts ahnend vor die Tür…und zack: Schon wieder überall Ärger." Unbekannt

Welcher Mensch möchte sich gerne ärgern? Eigentlich doch keiner, da er dabei seine Bedürfnisse unerfüllt sieht oder Verhaltensweisen anderer erkennt, die nicht mit den eigenen Standards übereinstimmen. Dementsprechend ist Ärger also generell eine negative Komponente in unserem Leben, welche unsere Zeit und Energie aufsaugt wie ein weicher Lappen das Wasser, einen unappetitlichen Beigeschmack hat, zusätzlich schlechte Laune bringt und verbreitet, und so etwas hat nichts bei uns zu suchen. Das wollen wir nicht. Außerdem kann größer werdender Ärger schnell mal zu emotionalen Kurzschlussreaktionen führen und uns so ein bisschen aus der Bahn werfen.

Doch sollten wir Ärger so ohne Weiteres als Negativum ächten und zurückweisen? Wäre es gut, wenn er nur selten oder niemals aufkommt? Lassen Sie uns den Ärger einmal ins Schaufenster stellen und genauer betrachten, um zu ergründen, ob er wirklich nur verbrannte Erde hinterlässt, oder was er alles in sich kombiniert, und wie er uns im Leben führen oder verführen kann.

Es wuchern viele Wurzeln des Ärgers auf dem eigentlich so schön und abwechslungsreich bepflanzten Beet des Lebens.

Wir ärgern uns täglich über alles Mögliche: über in vieler Hinsicht nervige Autofahrer, den unfähigen Sachbearbeiter, liegengelassene Hundehaufen, Gender-Debatten, das von Vögeln vollgekackte Auto, ewige Wartezeiten bei Hotlineanrufen, Kleingeldkramer an der Kasse und vieles mehr. Das ist nicht nur verständlich, sondern auch menschlich, kann aber überdies, je nach Intensitätsniveau und Dauer, zu einem erheblichen Teil unseren Lebenswert mindern und unser Umfeld negativ beeinflussen. Oft hören wir, dass niemand uns dazu zwingt, uns zu ärgern, und dass wir das nicht machen müssen. Aber manchmal müssen wir es eben doch, egal, was die schlauen Leute im Vorfeld so meinen.

„Ich rege mich nicht auf. Die anderen regen mich auf."
pinterest.de

Doch wie soll man mit solchen Situationen, die den Ärger heraufbeschwören, umgehen? Schließlich sind wir Menschen manchmal komplizierte Geschöpfe mit komischen, durchgeknallten Gedanken und überspannten Gefühlen und besitzen keinen Ärger-aus-Knopf. Und dann rauscht er ungeplant und schnell wie ein Rennwagen in unsere Innenwelt. So ist es, aber: Wir entscheiden nach einer gewissen Zeit, ob er weiter in uns herumrast und womöglich noch Unfälle baut, oder ob wir die Spritzufuhr unterbrechen.
Es wird immer wieder Situationen geben, welche uns grantig und sauer machen. Wir begegnen ständig irgendwelchen Dummbeuteln oder rutschen in Situationen, die uns verärgern. Nach einer angemessenen Ärgerzeit, in der die gefühlsbetonte Reaktion den Verhältnissen entsprechend adäquat erfolgen sollte, müssen wir versuchen, uns von unserem emotional kontraindizierten Empörungsstatus zu lösen! Dabei ist es hilfreich, kurz einen Perspektivwechsel vorzunehmen und den Vorfall von außen, frei von Emotionen, rational und analytisch zu betrachten. Anschließend können wirksame, uns beruhigende Lösungsansätze geprüft und konzipiert werden, und danach kann das Problem angesprochen oder ignoriert werden, weil es doch belanglos und nicht der Rede wert ist.

In früherer Zeit war man der Meinung, dass man seinem Ärger nach allen Regeln der Kunst Luft machen solle. Heute weiß die Wissenschaft, dass ärgerliche Überreaktionen unsere aggressive

Hitzigkeit nur noch verstärken, was für uns selbst und einen sachdienlichen Informationsaustausch nicht von Nutzen ist. Wie bei allem macht auch hier die Dosis das Gift. Es sollte stets der Gedanke im Hinterkopf weilen, dass schon das bloße Ärgern hochintensive und geistig erschöpfende Gedankenlebendigkeit mit einem sehr begrenzten Nutzeffekt ist, und wir der Lösung ohne Handeln nicht näherkommen. Es ist dementsprechend geboten, vom ärgerlichen Empfinden zusehends ins operative Vorgehen und letztlich angebrachte Bewältigen zu kommen.

Doch trotz allem müssen wir unserem Ärger eine ihm gebührende Beachtung zuteilwerden lassen, denn es tut gut, wenn wir uns ihm passend hingeben, um ihn dann zu verstehen und zu nutzen.

„Ärger ist als Gewitter, nicht als Dauerregen gedacht. Er soll die Luft reinigen und nicht die Ernte verderben." Ernst R. Hauschka

Ärger, ein Grundgefühl unseres Körpers, ist ein Wegweiser, ein hilfreiches Indiz, um uns begreiflich zu machen, dass eine unserer Grenzen überschritten wurde. Jetzt müssen wir entscheiden, ob eine weitere ärgerliche Beschäftigung mit dem Thema zielführend und gewinnbringend für uns ist, wobei wir auch versuchen sollten, die Blickrichtung und Intention des anderen zu verstehen!

Wie oft ärgern wir uns über eigentliche Kleinigkeiten der Menschen, die uns lieb und teuer sind, unsere Eltern, Kinder oder Partner, wobei lediglich eine kleine Grenze angetastet wurde. Obwohl wir wahrscheinlich Anlass zur Ermahnung und Verstimmung haben, könnten wir stattdessen auch milde und nachsichtig über die Schwäche hinwegsehen und uns gütig auf die von diesen Menschen ausgehende Liebe konzentrieren. Doch wir fangen dann schnell an, ihnen Vorwürfe zu machen, sie zu rügen und zu be- oder verurteilen. Dabei wollte man uns gar nicht verärgern. Womöglich hat diese Person sich große Mühe gegeben, gerade diese Schwäche abzustellen, doch leider war sein Fleisch nicht so stark und willig wie sein Geist. Zusätzlich zu seiner Reue kommen jetzt auch noch Vorhaltungen wie: „Kannst du dir das nicht mal merken?" „Lass das doch mal sein!" „Ich verstehe das einfach nicht." „Pass doch einfach mal ein bisschen auf!"

Dabei vergessen wir dann ganz rasch, was diese Person für uns empfindet, wie sie stets bemüht ist, uns unser Leben schöner und einfacher zu gestalten, sie uns **unsere** kleinen Defizite galant durchgehen lässt, ohne sie überhaupt zu erwähnen, und wie sehr sie uns liebt und wir sie ja eigentlich auch. Manchmal sind die Menschen auch einfach nur so, wie sie sind, obwohl sie diese Macke selbst stört, und sie diese in jener Hinsicht ebenfalls unvorteilhaft empfinden. Aber das gehört dann eben auch zu ihrer genetischen Formel, an der sie trotz intensiver Bemühungen nichts ändern können. Doch mit diesen Gedanken gehen wir in solchen Momenten leider äußerst achtlos um. Selbst wenn uns im Anschluss unser promptes Verhalten leidtut: Worte sind wie abgeschossene Pfeile. Man kann sie nicht mehr zurückholen, und es entstehen oberflächliche oder sogar tiefere, nicht sichtbare Wunden. War es diese (wiederholte) Kleinigkeit wirklich wert?

Warum sehen wir so oft das Fehlerhafte und Unvollkommene, statt der wahren, gehaltvollen Liebe, die uns miteinander verbindet? Wir versuchen ständig, die Menschen an unserer Seite zu erziehen, zu ändern und nach unseren Wünschen und Idealvorstellungen zu formen, ohne dabei deren persönliches Selbst zu beachten. Wir haben alle unsere kleinen oder größeren Fehler, und manchmal ist es auch notwendig und wichtig, dass wir darauf hingewiesen werden. Doch genauso unverzichtbar und bedeutsam ist es, dass wir uns weniger ärgern, gerade über geliebte Menschen, und versuchen, mehr Puffer für Identität und Natürlichkeit zu schaffen, auch wenn uns das nicht immer ganz leichtfällt.

„Ich hab's doch auch nicht immer leicht mit mir!" pinterest. de

Bei den diversen Ärgerangeboten, welche uns andere unbewusst oder mühevoll geplant machen, sind wir auch nicht verpflichtet, sie anzunehmen. Wir können selbige Einladungen zum Unmut ebenso ausschlagen mit der inneren Begründung, dass es Wichtigeres gibt, als sich mit so einem Mist zu beschäftigen, was natürlich äußerst kompliziert wird, wenn der Verursacher mit dem Thema unsere Achillesferse getroffen hat. Im Moment des Ärgers sind solch deeskalierende Gedanken ziemlich schwierig, doch nach Abklingen der Empörung können wir versuchen, unsere Toleranzschwelle neu auszuloten, und anschließend in einen kleinen Diskurs mit uns selbst gehen, um herauszufinden, wie wir zukünftig mit ähnlich gelagerten Fällen umgehen.

Wir können es uns also erlauben, zu entscheiden. Entweder treten wir den Ursachen und Auslösemechanismen aktiv entgegen, um unsere Maximen und Wertvorstellungen zu diskutieren und konstruktive Lösungen zu erzielen, oder wir lassen den Aufhängervorfall ziehen wie ein Schiff am Horizont, da sich ein Einsatz dafür nicht lohnt. Realistisch betrachtet würden unser Aufbegehren und weiterführender Ärger bei dieser Nichtigkeit lediglich unsere kostbare Lebenszeit fressen. Bedeutend bei unserer Entscheidung ist vor allem, dass wir stimmig mit uns selbst sind und uns am Ende kein schlechtes Gewissen quält. Manche Dinge bleiben gelegentlich auch einfach im Raum stehen, weil kein gemeinsamer Nenner gefunden werden konnte, was aber nicht zwangsläufig heißt, dass man böse aufeinander oder weiterhin verärgert sein muss.
Wir sollten uns bei Ärgernissen auch kurz fragen, ob wir das Thema richtig verstanden und interpretiert haben. Vielleicht sollte ja etwas anderes ausgedrückt werden, als wir daraus schlussfolgerten. Das Resultat dieser Gedankengänge können wir im Anschluss für eine zweckdienliche und lohnende Innovation einer Aufklärung und damit Annullierung unseres Ärgers einsetzen.

„Von daher rühren auch die meisten Streitigkeiten, indem die Menschen ihre Gedanken nicht richtig darstellen oder die Gedanken des andern falsch deuten." Baruch de Spinoza

Wir können Ärger zum besseren inhaltlichen Begreifen seiner Geltung als Informationsquelle ansehen, welche dazu dient, unsere Wahrnehmung zu reflektieren und gegebenenfalls anzupassen oder das Verhalten der anderen mit neuen Regeln auszuhandeln.

Doch Vorsicht vor zu viel und zu engagiertem Ärger! Da es sich bei dieser überdosierten, unverträglichen Art von Ärger um ein wesentliches und gewichtiges Gefühl handelt, kann er uns in unserer sinnvoll fördernden Geisteshaltung blockieren und vereiteln, dass wir unsere Gefühlsherde im Zaum halten. Kauen wir ihn innerlich immer wieder durch, belasten wir unser Nervenkostüm und isolieren unsere Vernunft. Dadurch zensieren wir unser Urteilsvermögen und schaffen es nicht mehr, unser Empfinden von unserer Gehirnakrobatik abzukapseln. Wir können uns während dieser Zeit weder auf nüchterne Darlegungen beziehen noch in eine Position gelangen, welche uns Gelegenheit für treffende und hilfreiche Entschlüsse oder Alternativen für die Zukunft ermöglicht.

Wir verlieren unseren Blick für das Hauptsächliche im Leben, vergessen, uns um uns zu kümmern, betreuen und pflegen das eigene Selbst ungenügend und verlaufen uns in der Leere des Empörungstheaters. Wir büßen unsere Zufriedenheit und Gelassenheit ein und schädigen unter Umständen wertvolle Beziehungen.

„Jeder kann wütend werden, das ist einfach. Aber wütend auf den Richtigen zu sein, im richtigen Maß, zur richtigen Zeit, zum richtigen Zweck und auf die richtige Art, das ist schwer."
Aristoteles

Bedeutet das jetzt im Umkehrschluss, dass wir uns fortan über nichts mehr ärgern sollten, weil die Gefahr besteht, dass sich das Ärgerniveau kontinuierlich erhöhen könnte, wir uns dann selbst aus den Augen verlieren, und dieses Gefühl uns daran hindert, uns selbst voranzubringen? Natürlich nicht.

Nimmt uns der Ärger gelegentlich einmal an die Hand, zudem mit dem Risiko, den Bogen zu überspannen, gibt uns nach kurzer Zeit jedoch wieder frei, besteht kein Grund zur Sorge. Wir sollten mit einem ärgerlichen Gefühl jedoch solide umgehen! Schwierig für uns und unsere Beziehungen wird es erst, wenn wir uns täglich ärgern, uns in den Ärger kontinuierlich und beharrlich hineinsteigern und diese Emotion uns ständig umklammert. Dann sind Vorsicht und Achtsamkeit geboten, denn in diesem Fall demolieren wir unsere Innenwelt und legen unsere Zufriedenheit und Lebenslust in Schutt und Asche. Wenn wir unseren Ärger andauernd wieder aufwärmen, nervt das am Ende auch unser Umfeld, umso mehr, wenn dieses eine andere Einstellung zu der Angelegenheit hat und die Gebundenheit an Gegebenheiten oder Umständen in einem anderen Kontext sieht als wir.

Gesunder und angebrachter Ärger trägt viel Positives in sich. Er ist in der Lage, zukunftsorientiert erfolgreiche Auswirkungen und Konditionen für uns zu erzielen, wenn er in einer positiven Aktivierung stattfindet. Ärger soll uns in verletzenden oder entrüstenden Situationen, in denen wir auf Gegendruck der eigenen Vorstellungen stoßen oder uns vor dem Auftreten anderer abschirmen wollen, stärker machen und auf mögliche Auseinandersetzungen vorbereiten. Dass wir dieses Gefühl nicht nur empfinden, sondern dem anderen auch infolge mehr oder weniger vorhandener Impulskontrolle durch Mimik, Gestik und Tonfall übermitteln können, unterstreicht seine funktionale Rolle in einseitiger und wechselseitiger Beziehung. Das resultierende Ergebnis kann dabei sowohl negativ als auch positiv ausfallen.

„Ich mag es, wie Kaffee alles wieder ins Lot bringt.
Müde? Trink Kaffee! Kopfweh? Trink Kaffee! Kalt? Trink Kaffee!
Jemand ärgert dich? Schmeiß ihm die Tasse an den Kopf!"
spruechetante.de

Wenn wir uns ärgern, bekommen wir das unterschwellige Gefühl, die Situation zu beherrschen und zu kontrollieren. Demzufolge kann uns der dadurch auftretende Effekt animieren, in den Dialog zu treten, die aufgetretene Unstimmigkeit anzusprechen und eine Lösung ins Auge zu fassen. Beim Benennen des ärgerlichen Backgrounds sollten wir unsere Position dem Adressaten gegenüber sachlich und authentisch zum Ausdruck bringen und dabei eine adrette Debattenkultur pflegen, damit sich beide Parteien im Anschluss vorbehaltlos in die Augen schauen können. In vielen solcher Fälle ist diplomatisches Entertainment gefragt, damit sich niemand auf den Schlips getreten fühlt, und die Angelegenheit zur Zufriedenheit geregelt werden kann. Das ist vorteilhaft, aber manchmal nicht ganz einfach, da bei derlei Diskussionen im weiteren Verlauf auch unsere ärgerlichen Emotionen erneut ihren Gruß entbieten wollen.

Ärger ist der Hüter unserer ureigenen Normensysteme. Werden unsere persönlichen Denkmuster, Freiheiten oder Glaubenssätze angegriffen, kann entstehender Ärger dynamisieren und dazu dienen, schnell und gezielt einen korrekten Abstand zu schaffen und durch Aufzeigen von Schranken, Schadensbegrenzung zu betreiben. Dass diese gewollte Distanz indes leider nicht immer realisierbar ist, zeigen diverse Übergriffe in der Öffentlichkeit. Es geht also dabei auch stets um die denkbar begleitende Gefahr des Schlagabtausches, in die wir uns begeben, und die Gefährdungssituation, in welcher wir uns dann befinden könnten. Beispielsweise ist im Auto zu schimpfen sicherer, als sich im Bus an der Seite des Nebenmannes aufzuplustern. Niemand sollte sich bei Ärger verursachenden Situationen selbst in größere, nicht kalkulierbare Gefahren begeben.

„Auch wenn man Leute mit gutem Grund beschimpft, muss man maßhalten." Maxim Gorki

Ärger, in der richtigen Proportion eingesetzt, trägt einen eminenten Anteil dazu bei, unser Dasein günstiger und erhabener zu gestalten. Wer begründeten Ärger erlaubt, geht davon aus, dass sich gewisse Dinge im Leben noch zum Besseren entwickeln können oder wandeln lassen. Die Menschen, die Ärger ausnahmslos als Übel ansehen, haben bereits aufgegeben. Er kann in der Disziplin „Veränderung" in unserem Handeln als Motor fungieren und damit für nützliche oder erforderliche Korrekturen oder Neuerungen die Weichen stellen.

Ärger darf nicht grundsätzlich als ungerechtfertigtes Verhaltensdefizit abgeurteilt und verdammt werden, allerdings sollten wir uns nur über das ärgern, was wir variieren oder abändern wollen und vor allem auch können, selbst dann, wenn hin und wieder nur prozessuale Fortschritte zu verzeichnen sind. Die durch Ärger entstehende Energie ist mitunter Voraussetzung, um die persönlichen Ansichten und Bedürfnisse zu erreichen oder gegebenenfalls auch mal zu erzwingen. Dabei geht es nicht darum, unsere Verärgerung augenblicklich herauszusprudeln, aber auch nicht darum, sie stets niederzuhalten und anzustauen. Es ist wichtig, für eine übereinkommende Annäherung den goldenen Mittelweg zu finden. Eine Strategie, die sozial verträglich und trittsicher ist, steuernd und ausgleichend operiert, und bei der niemand vor den Kopf gestoßen wird. Diese Strategie zu entwickeln, gestaltet sich allerdings äußerst schwierig, wenn das Ärgernis durch ignorante und rechthaberische Schwachköpfe verursacht wird, und diese dann durch ihre Blöd- und Sturheit noch mehr Ärger provozieren.

„Du ärgerst dich - das ist gut. Du beruhigst dich - das ist besser. Du bietest eine Lösung an - das ist das Beste. Und am Ende bist du doch der Arsch - das ist Scheiße." Christian Rebosch

Wie oft ärgern wir uns über dieselben unveränderbaren Dinge immer wieder? Wir würden sie zwar gerne abwandeln, doch uns sind die Hände gebunden. Trotzdem springt unser Grübelaggregat an, und wir beginnen, in alle Richtungen zu denken. Wir denken geradeaus, denken quer, denken hoch und runter, drehen uns im Kreis, gehen zwei Schritte, bleiben wieder stehen und denken immer weiter: „Warum ist es gerade so, wie es sich darstellt? Es hätte nur einer Kleinigkeit bedurft, um die Angelegenheit günstiger zu gestalten." Wir übergehen den Unterschied zwischen einem lösbaren Problem und einer unabänderlichen Tatsache. Derweil steigt der Ärger unablässig in uns auf und lässt uns nicht mehr los. Wir verwirtschaften unsere kostbare Energie, Lebenszeit und -qualität, obwohl wir an der bestehenden Geschichte nichts mehr umschreiben können. Macht es Sinn, sich mit einer Endgültigkeit so zu beschäftigen, dass wir uns mit steigender Tendenz ärgern?

Manchmal entwickelt sich Ärger auch, entgegen seiner ursprünglich spontanen Natur, wie die Wellen der Flut nach der Ebbe. Sie umspülen uns sanft und weich und manövrieren unsere Gedanken in eine bestimmte Richtung, in welcher unser Ärger ansteigt, weil uns ein bestimmtes Thema nicht freigibt. Wenn wir jetzt nicht ins aktive Entlassen oder überlegte Handeln kommen und nicht versuchen, ihm seine negative, aufschäumende Wirkung zu nehmen, werden wir zunehmend anfälliger für einen emotionalen Umbruch. Die Wellen werden größer, brechen über uns zusammen und drücken uns in die Tiefe aggressiver Wut und Feindseligkeit.
Nicht selten stört uns auch ein bestimmter Umstand. Anstatt zeitnah zu handeln, um das Ärgernis für alle akzeptabel aus der Welt zu schaffen, warten wir, dass es sich von selbst erledigt und vorübergeht. Da das nicht geschieht, schaukeln wir uns hoch, bekommen einen immer dickeren Hals und platzen unsere Missstimmung am Ende vollkommen übertrieben heraus. Einer fruchtbaren und zuträglichen Lösung kommen wir dabei jedoch nicht näher, weil der Verursacher durch unser übersteigertes Auftreten ebenfalls verärgert ist und sich womöglich stur stellt. Nicht selten endet solch ein Disput in körperlichen Auseinandersetzungen.

„Manchmal wünsche ich mir, ich wäre noch im Kindergarten. Warum? Na darum: Schippe übern Kopf und gut iss."
Alexa Weiland

Günstiger, verantwortungsvoller Ärger kann das benötigte Feuer für erforderliche Umstellungen in uns entfachen, wenn wir ihn als motivierenden Stimulus zur Spiegelung eigener oder fremder Muster und Richtlinien begreifen und zum Ergründen und Erörtern vorheriger Automatismen, Grenzen und Strukturen nutzen. Dann können wir aufgrund unserer Problemlösungskompetenz diverse Umstellungen aktiv mitgestalten. Ärger darf am Ende nicht in einem Erkenntnisdefizit enden, was sich anschließend in einem Handlungsdefizit auswirkt. Mit dieser Auffassung als Leitmotiv in der Betrachtung und Einschätzung des Ärgers bedeutet er Lebendigkeit, und Leben ist Lebendigkeit, und dementsprechend gehört Ärger zum lebendigen Leben. Leben, das sich durch die aussichtsreich gestaltende Effektwirkung des ärgerlichen Gefühls in und durch uns verschönern, verdeutlichen und präzisieren möchte und offener wirken will.

Berechtigter und wohlproportionierter Ärger ist unter bestimmten Bedingungen infolge seiner positiven Dynamik und energetischen Impulse Wegweiser für ein veränderungswürdiges, verbessertes und zukunftsorientierteres Leben. Er wird erst schädlich für uns, unsere Gesundheit und unser Umfeld, wenn wir zu oft rotsehen, er fortdauernd wirkt oder übertrieben wird, so wie alles andere gleichfalls. Damit besitzen wir ein feststehendes und vom Leben beschlossenes Recht auf verhältnismäßig angemessenen und vorteilhaft ausrichtenden Ärger, wobei es gelegentlich auch gut ist, wenn uns alles ohne Überlegung und Bewertung einfach mal nur scheißegal ist. Schließlich kann man sich nicht jede Situation schönsaufen.

„Ärger ist nicht nur unvermeidlich, sondern notwendig. Die Unfähigkeit, sich zu ärgern, verrät Gleichgültigkeit und dürfte eine der folgenschwersten aller menschlichen Schwächen sein."
Peter E. Schumacher

11. DANKBARKEIT

„Ein dankbares Herz ist der Anfang jeder Größe. Es ist ein Ausdruck von Demut und eine Grundlage für Werte wie Glaube, Mut, Glück, Liebe und Zufriedenheit." James E. Faust

Was ist Dankbarkeit? Ein einfaches, schlichtes Wort, leicht auszusprechen und dennoch mit einem so gigantischen Inhalt gefüllt. Sie vereint Emotionen, Wertschätzung, Inspiration, Zuspruch und Anerkennung in sich. Dankbarkeit ist für uns eine optimistische, befürwortende und zufriedenmachende Sinneswahrnehmung, mit der wir eine bestimmte, innerlich wärmende Einstellung verbinden. Sie ergibt sich für uns immer dann, wenn eine gewisse Unterstützung oder Förderung erfolgte oder zumindest in Aussicht steht oder unsere Bedürfnisse in vollster Übereinstimmung mit unseren Erwartungen erfüllt werden. Wir sind also dankbar, wenn unser Himmel voller Geigen hängt, wir glücklich sind und uns in einer Hochstimmung befinden, auch wenn sich diese in aller Stille abspielt und es sonst keiner mitbekommt.

Wir können Dankbarkeit als Empfindung der anerkennenden Zustimmung für das Leben insgesamt oder auch nur für darin enthaltene Etappen interpretieren und leben. Wir verbinden sie mit leidenschaftlicher und tiefer Achtung sowie würdevollem Respekt für eine spezielle Person oder Gemeinschaft, eine bestimmte Situation, eine konkrete Hilfestellung oder für unsere maßgebliche Lebensdefinition.

Dankbarkeit ist eines von mehreren Konzepten für Glück und ein beseeltes und mit sich selbst übereinstimmendes Leben. Wenn wir bewusst durch unser Leben schreiten, uns darüber gewahr werden, wofür wir dankbar sein können, werden wir Harmonie, innere Ruhe, Zufriedenheit und Ausgeglichenheit erleben. Unsere Innenwelt wird sich neu gestalten und anpassen, denn wir verstehen den Wert unseres gesamten Seins als bedeutungsvoll und wichtig, was zur Folge hat, dass wir uns regulierter und entspannter fühlen.

Eine dankbare Gesinnung ist allerdings nicht nur ein kraftvolles, intensives Gefühl, sie hat auch einen erstaunlichen Einfluss auf unsere Psyche und Physis insgesamt, wodurch sich unser Leben gesünder und stabiler entwickeln kann.

Auf der Seite Palverlag.de ist dazu Folgendes zu lesen:

„Dankbarkeit macht gesund, leistungsfähig, ausgeglichen und stärkt Beziehungen. Das Ergebnis kann sich sehen lassen: Dankbare Menschen sind gesünder, besser gelaunt, stressresistenter, leistungsfähiger und zufriedener mit ihrem Leben und ihren sozialen Beziehungen.“

„Die Dankbarkeit ist ein Gefühl, welches das Herz veredelt und bessert, wohltätig für den, der empfängt, wie für den, welcher gibt.“ Adolph Knigge

Können wir denn stets einfach so aus tiefstem Herzen Dankbarkeit üben, zu jeder Gegebenheit, jederzeit?

Obwohl einige Ideologien, Weltverbesserer oder Verfechter bestimmter Auffassungen meinen, dass es möglich und notwendig sei, in jeglicher Lebenslage und Situation dankbar zu sein, muss dieser Ansatz ein wenig differenzierter betrachtet werden. Um ernsthaft, aufrichtig und ehrlich „Danke“ sagen zu können, müssen wir zuerst einmal erhaben über uns selbst sein. Unser moralisches Selbstbild muss unserem Anspruch entsprechen, und das eigene Leben muss gewürdigt und respektiert werden mit allem, was es beinhaltet und auch in der Zukunft für uns bereithält. Dadurch erhalten wir ein angenehmeres Lebensgefühl, einen verbesserten Lebensgrad und eine lebensfrohe Einstellung. Erst dann werden wir die Fähigkeit entwickeln können, für vorhandene und weitere Geschehnisse und Abläufe in unserem Leben Dankbarkeit zu empfinden. Bedauerlicherweise ist das Talent, eine dankbare Einstellung zum eigenen Leben zu erlangen, nicht immer so einfach umsetzbar. Unzählige Aufzeichnungen in unserer Lebenschronik, signifikante und weniger bedeutungsvolle, geben uns manchmal berechtigterweise Anlass zur Undankbarkeit, selbst, wenn das von einer Reihe anderer Personen nicht so gesehen und gelehrt wird.

Das Dankgefühl ist keine Empfindung, die sich auf Befehl einstellt oder erzwungen werden kann, getreu dem Motto: „Es geht mir zwar beschissen, aber ich bin jetzt trotzdem dankbar", und plumps, landet man im weichen und gemütlichen Bett der Dankbarkeit und schlummert, eingekuschelt in die Decke der Genügsamkeit, selig und beruhigt ein. Sie ist ein körperliches Phänomen der Freude und eine freiwillige Bewegung des Herzens. Dankbare Anerkennung entwickelt sich aufgrund unserer Einstellung zum Leben und formt sich infolge unserer Erfahrungen und Interpretationen der im Leben enthaltenen Episoden. Dankbarkeit lässt unser Gehirn vorteilhaft aktiv werden.

Uns wird täglich viel vermittelt. Selektiv auch die Einstellung, dass wir für die Schattenseiten und Prüfungen in unserem Dasein dankbar sein sollen, da sie für uns irgendwann, irgendwie förderlich seien und uns im Endergebnis stärken und voranbringen. Diese Ausrichtung ist allerdings nicht generell richtig, da uns nicht alles im Leben nützlich ist, nicht unterstützt oder unser Wohlgefühl intensiviert. Im Gegenteil, wir erleiden Niederlagen, vieles macht uns traurig oder lässt uns verzweifeln. Wie soll ein Mensch für etwas Dankbarkeit empfinden, was sein Wohlbefinden stört oder sogar sein Leben zerstört? Aufgrund der Funktionsweise unseres Gehirns ist das nicht möglich. Wir können gehirntechnisch nicht für etwas Schlechtes dankbar sein, das funktioniert nicht. Da Dankbarkeit eine Reihe von Teilen im Gehirn aktiviert, welche mit Glückseligkeit, anerkennenden Emotionen und Belohnung assoziieren, können negative Ereignisse diese bestimmten Bereiche weder erreichen noch ankurbeln. Insofern können auch keine positiven, Dankbarkeit auslösenden Emotionen empfunden werden.

„Nichts bringt am Ende mehr Verzweiflung als die Erkenntnis einer vorherigen Dankbarkeit in eine falsche Überzeugung."
Christian Rebosch

Natürlich können wir aus negativen Erlebnissen lernen. Allerdings ist das nicht die, unserer Freude und unserem Glück zugrunde liegende Dankbarkeit des Herzens. Kein ehrlicher und aufrichtiger Mensch wird dankbar sein, wenn er seine Arbeit, sein gesamtes Hab und Gut oder sogar einen geliebten Menschen verloren hat, schwer erkrankt ist oder Opfer eines kriminellen Angriffs wurde. Er kann und wird womöglich versuchen, sich auf irgendetwas Positives zu konzentrieren, damit das Negative in die Abstellkammer des Bewusstseins gedrängt wird, aber Dankbarkeit wird er dafür nicht empfinden können. Die dunklen Schemenbilder seiner Erfahrungen werden ihn lange Zeit, vielleicht ein Leben lang, begleiten, ohne dass dabei Dankbarkeit aufblüht.

Zeiten, die uns körperlich oder mental überfordern, in denen wir angegriffen oder aufgerieben werden, können es uns fast unmöglich machen, dankbar zu sein, egal wem und egal wofür. Wenn wir uns täglich nur darauf drillen, gehorsame und pflichtbewusste „Dank-Sager" zu werden, verlernen wir, die Polarität des Lebens wahrzunehmen und anzuerkennen, und sehen alles stets als einen Zugewinn im Leben an. Doch so läuft das Leben nicht. Es hält an seinem Recht der kontrastbildenden Lebensfügung fest. Übertriebene Dankbarkeit behindert dabei unsere eigene Seinsgestaltung und bringt uns nicht weiter. Selbstverständlich können wir uns einem selbstauferlegten persönlichkeitsspezifischen Wandel unterziehen, unser eigenes Ich verleugnen und uns einer beharrlichen Dankbarkeitshaltung für alles und jeden unterwerfen. Doch dadurch würden wir lediglich unsere Seelenlandschaft durcheinanderbringen und keinerlei Nutzen davontragen. Wir wären in einer Seifenblase gefangen, die platzen würde, wenn wir erkennen, dass diese erzwungene Dankbarkeitsseite unseres Bewusstseins nicht mit der ehrlichen Bewertung unserer typbedingten Persönlichkeit vereinbar ist, dass selbige Dankbarkeit falsch und unfruchtbar ist.

„Wenn du für alles dankbar bist, verlierst du dich am Ende selbst." das-wahre-leben.de

Tatsächlich haben Forscher herausgefunden, dass zu viel Dankbarkeit, vor allem in den falschen Situationen, ungünstige, sogar sehr schädliche Auswirkungen auf das Leben haben kann. Auch Dankbarkeit sollte ihre Grenzen haben, obwohl das im Allgemeinen nicht in das moderne und bequeme Selbsthilfe fördernde Denken hineinpasst. Toxische Positivität ist eng mit toxischer Dankbarkeit verbunden, und diese hochstilisierte Dankbarkeit stellt weder eine Erweiterung noch Aufwertung oder Verstärkung im Leben dar.

Auch bei der Dankbarkeit ist die moderate Mitte die beste Alternative. Es kommt immer darauf an, das richtige Maß, bei den richtigen Menschen, in den richtigen Situationen zu wählen. Ausschweifende und unverhältnismäßige Dankbarkeit kann immer und jederzeit das Gefühl von Hilflosigkeit, Wehrlosigkeit und Einflusslosigkeit erzeugen und verhindern, notwendige Schranken zu setzen. Sowohl übermäßiges Verantwortungsbewusstsein als auch übertriebenes Pflichtbewusstsein können sich einstellen, sodass das eigene Leben anfängt, aus dem Ruder und an einem vorbeizulaufen. Wenn wir zu anfällig für übertriebene Dankbarkeit werden, übersehen wir am Ende uns selbst und entrechten unsere Bedürfnisse und unser eigenes Stimmungsgefüge.

„Des Menschen Stärke: Dankbarkeit
Des Menschen Schwäche: zu viel Dankbarkeit" Unbekannt

Zu hohes Anspruchsdenken hindert viele Menschen genauso daran, Dankbarkeit zu empfinden, wie die Einstellung, dass das Leben nur noch aus Fragmenten besteht und immer schlechter wird. Oft verlieren wir sie, weil wir uns geistig noch zu oft im verabscheuten Früher oder unerwünschten möglichen Später aufhalten. Wir übersehen das schöne Zubehör des Lebens im Jetzt, im gegenwärtigen Augenblick, nehmen es als üblich hin und beschäftigen uns zu sehr mit vielen misslichen, undankbaren und traurigen Ereignissen oder Personen. Erschwerend kommt hinzu, dass der Mensch einer angeborenen Negativitätstendenz unterliegt. Durch sie registriert er eher Defizite, Schwierigkeiten und Fehler im Leben als dessen Attraktivität, reiche positive Fülle und die Unterstützung und Zuwendung seines Umfelds.

Es ist unstrittig, dass das Leben nicht jederzeit einfach ist. Es ist nicht immer makellos und vortrefflich, und streckenweise müssen wir so einiges wegstecken. Wie oft sind wir im Leben schon abgeschmiert, waren mut- und hoffnungslos, voller Trauer oder haben uns blamiert? Manchmal verläuft das Leben bösartig und grausam, schmettert uns zu Boden, und wir liegen im Schmutz der Hoffnungslosigkeit. In solchen Zeiten ist es nicht möglich, aufrichtige Dankbarkeit zu empfinden. Aber am Ende entscheiden wir, ob wir liegenbleiben oder wieder aufstehen, ob wir uns unserer Trauer, Verzweiflung oder Wut dauerhaft hingeben oder kämpfen und leben. Kein Mensch kann stets nur der Verlierer sein, denn das würde der Systematik des Lebens widersprechen. Wenn wir fallen, haben wir die Möglichkeit, uns wieder aufzurichten. Helden stehen immer wieder auf und kämpfen bis zum Sieg. Sobald wir uns dafür entscheiden und das schaffen, werden wir auch erneut Momente erleben, für die wir Dankbarkeit fühlen können, und diese Momente werden mit der Zeit länger und sich vervielfachen.

„Mach' weiter! Heute in einem Jahr wirst du dir dafür danken."
spruch-des-tages.de

Entscheidend ist, worauf wir unseren Fokus richten. Diese Angelegenheit zu meistern ist nicht einfach, denn unsere Aufmerksamkeit wandert in Sekundenschnelle von einer Situation zur nächsten. Solche Beachtungssprünge beständig unter Kontrolle zu behalten und zu regieren, ist so gut wie ausgeschlossen.

Stellen wir uns einmal folgende Situation vor:

Es ist ein warmer Sommertag zur Zeit der Mittagsruhe. Alles ist friedlich und still. Ich sitze auf der Terrasse, höre mein Lieblingslied, trinke gemütlich eine Tasse Kaffee und träume vor mich hin. Ich bin dankbar für das Erreichte, den Moment und mein Leben.

Plötzlich fängt der Nachbar an, mit der Kreissäge zu arbeiten. Ich schaue auf die Uhr, und blitzartig wird aus dem dankbaren Christian der wutschnaubende grüne Hulk, in dessen Augen nur noch das Weiße zu sehen ist. Ich fletsche die Zähne, habe von einer Sekunde auf die andere Schaum vor dem Mund und kann in diesem Moment überhaupt nichts daran ändern.

Was ist passiert? Der Fixpunkt meiner Aufmerksamkeit hat sich aufgrund der neuen Umstände verändert. Die Sonne strahlt zwar immer noch, ich sitze weiterhin auf der Terrasse mit der Tasse Kaffee in der Hand, und das Lied trällert weiter im Radio. Aber ich bin nicht mehr dankbar, im Gegenteil, ich bin fuchsteufelswild. Der dreiste, hemmungs- und rücksichtslose Nachbar hält sich nicht an die vorgeschriebene Ruhezeit. Demzufolge hat sich meine gerade noch verspürte Dankbarkeit mit sofortiger Wirkung verabschiedet und einer rauchenden Wut Platz gemacht.

Es ist im Leben unmöglich, sein Hauptaugenmerk immer willentlich zu beherrschen. Dieser Umstand macht es für uns ebenfalls unerreichbar, regelmäßig ehrliche Dankbarkeit zu üben, selbst dann, wenn wir uns gerade in einer dankbaren Situation befinden. Im nächsten Augenblick kann sich der Status quo schon wieder vollkommen anders gestalten.

„Aufmerksamkeit und Dankbarkeit beeinflussen und verursachen sich wechselseitig." Christian Rebosch

Um in unserer Biographie mehr Dankbarkeit zu verspüren, ist es wichtig, neben all dem Mist und aller Schwierigkeit, so gut es geht, die Perspektive auf das Gute im Leben zu richten und darauf, wofür wir wirklich dankbar sein können. Diese Dankbarkeit sollte dann auch neben wirklich essenziellen und wichtigen Aspekten die selbstverständlichen Dinge des Lebens beinhalten, denn sie besitzen einen erheblichen Wert für uns. Geschenkte Zeit mit Freunden, unserem Partner oder den Kindern, das Lächeln eines geliebten Menschen, die Fähigkeiten, denken, uns selbstständig bewegen, versorgen und entscheiden zu können, die Natur - alles Dinge, für die wir dankbar sein können. Oder sind wir schon so übersättigt, dass wir das alles nicht mehr richtig zu würdigen wissen und keine Dankbarkeit mehr dafür empfinden können? Wann wachen wir endlich auf, um die normal gewordene Freiheit, Gesundheit, den üblich herrschenden Frieden oder das, was wir besitzen, wieder mit stiller, tiefer Dankbarkeit wertzuschätzen? Wann gelingt es uns aufs Neue, dankbarer für unsere Familie, strahlende Kinderaugen, freudige, lachende Gesichter oder liebevolle Zuwendung und Zärtlichkeit zu werden? Wann wird uns klar, dass wir dem Leben insgesamt Dankbarkeit erweisen sollten, einfach dafür, dass wir und unsere Liebsten am Leben sind und wir uns haben dürfen? Welcher Nachweise für dankbare Anerkennung bedarf es denn noch?

Lassen wir das Normale und Selbstverständliche nicht wie heruntergespielte und nicht mehr beachtete Gefälligkeiten im Leben ausklingen! Erweisen wir ihnen jeden Tag aufs Neue die Dankbarkeit, die sie verdienen! Durch empfundene und ausgedrückte Würdigung und Wertschätzung geben wir dem aktuellen Stand der Dinge im Alltag mehr Reichhaltigkeit und Bewegungsfreiheit, verweisen bedrückende Emotionen auf ihre Plätze und können Herausforderungen besser verarbeiten.

„Es fällt ihm (dem Menschen) mehr auf, was ihm fehlt, als das, was er besitzt.“ Johann Wolfgang von Goethe

Wir sind oft unzufrieden mit den gegebenen Umständen. Wir bedauern, was wir nicht erreicht haben, nicht besitzen, oder dass es nicht so gelaufen ist, wie gewünscht. Wir haben so vieles auf dem Radar, was uns angeblich fehlt. Dass dies eine gewisse Undankbarkeit in uns hervorruft, ist grundsätzlich weder falsch noch unmoralisch, denn dadurch werden wir animiert, Veränderungen zu bewirken. Entscheidend ist, dass wir uns in dieser einseitigen Sichtweise nicht verlieren, uns im Anschluss wieder auf die wunderbaren Dinge, auf den alltäglich gewordenen Zauber des Lebens besinnen, ihn erkennen, vorteilhaft einordnen und durch Verstand, Herz und Seele fließen lassen.

Unfälle, Schicksalsschläge, Verbrechen geschehen jeden Tag. Kinder werden misshandelt und missbraucht, Menschen sterben eines gewaltsamen Todes, Krankheiten überfallen uns mit brutaler Härte, Kriege überschwemmen Länder. Besitzen wir nicht ausreichend Gründe, um gezielt dankbarer zu sein für all das, was uns umgibt und an Gutem zuteilgeworden ist? Vielleicht brauchen wir nur unseren Betrachtungswinkel und unsere Einstellung auf das Leben, auf unser Leben, ein wenig zu korrigieren, um zu erkennen, durch welch wundervolles, kaum benennbares Gepräge es bestimmt und geregelt wird. Um zu begreifen, wie viele Belege existieren, um für die trivialen, zur Normalität und Gewohnheit gewordenen und doch so notwendigen, gehalt- und inhaltsvollen Standards und Einfachheiten dankbar zu sein. Lassen wir unsere Dankbarkeit nicht zu sehr aus unserem Blickfeld rutschen!

„Wenn du dankbar bist, dann änderst du deine Sichtweise auf die Welt." Diana Butler Bass

Dankbarkeit ist eng mit Freude und Glück verbunden, da wir in unserem Leben dankbar für etwas sind, was uns Freude sowie Glück bereitet und sehr mit dem Zustand der Liebe vernetzt, da hier ebenfalls innere Wärme und ein Gefühl der Erfüllung empfunden werden. Durch Dankbarkeit reduziert sich unser Stresslevel, wir werden entspannter und in schwierigen Lebenssituationen resilienter. Wir können uns mehr auf andere konzentrieren, unsere Empathiekompetenz sowie unser Verständnis für personenbezogenes Vorgehen erhöhen sich, und wir erhalten mehr Gedankenkontrolle. Durch unsere dankbare Haltung widmen wir uns geistig mehrheitlich den Schönheiten und angenehmen Seiten des Lebens, was wiederum bewirkt, dass sich unser persönliches Glücksgefühl und unsere generelle Lebensbefriedigung verbessern. Unsere Gefühle regulieren sich, und unsere emotional optimistische Stimmung regeneriert sich.

Doch bei allem Wollen und allen Versuchen, unsere Konzentration bewusst auf das Erstrebenswerte und Lebenszustimmende zu lenken, sollten wir prinzipiell auch daran denken, die negativen Aspekte des Lebens nicht aus den Augen zu verlieren. Wir müssen uns gleichfalls mit den Angelegenheiten beschäftigen, die uns Leid oder Ratlosigkeit bringen, uns erzürnen, verstören oder niederringen möchten. Wir müssen deren Ausgangspunkte und Entstehungen ausfindig machen, um sie dadurch lösen und bewältigen zu können. Allerdings dürfen wir sie nicht zu unserem Gedankenmittelpunkt werden lassen. Dann werden wir befähigt, die Kunst des authentischen Lebens mit den darin enthaltenen Kontrasten zu meistern, uns dem Druck anzupassen und erneut Dankbarkeit zu entwickeln für das, was wir aufgrund von Routine und Üblichkeit bereits aus den Augen verloren haben. Wir lernen, die Welt besser zu verstehen, unser Urvertrauen in die Wirksamkeit der Dankbarkeit neu entstehen zu lassen und Widerstandskräfte für Belastungen zu entwickeln, woraus sich letztlich neue Dankbarkeitsempfindungen entfalten.

„Dankbarkeit bringt Sinn in unsere Vergangenheit, Frieden in unsere Gegenwart und Perspektive in unsere Zukunft."
Melody Beattie

Unsere Gesundheit beachten wir exemplarisch kaum und vermissen sie nicht. Schließlich ist sie vorhanden, wir nehmen sie erwartungsgemäß bedenkenlos hin und machen uns selten Gedanken über sie, wenn keine Beschwerden „Hallo!" sagen. Meist erkennen wir ihren Wert und das damit verbundene Dankbarkeitsgefühl erst, wenn wir einen schwer erkrankten Menschen sehen, zumal, wenn er sich in unserem Familienkreis befindet, oder wir selbst von einer schweren Krankheit oder einem Gebrechen gezeichnet sind. Dann werden uns die Wichtigkeit unserer Gesundheit und der Wert unseres Wohlergehens transparent und bewusst, und erst bei Genesung breitet sich erneut volle Dankbarkeit in uns aus. In der Regel bleibt uns diese jedoch nur so lange erhalten, bis sich unsere Gesundheit wieder im alltäglichen Leben etabliert hat.

Im Gegensatz dazu: Wie viel Beachtung, Wert und Dankbarkeit erweisen wir unserem Handy? Wie präferieren wir dieses in unserem Leben, und wie fühlen wir uns, wenn es defekt oder gar verloren gegangen ist?

Befreien wir uns von unserem Tunnelblick des Alltags, in welchem wir uns zu sehr auf das konditionieren und fokussieren, was im Leben schiefläuft, nicht unseren Wünschen und Erwartungen gerecht wird oder eigentlich gar nicht so wichtig ist. Wir können in allem ein „Aber" finden, doch diese Einstellung entreißt uns unsere Dankbarkeit und verringert unser Lebensniveau. Fördern wir unsere bewusste Achtsamkeit auf Menschen, Erfahrungen und Darbietungen, die unser Leben erweitern und begünstigen! Kombinieren wir unsere Wahrnehmung der positiven Tatsachen in unserem Dasein mit der Befürwortung äußerer Quellen (andere Personen, Naturschauspiele), welche uns zu mehr Dankbarkeit verhelfen! Dann können wir durch einen konzentrierten Wahrnehmungswechsel unsere Lebenseinstellung revolutionieren, und Dankbarkeit wird sich über uns legen wie die wärmenden Sonnenstrahlen, die sich über Mutter Natur ausdehnen. Wir werden unser Leben als eine Festveranstaltung deklarieren und gestalten können, frei von Spannung, Enttäuschung und Traurigkeit.

„Die größte Kraft des Lebens ist der Dank." Hermann von Bezzel

Jeder Mensch hat das grundlegend wichtige Recht auf Dankbarkeit, auf eine dankende Anerkennung seiner Person und die Würdigung seiner Verdienste.

Wenn uns Dankbarkeit bekundet wird, gibt uns das das Gefühl, Teil eines größeren, liebevollen und anerkannten Ganzen zu sein.

Erfahren wir diese Dankbarkeit von anderen nicht nur als eine Floskel der Höflichkeit, sondern als tief empfundenes emotionales Erleben, hilft es uns, selbst positive Gefühle entstehen zu lassen, die schwierigen Zeiten besser anzuerkennen, zu akzeptieren und zu überstehen und die guten Dinge im Leben mehr zu achten. Wir sind dann vermehrt in der Lage, die Annehmlichkeiten des Lebens zu teilen und das eigene Glück zurückzustellen, um andere glücklich und dadurch dankbarer zu machen. Es fällt uns leichter, befriedigende und zustimmende Unterscheidungsmöglichkeiten zu finden und die damit einhergehenden Empfindungen zu vermitteln.

Es tut uns gut, wenn Einsatz und Opferbereitschaft mit Dankbarkeit honoriert werden, weil wir in diesem Zusammenhang unsere soziale Anerkennung finden und definieren können sowie Schätzung und Respekt für die eigenen Anstrengungen erfahren. Wir bemühen uns entsprechend engagierter, das Leben unserer Mitmenschen zu verschönern und sie in Krisen, angespannten Lagen oder kritischen Situationen zu unterstützen. Ehrlich gezeigte Dankbarkeit gibt uns Halt und die Hoffnung, dass ein gewichtiger und einflussreicher Wert des Lebens noch nicht verloren ist.

„Dankbarkeit gibt dem Leben Leichtigkeit und Humor, Gelassenheit und innere Freiheit." Anselm Grün

Das Leben hat aus gutem Grund die Dankbarkeit verbindlich in unserem Geburtsrecht fixiert. Sie trägt entscheidend zur Entschärfung, befreienden Beruhigung und mentalen Entlastung bei. Erkennen wir ihre Bonität und kostbare Qualität! Wenn sie nicht nur ein Reflex ist, sondern wir sie leben können, werden wir fähig sein, unser Herz zu öffnen, den Wert des Lebens im besonderen Einzelnen, aber auch im gewöhnlichen und gängigen Tagesgeschäft ausfindig zu machen und für uns zu nutzen.

Wir sollten uns nicht mehr von den Akteuren Undankbarkeit und übersteigerte Anspruchshaltung, Selbstverständlichkeit, Unzufriedenheit und Nörgelei wie Figuren auf einem Schachbrett herumschieben lassen! Ziehen wir selbst als Spieler auf dem Spielbrett des Lebens die erforderlichen Züge und wenden dabei die Praxis der gebotenen Dankbarkeit an! Dadurch werden wir einen Dominoeffekt in unserer Innen- und Außenwelt einleiten. Es werden sich ein erweitertes Glücksgefühl, stärkere lebensbejahende Denkmuster und ein machtvolleres Gefühl des Staunens sowie Freuens einstellen. Es wird uns wieder möglich werden, das Zauberhafte im teils eingefahrenen Normalverlauf des Lebens zu registrieren, und wir können mit Dankbarkeit die universelle Sprache der Liebe verfeinern. Wenn wir tiefe und ehrliche Dankbarkeit verspüren, wird uns sprichwörtlich „warm ums Herz", und diese Wärme können wir dann weitergeben.

Eine dankbare Herzenshaltung ist ein Präsent, das wir uns persönlich zukommen lassen möchten und auch weiterverschenken können. Das Talent, dankbar zu sein, kann unser Umfeld betören und verführen und gleichzeitig dazu animieren, sich selbst mehr mit der Dankbarkeit zu verbrüdern, um sie untereinander wachsen zu lassen und folglich in der Welt zu potenzieren.

Das Leben ist wie ein großer Teich, in welchem sich eine Vielzahl von Goldfischlein tummelt. Diese symbolisieren die uns vom Leben zuerkannten Rechte, und eines dieser Goldfischchen ist unser festgelegtes, großes und unangreifbares Recht auf Dankbarkeit. Durch sie lernen wir Demut und eine Sichtweise, die unseren Blick konzentrierter auf alles Schöne, Erfreuliche und Prachtvolle im Leben richten lässt, so alltäglich oder banal durchschnittlich es uns auch erscheinen mag. Dankbarkeit lehrt uns, zu erkennen, dass das Leben in seinem Ursprung wunderschön und lebenswert ist.

„Dankbarkeit ist das Gedächtnis des Herzens."
Jean-Baptiste Massillon

12. RESPEKT

„Wissen gibt Macht, aber der Charakter verschafft Respekt und Anerkennung." Bruce Lee

Respekt ist eine prinzipielle soziale Tugend. Eine Disziplin, die das Fundament für regulierende, friedliche und aufeinander abgestimmte zwischenmenschliche Beziehungen bildet.

Wir alle wünschen es nicht nur, wir verlangen es auch ausnahmslos von unseren Mitmenschen, dass sie sich uns gegenüber anständig benehmen und respektvoll auftreten. Wir möchten als emanzipierte Person wahrgenommen und geachtet werden. Das ist nicht nur ein natürlicher, sondern auch legitimer Appell und stellt ein Grundbedürfnis im Leben dar. Doch in der Regel stellen wir diese Anforderung selbst dann, wenn wir uns mal danebenbenommen haben. Auch in solchen Situationen pochen wir auf Respekt, sind oft aber in umgekehrter Form nicht bereit, diesen auch dem anderen zu erweisen. Das eigene Verhalten wird in derlei Momenten nicht so streng eingestuft, denn schließlich hat uns ja die andere Person so weit gebracht, dass wir uns so verhielten, wie wir uns verhielten. Wir sehen, hören und nehmen dann nur noch das wahr, was wir sehen, hören und wahrnehmen möchten, und das entspricht in solchen Fällen selten der vollen Wahrheit, obwohl wir in dem Moment punktgenau davon ausgehen.

Doch wehe, wenn unser Gegenüber daraufhin respektlos handelt. Dann brennt der Baum, denn das geht gar nicht. Wir werden emotional und persönlich, vergessen schnell unsere eigenen Vorbildmodelle, gehen in den Kampfmodus, und Respektlosigkeit tritt ins Rampenlicht. Dabei beachten wir dann herzlich wenig, dass Respekt auf Gegenseitigkeit beruht.

„Stell dir vor, was 7 Milliarden Menschen erreichen könnten, würden sie sich alle gegenseitig lieben und respektieren."
Morgan Freeman

Ein respektvoller Umgang bedeutet, höflich, freundlich, ehrlich und tolerant zu sein, dem anderen nicht ins Wort zu fallen, gegensätzliche Meinungen zuzulassen und sich nach gemachten Fehlern zu entschuldigen. Wir halten uns an begründete soziale oder auch berechtigte individuelle Regeln. Das heißt nicht, dass wir jeden mögen oder seiner Meinung sein müssen, doch ein wertschätzendes Anerkennen ist im gemeinschaftlichen Miteinander unabdingbar, wenn es untereinander fair ablaufen soll. Wir können unser Umfeld kritisieren, zum Teil auch hart, aber immer fair und respektvoll, denn nicht nur wir, auch unsere Mitmenschen, selbst die dämlichsten Pappnasen, besitzen bestimmte Rechte und Freiheiten, die wir anerkennen und respektieren müssen.

Wir können eine Person auf zweierlei Arten respektieren. Zum einen besitzen wir ihr gegenüber Respekt aufgrund ihrer Fähigkeiten, Errungenschaften oder ihres Wissens und priorisieren diese Gesichtspunkte (vertikaler Respekt), zum anderen können wir ihr Respekt infolge ihres Charakters und ihrer Persönlichkeit zollen, ohne eine Bewertung im Einzelnen vorzunehmen. Wir ziehen den Hut vor dem Menschen insgesamt und erkennen ihn als Ganzes in seinem Wesen an (horizontaler Respekt). Respekt ist also in beiden Fällen eine bestimmte Form der Würdigung und Zustimmung.

„Ich glaube fest daran, dass Respekt viel wichtiger und viel größer ist als Popularität". Julius Erving (amerik. Basketballspieler)

Um Respekt aufzubauen, müssen wir für die Befindlichkeiten und Bedürfnisse unserer Mitmenschen unsere Sinne schärfen, sie reflektieren und unser Umfeld mit all seinen Feinheiten registrieren. Wir Menschen sind manchmal nicht nur eigenartig, sondern vor allem verschieden. Das zu akzeptieren, fällt uns oft sehr schwer, weil die aus der menschlichen Verschiedenartigkeit resultierenden unterschiedlichen Normen und Standpunkte nicht mit den unsrigen korrespondieren. Unsere eigene Auffassung davon, was und wie ein Mensch zu denken, wie er sich zu verhalten und welche

Manieren er an den Tag zu legen hat, stellt für uns das Idealbild eines rechtschaffenen und respektvollen gemeinsamen Umgangs dar. Weicht jemand von diesen, unseren, Kriterien ab, bekommen wir immer mal wieder Schwierigkeiten, würdevoll mit ihm umzugehen. Toleranz, Höflichkeit und Freundlichkeit nehmen dann schnell Reißaus, da wir uns von der Sachebene auf die emotionale Ebene begeben. Ärger oder sogar Wut bemächtigen sich unser. Anstatt eine diplomatische Lösung zu suchen, zoomen wir einen Konflikt in die Situation, welcher nicht mehr von einem respektvollen Gedanken- und Wortaustausch geprägt ist.

Allerdings sollten Konflikte stets in einem aufrichtigen und angemessenen Dialog beigelegt werden. Wenn wir dabei die Regeln für gutes Benehmen beachten, wird es uns möglich sein, unserem Gegenüber friedfertig und versöhnlich entgegenzutreten. Wir werden nicht respektlos und abwehrend protestieren, sondern versuchen, rücksichtsvoll und kultiviert einen gemeinsamen Nenner oder Kompromiss für die abweichenden Perspektiven zu finden. Voraussetzung bei diesem Lösungsansatz ist, nicht zu vergessen, dass jeder Mensch ein Recht auf seine eigenen Ideale besitzt, egal, ob wir sie als richtig oder falsch ansehen.

„Respekt und Achtung verlieren sich am schnellsten in der Wut."
Julian Scharnau

Es gibt Tage, an denen wir abfällig behandelt werden und nur Dreck fressen müssen. Kommt uns dann noch irgendein Blödhammel dumm, ticken wir schnell aus und verhalten uns weder umgänglich noch moralisch integer. Da es an solchen Tagen sehr schwierig ist, stets ein respektvolles Betragen zu zeigen, und wir im Umgang mit unseren Mitmenschen Fehler machen, zeugt es indes von unserem guten Willen, wenn wir uns für unser rüpelhaftes, deplatziertes oder ungehöriges Verhalten im Nachgang entschuldigen. Leider ist vielen Menschen die intelligente Begabung, sich zu entschuldigen, abhandengekommen.

Die Fähigkeit, einen gemachten Fehler einzusehen und eine Entschuldigung zu formulieren, zeugt jedoch von Reife, Charakterstärke und respektvollen Umgangsformen. Jeder schlägt mal über die Stränge, benimmt sich wie ein wild gewordener Handfeger oder vergreift sich im Ton. Doch nachdem sich die Situation beruhigt hat, sollten das eigene Verhalten gespiegelt und danach die Kraft aufgebracht werden, sich zu entschuldigen. Um Entschuldigung zu bitten, ist ein entscheidender und elementarer Punkt der Respektbekundung und eine Tatsache der Einsicht, die wir durch unser Verhalten klarmachen. Sie basiert auf Besinnung, Erkenntnis und Gespür für den anderen und unterstützt, Missverständnisse zu minimieren oder aus der Welt zu schaffen.

„Entschuldigungen sind der Superkleber des Lebens. Man kann so ungefähr alles damit reparieren." Lynn Johnston

Wir wissen oft, was richtig ist und tun dennoch das Falsche. Obwohl uns klar ist, dass eine Entschuldigung wichtig oder sogar zwingend geboten, also korrekt wäre, entscheiden wir uns trotzdem für den falschen Weg. Wir konstruieren für unser Betragen Scheingründe und faule Ausreden und lassen den Dingen ihren weiteren Lauf. Wir wählen diesen Irrweg, weil wir unserem Schamgefühl und Stolz oder unserer Angst erliegen und denken, unser Gesicht zu verlieren oder schwach und inkompetent zu wirken, wenn wir unser Fehlverhalten eingestehen. Wir erfinden so manches rechtfertigendes Ammenmärchen, nur um sicherzustellen, dass wir im Recht sind. Unser Gehirn unterstützt uns dabei vortrefflich, denn es sendet uns die (falschen) Signale, welche uns glauben lassen, dass wir uns angebracht verhalten haben.
Sich zu entschuldigen ist eigentlich so einfach und gleichwohl so schwierig für uns, denn es kann zu mentalem Stress oder körperlichen Reaktionen kommen. Dennoch ist es eine Geisteshaltung, mit der unser Gegenüber prinzipiell nicht rechnet, und wir dementsprechend das Überraschungsmoment auf unserer Seite haben,

was keinesfalls von Nachteil ist. Infolge einer Entschuldigung verlieren wir nicht unsere Glaubwürdigkeit, im Gegenteil, sie drückt Courage und Rückgrat aus. Wir zeigen damit, dass uns moralische Werte wichtig sind, und wir Mut zur Offenheit besitzen, trotz unseres womöglich sehr direkten, forschen und unangemessenen Auftretens. Wir übernehmen Verantwortung für unser eigenes falsches Verhalten und vermitteln, dass wir uns in den anderen hineinversetzt haben. Eine Entschuldigung hat nichts mit Gewinnen oder Verlieren zu tun, sondern damit, für Erleichterung und Respekt untereinander zu sorgen und wieder Frieden herzustellen.

„Respekt zu bezeugen ist heutzutage fast ebenso schwer, wie Respekt zu verdienen." Joseph Joubert

Die Einhaltung sinnvoller und kollektiv sozialer Regeln ist die Voraussetzung für ein zivilisiertes und respektvolles Auskommen und die Entwicklung von Beziehungen jeglicher Art. Ein höflicher und toleranter Umgang ist wichtig und bedeutend für unser friedliches und harmonisches Miteinander. Aufgrund ungleicher und manchmal auch gegeneinander revoltierender Einstellungen, Weltanschauungen und Wahrheiten müssen wir versuchen, eine Atmosphäre der unterstützenden Verbundenheit und Empathie herzustellen. Sobald uns das gelingt, schaffen wir den Rahmen für einen respektvollen Umgang untereinander. Wir sehen uns nicht als etwas Besseres, sondern nehmen andere als gleichwertig wahr und stellen unsere Meinung nicht als unumstößlich dar. Aufgrund unseres achtungsvollen und verträglichen Benehmens und der damit verbundenen aktiven Konkurrenzvermeidung bringen wir das Vorhandensein verschiedener Einstellungen und Verhaltenskodexe in Einklang.

Wir stellen demzufolge sicher, dass die Autorität und freiheitliche Souveränität des Einzelnen erhalten bleiben. Respektvolles Verhalten definiert unsere Beziehungen und unser generelles, allseitiges Sozialverhalten. Wir repräsentieren eine positive Vorbildwirkung, werden geschätzt, vertrauensvoll wahrgenommen, und andere fühlen sich in unserer Nähe wohl. Indem wir unserem Diskutanten auf Augenhöhe begegnen, schaffen wir die Basis für eine Konfliktvermeidung oder zumindest -reduzierung.

„Respekt macht Beziehungen haltbarer, Versprechen verlässlicher, Schweigen ehrlicher, Freiheit möglicher, Denken wertschätzender." Armin Jans

In unserer modernen Bevölkerung ist es oft schwierig, die „alten" Tugenden zu vertreten und hochzuhalten, sodass man sich gelegentlich fragt, ob man nicht selbst der Geisterfahrer ist, der einen an der Waffel hat und einer falschen Benehmenskultur unterliegt. Kommt man in einen gut gefüllten Raum und grüßt höflich, wird dieser Gruß in der Regel kaum erwidert. „Bitte", „Danke", „Guten Tag" und „Auf Wiedersehen" sind so gut wie in Vergessenheit geraten, und wer das allgemeine, sich überall in der deutschen Öffentlichkeit verselbstständigte „Du" bzw. „Ihr" oder „Euch" nicht akzeptiert, ist sowieso nicht mehr am Puls der Zeit. „**Du** Blödmann", sagt sich schneller und vor allem leichter als „**Sie** Blödmann", genauso wie: „**Ihr** seid doch alle bescheuert", fluffiger über die Lippen geht als: „**Sie** sind doch alle bescheuert". Durch das deplatzierte „Du" wird im Ärger oder Streit also rascher und zielstrebiger unter die Gürtellinie geschlagen. Respekt und Akzeptanz verlieren sich dann in gähnender Leere.
Auch wenn es mittlerweile von Unternehmen, Behörden, Medien, Kunst oder Kultur in Deutschland so gehandhabt wird, steht uns nicht das Allgemeinrecht zu, jedermann zu duzen. Durch das eigenständig gehandhabte, ungefragte und unangebrachte „Du" wird oft unwillkürlich ein Spannungsfeld aufgebaut, in dem eine seit Jahrhunderten festgelegte kulturelle Erziehung unkontrolliert mit Füßen getreten wird. Es erfolgt ein gesellschaftlich manierentechnischer Totalausfall. Alles eine Folge mangelnder Wertschätzung des Menschen als eigenständiges und respektverdienendes

Wesen und damit auch unzureichende Anerkennung und Ehrfurcht vor dem Leben insgesamt.

Um einer anderen Person den nötigen Anfangsrespekt zu bekunden, ist es notwendig, die generelle Duz-Kultur als aufgesetztes Sprachsystem zu vermeiden. Durch das höfliche und respektvolle „Sie" wahren wir professionellen Abstand und Seriosität, damit keine mögliche zwischenmenschliche Herabwürdigung entsteht. Wir müssen uns davon lösen, Respekt durch Respektlosigkeit, Wertschätzung durch Geringschätzung und Achtung durch Ver- bzw. Missachtung zu ersetzen!
Durch die „Sie"-Anrede entsteht eine automatische und ausgewogen klimatisierte Distanzregulierung hinsichtlich bestehender Hierarchien, regulärer Stellungen und sozialer Beziehungen. Sie ist die einfachste und unkomplizierteste Form, meinem Gegenüber mit Respekt und Höflichkeit zu begegnen und dadurch das andere Leben zu achten und wertzuschätzen.

„Ich bin immer wieder erstaunt, wie wenig Manieren unsere Gesellschaft hat. Aber Respekt, den wollen sie alle." debeste.de

Das Bedürfnis nach Respekt und damit der Wahrnehmung, wer und wie wir sind, tragen wir unser gesamtes Leben in uns. Wir sehnen uns danach und fühlen uns verletzt, wenn dieses Bedürfnis nicht erfüllt wird. Ein respektvoller Umgang beginnt jedoch immer mit der korrekten Haltung zu sich selbst und damit, wie man sich persönlich behandelt. Respektieren wir uns nicht selbst, werden wir unzufrieden und verhalten uns unserem Umfeld gegenüber entsprechend viel schneller abfällig und anmaßend. Selbstrespekt beinhaltet jedoch nicht nur die Gesinnung, generell ebenbürtig und gleichgestellt zu sein und auf einer gefühlsbestimmt sicheren Basis zu stehen. Selbstrespekt geht viel weiter. Es geht dabei um die Verehrung der gesamten Essenz des persönlichen Ichs und Seins. Erst wenn wir uns mit unserem individuellen Selbst, unserem Körper, Geist, unseren Einstellungen und unserem Handeln respektieren, können wir diese tugendhafte Haltung auch bei unseren Mitmenschen zum Einsatz bringen. Es ist also wichtig, dass wir auf uns und unser geistiges Wohlbefinden aufpassen, ein wohlbedachtes Selbstmanagement betreiben und uns trotz unserer Schwächen und vereinzelten Ausrutscher würdigend respektieren, hochachten und rücksichtsvoll in Ehren halten.

Dafür ist es erforderlich, dass wir nachsichtig und liebevoll mit uns umgehen, auch wenn es mal nicht so mit uns läuft, wie wir es gerne hätten. Erst dann sind wir befähigt, Respekt und die mit ihm befreundete und verbundene moralische Reinheit unserem Umfeld angedeihen zu lassen.

Respekt erhalten wir, er kann weder beansprucht noch erstritten werden. Er ist keine Selbstverständlichkeit und muss verdient werden. Selbst wenn wir jemanden respektieren, bedeutet das leider noch lange nicht, dass uns der andere ebenfalls mit Respekt behandelt. Es herrscht kein instrumentalisierender Automatismus, wodurch entgegengebrachter Respekt zwangsläufig oder schematisch erwidert wird. Allerdings können wir allgemein erst schätzendes und akzeptierendes Verhalten unseres Gegenübers erwarten, wenn wir es selbst respektvoll behandeln. Schaffen wir einen respektvollen Umgang, grenzen wir nicht aus, sondern beziehen mit ein, akzeptieren und tolerieren wir und schaffen damit mehr Freiräume für Gegensätzliches und für unterschiedlich interpretierte und damit variierende Wahrheiten!

„Es mag den einen oder anderen erstaunen, aber man kann unterschiedlicher Meinung sein, ohne den anderen zu beleidigen. Das geht wirklich." pinterest.de

Schwierig und teils unangenehm wird eine Respektbezeugung bei übergeordneten Personen, wenn diese ein unsoziales Verhalten an den Tag legen, im Gegenzug jedoch den „gehorsamen" Respekt einfordern. Dieser Anspruch hat jedoch eher etwas mit Machtspielchen zu tun als mit verdientem Respekt. Da dieser auch Teil der inneren Gesinnung und nicht nur ein Lippenbekenntnis ist, kann ich zwar aufgrund meiner Erziehung oder aus Angst vor Sanktionen nach außen hin höflich sein, den Menschen mit seiner Art und Weise indes für eine Dumpfbacke mit Totalschaden halten. Eingeforderte Würdigung und Anerkennung wirken in befohlenen Fällen allerdings stets aufgesetzt und künstlich, da ehrlich empfundener Respekt weder antrainiert noch indoktriniert werden kann.

Die innere ehrerbietende Haltung gegenüber anderen drückt sich in unseren Einstufungen ihrer Moral und Normen aus, und wenn wir der Meinung sind, dass die höhergestellte Person aufgrund ihres gesamten Wesens eine beschränkte Amöbe ist, ändert auch deren Forderung nach gehorsamem Respekt nichts an unserer Einschätzung oder Einstellung zu ihr. Dennoch gebietet der grundlegende Gehalt des Respekts, dass auch diesem Menschen, bei aller Blödheit, das Minimum an Höflichkeit bekundet werden sollte. Auch dann, wenn man sich diese abringen muss. Glücklicherweise muss eine Respektbekundung nicht zwangsläufig lächelnd und mit einer Verbeugung erfolgen.

„Der Respektsperson gebührt allemal der Vortritt, auch dann, wenn ihr ein Fußtritt gebührt." Otto Weiß

Achtung und Hochschätzung resultieren aus der entsprechenden Grundeinschätzung, nach welcher der andere als Respektperson infolge seiner Verdienste, seines anständigen Charakters oder seiner zuverlässigen Haltung anerkannt wird. Genauso müssen Akzeptanz und Respekt für Ansichten und Aspekte bei Personen bekundet werden, wenn sie nicht mit den unseren übereinstimmen. Obwohl jeder Mensch ein Recht auf Respekt besitzt und er auch in unserer Erwartungsnorm enthalten ist, ist er keine reflexartige oder mechanische Voraussetzung bei zwischenmenschlichen Interaktionen. Zudem kann er leichtfertig verspielt werden, wenn wir uns gewissenlos, verachtend oder unzuverlässig verhalten, also ein antisoziales Benehmen an den Tag legen, und nur darauf bedacht sind, unsere eigenen Ziele rücksichtslos durchzusetzen. Lügen, Heuchelei oder gebrochene Zusagen sind erhebliche Respekträuber, da hierbei normalübliche Grenzen missachtet und diffamiert werden. Ist Respekt dann erst einmal eingebüßt, dauert es lange, bis man sich ihn wieder verdient hat, sofern dies überhaupt noch möglich ist.

Wir müssen im respektvollen Miteinander wieder üben, uns unserem Umfeld zivilisiert und anerkennend zu nähern, damit herabwürdigendes und unmanierliches Verhalten nicht als grenzüberschreitender Flächenbrand der Respektlosigkeit weitere Ausmaße annimmt. Respektvoll behandelt zu werden, ist eine Wohltat für die Psyche und erzeugt eine positive, friedliche Resonanz im gegenseitigen Austausch. Doch wo ist dieses Verhalten abgeblieben?

„Respekt setzt immer Intelligenz voraus, und genau da fängt bei vielen das Problem leider schon an." MadeMyDay.com

Was ist bloß mit unserer Welt passiert? Was ist in und mit ihr los? Wann haben wir als menschliches Ensemble vergessen, wie man freundlich, höflich und respektvoll miteinander umgeht? Wann verlernten wir, im gegenseitigen Verstehen aufeinander zuzugehen? Wann verloren wir unsere moralische Beschaffenheit? Woher kommt diese allgemein überhandnehmende Abneigung?

In der heutigen wahnsinnig schnellen und komplexen Zeit ist jeder nur noch mit seiner eigenen Selbstglorifizierung und -inszenierung im Leben beschäftigt und versucht, diese zu verbessern, sich hervorzutun und sich persönlich in irgendeiner Weise darzustellen. Wir sind mit der Zeit immer mehr dazu übergegangen, uns respektlos und gefühlskalt zu behandeln. Der raue Ton untereinander wird immer schärfer, die soziale Distanz stetig größer und Autorität beständig verächtlicher. Wohin man auch sieht, Frechheit und Abwertung etablieren sich mehr und mehr, und man verliert selbst bei Kleinigkeiten viel zu schnell den Kopf. Respekt kämpft auf hartem Asphalt gegen Niedertracht, Egoismus, Gewalt und Aggressivität und hat kaum noch eine Chance, zu bestehen. Jeder denkt nur noch an sich. Rücksichtslose Bosheit, Ignoranz und Gleichgültigkeit beherrschen die Gemüter und treten respektlos auf den Respekt ein.

Man begegnet sich teilweise wie Feinde, obwohl man sich überhaupt nicht kennt und sich vorher kaum oder nie über den Weg gelaufen ist. Jeder möchte den anderen nur noch in respektloser Weise fertigmachen, um die eigenen Interessen durchzusetzen oder Macht auszuüben. Viele sind bloß noch auf Krawall gebürstet. Doch in einer von immer mehr Verrohung gekennzeichneten Welt, in welcher es keinen grundsätzlichen Verhaltenskodex mehr gibt und in der nur noch das Recht des Stärkeren gilt, ist niemand mehr wirklich sicher.

„Eine Gesellschaft, die Respekt missachtet, sät die Samen ihres eigenen Verfalls." lesen.net

Respekt erweisen bedeutet, dem Leben in seinem vollständigen Gefüge Demut zu bezeugen. Um anderen Respekt entgegenzubringen, ist es notwendig, sich dem Menschen als weisungsfreiem und unabhängigem Wesen mit seinen Ansichten und Positionen zu öffnen und ihn so zu akzeptieren. Wir müssen ihm gleichberechtigt und vollwertig begegnen, nicht von oben herab, und die Tatsache anerkennen, dass Menschen in ihrem Wesen und ihren Veranlagungen anders, eben unterschiedlich, sind!

Passiert Respektlosigkeit unabsichtlich, können wir diese durch Zeigen wahrer Größe ignorieren oder über sie hinwegsehen, da sich viele Menschen oft nicht darüber im Klaren sind, dass sie sich respektlos verhalten haben. Genauso gut können wir selbiges Verhalten jedoch auch ansprechen, damit es nicht noch einmal geschieht. In diesem Zusammenhang wird es uns auch möglich, auszumachen, ob es sich um ein Versehen handelte oder nicht.

Unser Geburtsrecht des Lebens birgt das Recht auf Respekt in sich. Wir müssen uns weder verunglimpfen noch beleidigen oder würdelos behandeln lassen. Darauf können wir eindringlich und entschieden bestehen. Es weist uns aber genauso darauf hin, dass wir jeder anderen Person ebenfalls respektvoll zu begegnen haben, da sie im gleichen Sinne über dieses Recht verfügt. Respektvolles, freundliches und verständnisvolles Verhalten ist der Schlüssel für ein friedliches und gutwilliges Zusammenleben. Es erleichtert unsere Kommunikation untereinander, fördert unser harmonisches Miteinander-Klarkommen und dient unserer inneren Reinigung von Vorurteilen, Überheblichkeiten und abfälligen Bewertungsstrategien.

Wenn wir uns gegenseitig respektieren und standesgleich wahrnehmen, anstatt uns gegenseitig nur zu dulden, sind wir eher bereit, Empathie und Toleranz zu üben. Das ist in dieser vorrangig von Perfidität, verlogener Charakterlosigkeit und Enthemmung geprägten Welt sicherlich verdammt schwierig, allerdings notwendig und sinnvoll. Gestalten wir unsere Welt wieder ein bisschen menschlicher und verständnisvoller und verabschieden uns von Engstirnigkeit und Vorurteilen! Leider hat heute kaum noch jemand Zeit für gute Manieren und Respekt, aber mehr Aufgeschlossenheit und Güte würden uns allen so gut zu Gesicht stehen. Wenn wir nicht mehr auf unsere Tugenden und unsere Moral achten, zerstören wir nach und nach alle Brücken, die uns miteinander verbinden.

Respekt ist eine Investition. Eine Investition in die Gegenwart und Zukunft durch die Anerkennung der eigenen und anderen Person, des Friedens mit sich selbst und des Umfelds sowie die adäquate Akzeptanz des Ist-Zustands in der aktuellen Situation.

„Respektiere dich selbst, respektiere andere und übernimm Verantwortung für das, was du tust." Dalai Lama

13. LEBENSFREUDE

„Lebensfreude entgiftet die Umwelt." Alfred Selacher

Lebensfreude ist das persönlich empfundene begeisterte Wirken unserer Freude im und am Leben. Wenn wir diese Daseinsfreude verspüren, minimieren sich mental unsere Sorgen, denn wir können mit ihnen spielerischer in einen ideenreichen Gedankenaustausch gehen und Lösungen finden. Wir besitzen eine grundsätzlich optimistische und positive Lebenseinstellung, egal in welcher Lage wir die Symphonie des Lebens musizieren müssen. Lebensfreude ist eigentlich nichts anderes als Spaß am Leben, verbunden mit einem energetisierenden und gleichgewichtsbringenden Gefühl der beglückenden Lebendigkeit. Diese Lebenseuphorie stärkt unsere innere Spannkraft, über die wir zur Bewältigung besonderer Anforderungen verfügen.

Unser Vergnügen am Leben entsteht entweder in uns selbst aufgrund unserer inneren Einstellung und Sichtweise zum Leben, oder es wird durch äußere Einflüsse, welche wir als besonders schön und angenehm empfinden, hervorgerufen. Hierbei können diese Auslöser ganz einfacher Natur sein, z. B. eine gemütliche Tasse Kaffee, ein romantisches Abendessen mit dem Partner, ein Spaziergang, loslösende Ruhe, aber auch Anerkennung, eine erfreuliche Botschaft oder die Aussicht auf eine leidenschaftliche Nacht.

Lebensfreude ist also ein gefühlsmäßig positiver Zustand. Dieser wird jedoch personengebunden unterschiedlich gedeutet und interpretiert, je nachdem, was ein Mensch als positiv betrachtet, und durch differierende Situationen, Umstände oder Personen ausgelöst. Auf jeden Fall stimmt sie uns froh, lässt uns strahlen und die Welt umarmen. Aufgrund unserer Lebensgesinnung und unseres Selbstverständnisses nehmen wir unser Schicksal an. Wir lassen uns nicht aus der Bahn werfen, wenn der Motor des Lebens mal ein wenig bockig wird, und mit ein bisschen Humor schaffen wir es verhältnismäßig leicht, die gelegentlichen Ballaballa-Tage mit ihren teilweise von einer seltsam schlichten Denkungsart begleiteten Vollpfosten hinzunehmen und zu akzeptieren.

Wir wissen die schönen Erscheinungen im Leben zu achten und zu schätzen, so klein und eingefahren sie auch sein mögen, wodurch sich Dankbarkeit in unseren Herzen breitmacht, und diese günstig unsere Lebensfreude beeinflusst. Uns ist klar, dass sich durch sie unsere Lust steigert, sich die positiven Gefühle unserer Innenwelt potenzieren und die negativen Emotionen bezwungen werden können. Wir verstehen es, vorteilhaft mit den Spielzügen des Lebens umzugehen und den Klang der inneren Freiheit zu vernehmen, obwohl nicht alles so rund läuft, wie wir es gerne hätten.

„Bereits die Einstellung, sich weniger Sorgen zu machen, kann für mehr Freude im Leben sorgen." Ernst Ferstl

Doch warum bleibt unsere Lebensfreude im Alltag so oft auf der Strecke, obwohl sie so viel Gutes in sich trägt?
Die Auslöser dafür sind bunt. Die Hauptursache liegt jedoch darin begründet, dass wir uns zu oft in der Zirkulation der Unzufriedenheit wiederfinden. In uns beeinflussen sich ein oder mehrere unerfreuliche Umstände selbst negativ, und wir werden nicht Herr dieser störenden und nachteiligen Überlagerungserscheinungen. Die daraus entstehende schädliche Energie strahlt unser Innerstes aus. Unsere Lebensfreude wird somit in die Tiefe unserer Innenwelt gedrängt, da ihre Energie nicht mit dem abträglichen emotionalen Erleben und der damit verbundenen giftigen Energie der momentanen Episode unserer Lebensgeschichte kompatibel ist.
Aufgrund unserer allgemeinen Probleme sehen wir uns oft nicht in der Lage, Lebensfreude zu empfinden. Wir erkennen keinen neuen Motivationsschub mehr, der unsere Zuversicht und Daseinsfreude inspiriert, und denken, dass uns zu viel Schlechtes im Leben passiert. Außerdem schleicht unsere Lebensfreude nicht selten an uns vorbei, weil wir uns immer wieder durch kleine Stiche selbst verletzen. Wir vergleichen oder ärgern uns, sind zu streng mit uns

oder müssen uns irgendwelchen hirnlosen Direktiven, Zwecken und Regeln unterwerfen, mit denen wir nicht übereinstimmen. Dementsprechend müssen wir uns notgedrungen verbiegen und nehmen unserer Lebensfreude ihre Bewegungsfreiheit. Wir berauben uns unserer Entfaltungsmobilität, schränken unsere eigene Selbstheit und damit einen erheblichen Teil unserer Selbstverwirklichung ein und verhelfen uns zu gefühlsmäßigen Fehltritten.

Durch anerzogene Paradigmen und Werteklassifikationen sind wir oft nicht in der Lage, das Ausgelassene, Lebensmut schenkende und Wertvolle in Menschen, Systemen, Faktoren oder Tatsachen wahrzunehmen. So sehr unsere Lebensfreude auch an die Tür unserer Innenwelt hämmert, wir werden ihrer nicht gewahr, weil wir der Ansicht sind, dass die sich abspielende Lebensvorführung nichts mit Fröhlichkeit oder optimistischer, heiterer Unterhaltung zu tun hat. Dabei wären unter Umständen bloß ein kleines Augenzwinkern, Lächeln oder Schulterzucken nötig, und schon würde sich der Lebensfreude automatisch die Tür öffnen, und Optimismus und Frohsinn könnten uns wieder begleiten.

„Mangelnde Lebensfreude ruiniert alles." Alfred Selacher

Es lohnt sich, einmal kurz innezuhalten und über sein Dasein, die darin implizierten Lebensmuster und die in den Lebensmustern enthaltene Lebensfreude nachzudenken. Durch das Reflektieren der eigenen Erscheinungsform und das erkennende Hinterfragen unserer persönlichen Wahrnehmungs- und Interpretationskultur sind wir in der Lage, zu begreifen, durch welche Spielszenen sich unsere Lebensfreude steigert oder leise „Adieu" sagt. Inklusive unserer Erfahrungen und Handlungen können wir dann den grauen Schleier des Alltags lüften und dahinter neue Optionen für mehr intellektuelle Kreativität, Heiterkeit und positive Erwartungshaltungen ausfindig machen und hervorheben.

Unsere uneinheitliche Welt und unser sich jederzeit neu aktualisieren müssendes Denken und Verhalten kommen uns oftmals wie große und komplizierte Herausforderungen vor. Wir haben den Kopf stets mit Problemlösungen und Anpassungsüberlegungen voll und finden oft keinen Zugang mehr zu unseren Bedürfnissen, Entfaltungsgelegenheiten und Entspannungsprozessen. So gehen uns im Laufe der welt- und lebenssystemischen Turbulenzen und Netzwerke unsere Lebenslust und -freude schnell verloren. In der vertrauten Hektik und konventionellen Mechanik unseres Daseins fällt uns das jedoch nicht auf. Wir verlieren uns in Ärger und Trübsal. In diesem Schlamassel sehen wir den subjektiv sensorischen Empfindungsverfall allerdings als unwandelbare Normalität an und machen uns wenig Gedanken darüber, was mit unserer Existenzfreude geschieht. Dabei besitzt sie einen exorbitanten Stellenwert für unsere Lebensqualität und unseren Lebenswert. Aus diesem Grund ist es wichtig, sich klarzumachen, wie wir eventuell unsere Lebensfreude ein wenig pushen oder neu starten können.

„Wenn uns die Lebensfreude vor die Hunde geht, geht sie in die falsche Richtung." Ernst Ferstl

Um das Klima unserer Innenwelt wieder unbelasteter zu machen, es vor atmosphärischen Störungen zu schützen und unsere Lebensfreude zu protegieren, sollten wir uns primär die Genehmigung erteilen, unserem Wohlgefühl, Spaß und unserer Lust ungehinderten Einlass in unser Innerstes zu gewähren. Womöglich abhandengekommene Freude am Leben wieder anzukurbeln oder wiederzufinden, bedarf zwar Zeit und eines Teils Geduld. Es ist allerdings möglich, ihr schneller mehr Glanz und Präsenz zu verleihen, wenn wir uns bewusster darüber werden, dass wir unser Leben zu einem gewissen Teil allein bestimmen können! Dabei kommt es dann darauf an, gelegentliche Perspektivwechsel unserer Ansichten und Beurteilungen von Menschen und Umständen zu veranlassen und uns von unserem Pessimismus und unserer Alteingesessenheit zu verabschieden. Im Ergebnis können wir zukunftsweisende Entscheidungen für Veränderungen treffen.

Wir stellen im Leben so vieles in Frage, wollen immer mehr verändern, besser gestalten und neu entwickeln. Dabei kritisieren, argwöhnen und bezweifeln wir und übersehen die Fragen, welche uns zu mehr Durchhaltevermögen und Hoffnung, innerer Freiheit und Zwanglosigkeit verhelfen. Fragen wir uns doch einmal, ob uns die Menschen wirklich guttun, mit denen wir Zeit verbringen! Machen sie uns reicher oder ärmer, stärker oder schwächer? Überprüfen wir unsere sozialen Bezugspunkte im Verhältnis zu unserem Wohlbefinden! Ist es vielleicht an der Zeit, Altes zu entlassen und neue Arrangements zu schließen? Oder sollte das seit längerer Zeit Bestehende, aber zum Teil Entfallene wieder vertieft werden, um unsere Lebensfreude zu stimulieren, unser Glücklichsein zu inspirieren und unsere Selbstentfaltung neu zu aktivieren?

Der Eifer, alte, vergessene Ziele neu aufzupolieren oder neue Ziele in Angriff zu nehmen, dabei anspruchsvolle Aufgaben zu bewältigen und die Entdeckerfreude, um eigene Wege zu gehen, geben unserem Aktivismus eine neue Güte und Beschaffenheit. Blühen wir wieder auf, um neugierig zu werden! Diese initiative Betriebsamkeit zieht Lebensfreude außerhalb der eingetretenen Pfade an. Steigern wir sie, indem wir unsere Erwartungen reduzieren und nicht immer von Perfektion ausgehen! Dadurch können wir uns über das Erreichte freuen und dankbar und stolz auf uns sein. Werden wir stets vom Höchstmaß getrieben, schieben wir der Entstehung und Ausbreitung unserer Lebensfreude einen Riegel vor, und sie wird sich immer weiter von uns entfernen.

„Das Leben ist wie Musik: Es muss mit Leidenschaft komponiert, mit Hingabe gespielt und mit Freude genossen werden."
karrierebibel.de

Geben wir unserer Lebensfreude mehr Raum und Ausdehnungsentwürfe in den Zwängen ausbeuterischer Ideologien, fragwürdiger Erfolgsmechanismen und des Selbstoptimierungswahns! Lenken wir uns von dem ab, was uns stört, und kreieren wir Wachstum für Neues in uns! Machen wir durch weniger Grübeleien und stressenden Kontrollzwang unser Leben zu einer Wohlfühloase! Reden wir Klartext mit uns, um zu erkennen, was uns im Leben Freude bereitet, Halt gibt und uns unsere Befangenheit nimmt! Nutzen wir die Formenvielfalt der Lebenserfüllung, um nicht vor einer Filmkulisse des diktierten Lebens als vorgeführte und fremdbestimmte Attrappen zu fungieren! Tragen wir vielmehr auf der wahren Bühne des echten, selbstinszenierten Lebens dem Spaß und der Freude unserer Existenz mehr Rechnung! Treten wir bewusst der Selbstentfremdung und Selbstvorwürfen entgegen, und finden wir wieder zu uns selbst!

Dabei muss uns allerdings auch klar sein, dass Lebensfreude kein ständig beherrschbares Ziel ist, das lediglich einer einfachen Ausführungsstrategie bedarf. Aufgrund unserer menschlichen Diversität in allen Lebensterritorien existiert kein Patentrezept für sie. Zusätzlich kann bei dem, was wir auch immer machen, stets ein unglücklicher Umstand oder bedauerlicher Zufall dazwischengeraten. Wir können uns mühen, für das Erscheinen der Lebensfreude alles vorzubereiten und die besten Voraussetzungen zu schaffen, damit sie bei uns gastiert und sich wohlfühlt, aber wir können ihre Gegenwart nicht erzwingen. Sie ist auch kein Dauergast oder anhaltend gleichbleibender Höhenflug unserer Emotionen, denn sie steht mehr oder weniger oft im Austausch mit unseren anderen Gefühlslagen und unserer gesamten Lebenssituation.

„Lebensfreude lässt sich nicht verpflichten. Sie kommt, wenn sie selbst Lust dazu verspürt." Unbekannt

Die Beschaffenheit und der Zustand unseres Geburtsrechts des Lebens ergeben sich aus den sich gegenseitig gestaltenden konstruktiven, aufmunternden und freudebereitenden Substanzen, die uns das Leben zugesagt und eingeräumt hat. Die Lebensfreude besitzt dabei einen einflussreichen Platz in der Weite unseres inneren Universums. Sie verfügt über eine ungeheure Leuchtkraft und ist kombiniert mit Optimismus, Glücklichsein und beschwingter, ausgelassener Fröhlichkeit. Diese Stimmungseigenschaften beleben und animieren unsere oft öde, bevormundende und unser Wesen verfehlende Alltagsmonotonie, welche uns phlegmatisch und ohne neue Impulse in einem sperrigen Zwinger gefangen hält.

Öffnen wir die Schließvorrichtung und schwingen uns geschmeidig auf in den quirligen und pulsierenden Kosmos der Lebensfreude! Lassen wir unser Leben leuchten! Dann werden wir in der Lage sein, auch mit einem schlechten Blatt auf der Hand ein gutes Spiel zu spielen, und unser Leben wird sich wie von Geisterhand in eine dynamisch gelenkte, uns motivierende Richtung mit dem dazugehörigen Freiheitsgrad bewegen. Machen wir die Leinen los und tauchen ein in die Freude des Lebens! Dadurch setzen wir eine positive Aufwärtsspirale in Gang und können voll freudiger Hoffnung und Optimismus in die Zukunft blicken.

Der betörenden Magie des Lebens ist es möglich, uns zu mehr Lebensfreude zu verhelfen, wenn wir auch die rauen Seiten des Lebens anerkennen, das Traurige überwinden, uns von Denkroutinen lösen und das Negative nicht überbewerten. Öffnen wir uns dem Zauber, indem wir wieder lernen, im automatisierten Selbstverständnis das Bunte, Wohltuende und Begeisternde zu sehen und zuzulassen. Erleben wir die Welt mit den Augen eines Kindes, denn es empfindet so viel natürlich reine und ehrliche Lebensfreude, selbst bei den einfachsten Dingen. Ein Eis, ein Trickfilm, das Vorlesen einer Geschichte, ein Spielplatzbesuch oder auch nur ein kleines Bonbon, nichts Großes, und schon legt sich ein dankbares Lächeln auf die Lippen, die Augen strahlen, die Arme fliegen nach oben, ein Jubelschrei ertönt oder es hüpft glücklich herum.

Schauen wir häufiger mit freiem und gelöstem Blick nach vorn und machen uns bereit für kindlich lebensfrohe Veränderungen!

„Lebe und genieße jeden Tag in voller Lebensfreude, als wäre es dein letzter! Eines Tages wird er es sein." Unbekannt

14. ZWEIFEL

„Wer recht erkennen will, muss zuvor in richtiger Weise gezweifelt haben." Aristoteles

Wollen wir zweifeln, sollen oder müssen wir zweifeln? Sind Zweifel gut und richtig oder schlecht und falsch? Welche Umstände im Leben erzeugen Zweifel, und was bringt er in unserem Dasein hervor? Nennen wir ein Recht auf Zweifel unser Eigen, und ist dieses in unserem Geburtsrecht des Lebens enthalten? Welche Bedeutung besitzt Zweifel in Ursache-Wirkungs-Beziehungen für uns?
Der Zürcher Psychoanalytiker Mario Gmür sagt:
„Der Zweifel ist ein unerwünschter Gast im seelischen Haushalt. In der Überzeugung fühlen wir uns wohlig aufgehoben, sie gibt weniger Arbeit als der Zweifel."
Grundlegend ist der Mensch auf Normalität und Gewissheit programmiert, denn sie geben Planungssicherheit, und diese wiederum verleiht unserem Leben Konformität, Klarheit sowie Konstanz. Sie ist eine der Grundlagen für anvisierte und kalkulierbare Vorhaben. Da das Leben voller Unvorhersehbarkeiten ist, besitzen also Planungssicherheit und damit Gewissheit einen entscheidenden Platz in unserem Lebensalltag. Warum sollte Zweifel also von Vorteil sein? Zweifel ist schließlich das Gegenteil von Gewissheit und Kalkulierbarkeit und somit hinderlich, aufrührerisch und in seiner Gesamtheit blöd. Also! Alle Fragen beantwortet und Angelegenheit erledigt, zumal uns überall und jederzeit weisgemacht wird, dass der, der zweifelt, bereits verloren hat, weil Sieger nicht zweifeln und Zweifler nicht siegen. Außerdem werden unentschlossenes Zögern und Befangenheit als Schwäche ausgelegt.
Kann der Fall jedoch wirklich so einfach abgeschlossen werden, oder verbirgt sich hinter dem Gefühl des Zweifels mehr, womöglich viel mehr? Lassen wir uns einmal überraschen, wohin uns unsere weitere Reise bringt, und machen wir uns als Erstes klar, welchen Inhalt Zweifel in sich beherbergt.

Zweifel ist in erster Linie ein Zustand der Unklarheit, Unentschiedenheit und des Hinausschiebens, verbunden mit dem Gefühl der Ratlosigkeit und inneren Spaltung zu der Frage, was richtig oder falsch ist. Wir befinden uns in einer Zwangslage, sind umgeben vom Dunst der Unentschlossenheit und schlingern zwischen verschiedenen Denkmotiven hin und her. Da wir keine Dominanz für eine bestimmte Gedankenvariante erkennen können, sind wir auch nicht in der Lage, sachliche und vorurteilsfreie Veranlassungen weder für die eine noch für die andere Seite zu treffen. Das hat wiederum zur Folge, dass wir während dieser Zeit nicht befähigt sind, überhaupt eine klare Entscheidung zu treffen.

„Erst zweifeln, dann untersuchen, dann entdecken.“
Henry Thomas Buckle

Aber woher kommen Zweifel, wie entstehen sie?
In erster Linie wurde der Grundstein für Zweifel auch hier wieder einmal in unserer Kindheit gelegt. Als Kinder lebten wir mit unserem inneren Frieden und tiefen Urvertrauen in unsere Eltern in unserer kindlichen Welt. Alles, was unsere Eltern sagten, entsprach der Wahrheit. Wir vertrauten ihnen und hinterfragten nicht, was sie uns verbal und nonverbal vermittelten und lehrten. Wir nahmen alles in uns auf, ohne es zu filtern, und reagierten entsprechend mit unseren Handlungen und Gefühlen. Unsere Welt war in Ordnung. Später, als das eigene Denken und bewusste Wahrnehmen, also unsere eigene Wahrheit, in unseren Körper und Geist Einkehr hielten und wir unsere persönlich individuellen Schlussfolgerungen zogen, kamen Bedenken und Misstrauen in uns auf, ob das, was uns durch unsere Eltern und im weiteren Verlauf seitens unserer Aufsichts- und Bezugspersonen dargelegt und unterrichtet wurde, auch der Wahrheit entsprach. Diese Wahrheit begann zu bröckeln, und erste Zweifel nisteten sich bei uns ein.
Es folgten inadäquate Erwartungshaltungen, verfehlte Ansprüche und Überbelastungen, verbunden mit Negativerfahrungen, wo-

durch sich die Zweifel im Kindes- und Jugendalter weiterentwickelten. Wir verfielen in Selbstzweifel, hatten Bedenken hinsichtlich unseres Könnens und unserer Unterfangen und wurden automatisch immer kritischer mit uns und der Vorstellung unserer eigenen Person. Die Eindrücke, welche wir von unseren Charakterzügen, unserer Persönlichkeit, unseren Stärken und Schwächen, Werten und Wünschen und unserem Status in unserem Umfeld bekamen, schwankten zwischen Annahme und Ablehnung. Wir wurden zunehmend unsicherer und skeptischer. Wir bezweifelten unsere Fähigkeiten und Ergebnisse und orientierten uns an anderen, an leistungsstärkeren und damit in unseren Augen nützlicheren, besseren Menschen.

Doppelbotschaften (Double Binds), die wir damals erhielten oder auch heute noch empfangen, sind eine sehr gehässige Art für die Entstehung von Zweifeln, durch die es dann zu heftigen inneren Konflikten kommt. Sie sind wie ein Navigationssystem, das vorgibt, gleichzeitig nach rechts und links abzubiegen. Dabei empfingen wir als Kinder Mitteilungen, welche sich in sich widersprachen. Sagte beispielsweise ein Elternteil zu uns, dass wir die Aufgabe ordentlich erledigt hätten, sie aber auch schließlich nicht so schwer gewesen sei, hörte sich das zwar wie ein verbales Lob an, war jedoch in Wahrheit eine Abwertung der Arbeit und hinterließ Zweifel an uns selbst, unseren Fähigkeiten, der Interpretation unserer Wahrnehmung und unserer Verrichtung.

„Zweifel nicht an dir selbst! Zweifle an denen, die dich an dir zweifeln lassen!" spruch-des-tages.de

Derlei Zweifelbildungen wuchsen dann in Schule, Ausbildung, am Arbeitsplatz und in Beziehungen weiter. Wenn wir beispielsweise gesagt bekommen:
„Ich erwarte morgen in Ihrem neu strukturierten Grundplan vielseitige Vorschläge, aber ich will keine Veränderungen im finanziellen Gefüge, im Ablauf oder im Personalbestand!" Oder:

„Geh ruhig mit deinen Freunden weg! Dann bin ich eben deinetwegen allein zu Hause." Oder:
„Ich schaffe das zwar nicht selbst, aber du kannst mir ruhig sagen, wenn du keine Lust hast!",
werden wir durch diese widersprüchlichen Aussagen mit unserer Entscheidung im Unklaren gelassen. Wir sind hin- und hergerissen. Wie sollen wir einen Teil der Mitteilung zustande bringen, ohne dabei mit dem anderen in eine interne Notlage zu geraten oder Skrupel zu bekommen? Unser Gewissen macht uns eine einfache Antwort und Beschlussfassung streitig. Anerkennung, Ideenreichtum, Anstand und Gleichstellung werden bereits im Ansatz unterdrückt, und es stellen sich unweigerlich Zweifel am eigenen Vermögen ein, in der kurzen Zeit die verlangte Verrichtung zu erbringen oder das richtige Verhalten zu zeigen.

Da wir in einer Botschaft oder einem Auftrag zwei Mitteilungen mit sich ausschließendem Inhalt erhalten, entstehen und wachsen Zweifel in uns, welche unserer Handlung nun die richtige ist. Wir sind allein mit unserer Gehemmtheit, unserem emotionalen Stress und unserer Planlosigkeit, was am Ende zu einer Dauerbelastung wird. Wir verlieren unsere Lockerheit und reagieren verkrampft und zweifelnd.
Jedes Mal, wenn sich unser Gegenüber in einem dysfunktionalen, paradoxen Kommunikationsmuster ausdrückt, entstehen Bedenken in uns an unserer Verständnis-, Gefühls- und Einsatzkompetenz. Wir argwöhnen immer, wenn jemand in einer doppelzüngigen Sprache mit uns redet, weil dann unsere Wahrnehmung im Kontrast zu unseren Wahrheiten, persönlichen Interpretationen und Erwartungen steht. Die daraus erwachsende Irritation lässt bei uns Vorbehalte entstehen. Wir sind verwirrt und verfallen ins zweifelnde Nachdenken und Hirn zermartern.

„Der Glaube an die Wahrheit beginnt mit dem Zweifel an allen bis dahin geglaubten Wahrheiten." Friedrich Nietzsche

Nicht zuletzt können sich Zweifel auch aufgrund von zu viel oder zu wenig Informationen einstellen. Da das Leben mehrdimensional und äußerst ineinandergreifend ist, sich in beständiger Bewegung befindet und in seinem dualistischen Wirkungsprinzip nicht aufzuhalten ist, sind wir gezwungen, diverse Menschen und Situationen zu hinterfragen und Zweitmeinungen einzuholen, um Wahrheiten aufzudecken oder den Gegebenheiten einen neuen Rahmen anzulegen. Infolge von Hinweismangel oder -überschuss ist eine Sache selten deutlich greifbar und unbezweifelbar. Daher müssen wir uns gelegentlich Zeit und Raum für Zweifel gewähren, bis wir genügend Informationen für eine angemessene Entscheidung erhalten haben oder zu viele Informationen relativieren konnten.

Nun stellt sich natürlich die Frage, ob Zweifel in unserem Leben hinderlich und nutzlos sind oder eher notwendig und möglicherweise sogar nutzbringend für uns in Erscheinung treten können.

Bei der Beantwortung dieser Frage, in welcher Form Zweifel Einfluss auf unsere diversen Lebenssektoren nehmen können und ob sie günstig oder nachteilig wirken, müssen wir uns zuerst darüber klar werden, ob Zweifel berechtigt und damit angebracht oder unbegründet und somit deplatziert sind. Dann erst können wir uns über die Bedeutungsebene des Zweifels Aufklärung verschaffen.

Eine klare, eindeutige und definitive Antwort, wann Zweifel Vorteile oder Nachteile bringen, gibt es leider nicht. Wie immer existieren auch hier zwei Seiten. Wichtig ist, dass der Mensch nicht zum notorischen Zweifler mutiert, jedoch auch nicht dem übereifrigen und vorauseilenden Gehorsam verfällt. So wie bei allen anderen Dingen auch, sind hier ebenfalls stets die Dosierung, Verhältnismäßigkeit und Situationsabhängigkeit zu beachten, wodurch uns die wichtige Einordnung des Zweifels verständlicher wird.

„Der Zweifel ist so nützlich wie giftig." Bernard Zitzer

Die erste Seite des Zweifels: Zweifel, kritische Einwände oder das konstruktive Infragestellen von Personen oder Sachlagen gelten als Grundlage für jeden Erkenntnisfortschritt. Wir folgen nicht einfach blind oder führen ein althergebrachtes Leitbild weiter, sondern beleuchten alte und neue Ideen, Erkenntnisse und Verfahrensweisen differenzierter und beurteilen sie anschließend neu.

Damit das Leben in jeder Hinsicht optimaler und vollendeter werden kann, ist es notwendig, vor jeglichem Neuanfang einen Moment des Zweifelns zuzulassen. Nur dadurch wird erkennbar, ob das Neue oder das Alte zielführend ist oder eher erfolglos verlaufen wird. Es ist also von entscheidender Bedeutung, klug zu zweifeln, denn eine gesunde Skepsis kann vor überstürzten und unbesonnenen Entscheidungen bewahren, Schadensbegrenzung betreiben und veraltete oder übereilte Positionen abwehren.

Zweifel bringen unseren Denkmechanismus in Schwung. Wir informieren uns durchdringender über eventuelle Chancen, Gefährdungen oder Gegensätzlichkeiten aufgrund konträrer Informationen, Details oder Erklärungen. Am Ende bringen uns unsere Zweifel zu neuartigen Erkenntnissen sowie Einsichten und verändern gegebenenfalls unser Bewusstsein und unsere alten Grundprinzipien. Berechtigte und schöpferisch dienliche Zweifel können als Durchbruchs- und Fortschrittsantrieb fungieren. Folglich sollten aufkommende Vorbehalte genutzt werden, um das Zweifeln zu kultivieren, indem sich vernünftig mit einer Angelegenheit befasst wird und letztlich die beste Entscheidung getroffen werden kann.

„Der Zweifel ist der Weisheit Anfang." René Descartes

Durch Zweifel werden wir befähigt, einen Perspektivwechsel vorzunehmen, wodurch es uns möglich wird, neue Prioritäten zu setzen, unser Ausrichtungsregal neu zu bestücken oder umzuräumen und die Weichen unseres Lebensgleises in eine andere Richtung zu stellen. Im Zuge des tauglichen und fundiert objektiven Überdenkens, Prüfens und Abwägens von Vor- und Nachteilen bei eingetretenen oder anstehenden Umständen bringen wir uns in die Position, unserem Charakter zu einer besseren Ausbildung zu verhelfen. Wir werden lernfähiger und klüger. Ohne Zweifel gäbe es keinen Fortschritt, keine revolutionären, epochalen Neuerungsprozesse, keine innovative, lebensverbessernde Wachstumskraft, keinen neuen Idealismus der Lebensentwicklung und keine richtungsweisenden Erfindungen. Hinterfragende Bedenken sorgen für Annäherung an bisher unberührte Erkenntnisse und bilden in unserem Gehirn alternative Wirklichkeiten ab, welche für Erfolg, Wandlung oder Akzeptanz von Ungewohntem wichtig sind.

In der heutigen Zeit soll jeder immer sofort wissen, was er wann, wie will, wie das Endprodukt auszusehen hat, was richtig ist oder wo er sich in fünf Jahren sieht. Auf alles müssen wir eine konkrete und überzeugende Antwort parat haben. Doch nicht jederzeit bringen uns einfältige Gewissheit, spontane Hörigkeit oder vorschnelle Entscheidungen weiter, sondern Zweifel. Wir können nicht stets auf primitive Mittel oder Lösungen bestehen, auf ein Schwarz-Weiß-Denken beharren oder die Welt kategorisch in richtig oder falsch gruppieren. Die Krone der Schöpfung lahmt und leidet durch die zu sehr Überzeugten, die Unbelehrbaren. Menschen, die jeden sinnvollen Zweifel und damit jeden Sprung nach vorn, jede neue Idee und jeden Neuanfang im Keim ersticken wollen.

„Was die Welt vorwärtstreibt, ist nicht die Liebe, sondern der Zweifel." Peter Ustinov

Die zweite Seite des Zweifels: Wer indes ständig alles anzweifelt, verliert am Ende den Gradmesser für begründete, zweckdienliche und produktive Skepsis. Diese Einstellung wirkt zum Schluss destruktiv und blockierend und setzt dem Fortschritt, aber auch dem leichteren, kühneren und zukunftsweisenden Leben Grenzen.

Generelle Zweifler verlieren nicht selten den Überblick über die Gesamtheit der Sache und bremsen demzufolge die Herausbildung und Entfaltung der schöpferischen Höher- und Weiterentwicklung aus. Sie sehen in allem eine Verschwörung. Dabei werden kleine Gefahrenpotenziale zu denkbaren Fehlschlägen oder sogar Tragödien hochstilisiert und etwaige Debakel popularisiert. Solche permanenten Schwarzmaler lassen sich dann als informative Enthüller für sich anbahnende, risikoreiche Problemsituationen feiern, obwohl diese weder existent sind noch eintreten werden. In Wahrheit wollen sie in diesem Rahmen lediglich ihre unzureichende Courage, Bequemlichkeit und eigene Befangenheit, ihre Reformabneigung oder ihren Eigensinn mit ihren unmotivierten und haltlosen Einwänden und Widerlegungen verschleiern. Gemütsverfassungen, Handlungen des täglichen Lebens und das Niveau von Beziehungen werden strapaziert, weil chronischer Zweifel unaufhaltsam und stechend in den Verstand dieser Personen eindringt. Dadurch wird alles einer Tiefenprüfung unterzogen und dementsprechend jegliches Weiterkommen unterbunden.

Penetrante Zweifler gedeihen zusehends zu Angsthasen, die ihre Bedenken beständig als Airbag für jegliche Erneuerung, Optimierung und Überarbeitung nutzen. Ihr Drang nach Eindeutigkeit und Konstanz sowie ihre Mutlosigkeit bei Veränderungen behindern sie, sowohl im privaten wie auch allgemeingültigen sozialen Leben voranzukommen. Durch ihr eklatantes Misstrauen verbauen sie sich, aber auch zum Teil anderen den Weg in ein zukunftsorientiert besseres, unkomplizierteres und unangestrengteres Leben.

Wir dürfen uns also nicht zum Spielball des Zweifels machen lassen und alles ständig auf die Goldwaage legen. Zweifel mit seinen Emotionen und Gedankenabläufen darf nicht zu viel Raum und Besitzanspruch in und über uns gewinnen. Unser Alltag sollte nicht erschwert, unsere soziale Kompetenz nicht eingeschränkt und unsere Beziehungen sollten nicht gefährdet werden. Unser Leben darf durch Zweifel nicht disharmonisch verlaufen. Wenn dieser innere Querulant ständig in einer unverhältnismäßigen Dimension die Kontrolle über uns erlangt und uns Denkverbote auferlegt, sollten wir ihm das Wort abschneiden und den Mund verbieten!

„Zweifel und Sorgen halten einander aufrecht und führen oft zur Blockade." Klaus Seibold

Wie sieht es aber mit Selbstzweifeln aus? Überall ist zu hören und zu lesen, dass man nie an sich selbst und seinen Fähigkeiten zweifeln soll.

Grundsätzlich ist das richtig. Der Glaube an uns selbst, unsere Intelligenz und Kompetenz, unsere Belastungsstufe und die Macht, Dinge zu unseren Gunsten verändern zu können, ist von enormer Wichtigkeit. Diese Devise lässt uns den Stürmen des Lebens entgegentreten und teilweise entstandene Trümmer überwinden. Allerdings ist eine Prise Selbstzweifel, in bemessener Weise, von erheblicher Bedeutung für die Entwicklung und Verfeinerung der eigenen Persönlichkeit und des individuellen Lebensspielraumes. Selbst dann, wenn es uns gelegentlich ärgert, zu registrieren, wie andere Menschen schnell und souverän Entscheidungen herbeiführen, während wir voller Selbstzweifel durch das Aufbäumen innerer Unstimmigkeiten zeitweise in die Ohnmacht der Schaffens- und Gestaltungsunfähigkeit fallen.

Gelegentliche kleine Selbstzweifel sind von beachtlichem Nutzen für das Designen unseres menschlichen Profils. Wir sprechen uns damit den teils schwierigen und schmerzhaften, aber auch außergewöhnlichen Schneid zu, uns zu hinterfragen und unser Wissen auf den Prüfstand zu stellen. Durch das Durchleuchten und Erörtern der eigenen Meinung und Haltung ermöglichen wir es uns, uns unserem Gegenüber anzunähern, uns seinen Intentionen zu öffnen und einer sinn- und wertvollen Problemlösung nicht entgegenzuwirken. Wir gelangen durch sie zu einem besseren Verständnis von uns selbst und anderen und bemerken, dass wir nicht immer Recht haben. Während wir in diesem Zuge nach innen blicken, testen wir uns und fordern uns selbst heraus.

Zeitweilige saubere und intakte Selbstzweifel spielen eine entscheidende Rolle bei der Schaffung einer anständigen, innovativen und solidarischen persönlichen Wesensprägung.

„Ein gewisses Maß an Selbstzweifeln ist immer ein Zeichen erhöhter Intelligenz." Peter Hohl

Leise Zweifel zu hegen an der Welt, an Veränderungen, Erneuerungen und an sich selbst ist demgemäß ein Merkmal von innerer Stärke, Aufgeschlossenheit und Menschlichkeit. Substanziierende und aufschlüsselnde Bedenken in maßvoller Qualität und Quantität besitzen Rechtmäßigkeit und Legalität, denn sie drosseln unüberlegten Enthusiasmus, stoppen vorschnelle Entscheidungen und helfen, Irrtümern auszuweichen. Einwände schützen uns vor Manipulation und verblendeter Gefolgschaft und begünstigen neue Erfahrungen und Einsichten. Wir überdenken Situationen sorgfältiger und damit gewinnbringender.

Jeder Mensch zweifelt einmal an sich oder an der einen bzw. anderen Situation. Allerdings ist dies kein Zeichen von Labilität oder ein Attribut der Störung der Entschlussfähigkeit. Geeignete Zweifel sind Kennzeichen der Offenheit für ein neues Bewusstsein und neue Weisheiten und erhellen den geistigen Horizont. Wer in einem sinnvollen Verhältnis Zweifel übt, beweist, dass er über einen ehrlichen und aufgeschlossenen Charakter verfügt, seine Meinung nicht über die der anderen stellt und auch zu seiner Verletzlichkeit steht. Vorbehalte tragen die Fähigkeit in sich, Uneindeutigkeiten zuzulassen, und sind ein wichtiges Zeichen emotionaler Reife.

Da Zweifeln jedoch ein negativer Touch anhängt, sind sie nichts für Feiglinge, da sie oftmals Konfrontationen, Diskussionen oder Kritik nach sich ziehen. Nicht selten wird man als schwach, verantwortungslos und dem Leben nicht gewachsen angesehen, oder man steckt in den Köpfen der anderen als der „bekannte Miesmacher von allem" fest.

„Zweifel sind für einen Menschen mit Verstand eine ganz natürliche Sache." Unbekannt

Der Prozess des Zweifelns ist Teil des Lebens. Wenn wir bei wichtigen Entscheidungen vor eine Weggabelung gestellt werden, ist es gesund und förderlich, zu zweifeln und den Dingen auf den Grund zu gehen. Zweifel und auch die beherzte Bereitschaft zum verantwortungsvollen Selbstzweifel sind das Recht eines jeden Menschen. Sie bilden unentbehrliche Bausteine für den Erfolg, den Aufschwung und die revolutionierende und sich ergänzende Komplementierung des Lebens, solange sie im Rahmen bleiben und angemessen unser Bestehen regulieren. Durch geboten sinnvolle und geziemend übermittelte Skepsis wird erkennbar, dass wir uns noch nicht im Klammergriff der Tentakel von Gleichgültigkeit, Blasiertheit und Anmaßung befinden.

Daraus offenbart sich, dass wir nicht nur zweifeln dürfen, sondern das unerlässliche und notwendige Recht auf Zweifel besitzen. Als Resultat wird unser Leben nicht in ein abgepacktes Pauschalverhalten abdriften, sondern sich stattdessen verbreitern, verschönern und von Fehlern und Mängeln befreien und sich in diversen Zonen reinigen und korrigieren.

Das ist der Anspruch, den wir an das Leben stellen können, den uns das Leben auch zubilligt und der uns durch das Geburtsrecht des Lebens durch das Recht des Zweifelns gewährt wird. Dadurch wird es für uns machbar, fundierte, nachhaltige und zweckdienliche Entscheidungen zu treffen. Wir können unsere Überlegungsfreiheit nutzen, erweitern und darüber hinaus unser Leben in einer geräumigen Persönlichkeitsentwicklung pflegen, verfeinern und ausdrucksstark nutzen. Gleichfalls lassen uns Zweifel gelegentlich neue Faszinationen des Lebens entdecken.

„Man muss den Zweifel achten, denn er ist kein Fehler. Er ist wie die Rettung des Verstandes im Ozean der Doktrinen."
Sully Prudhomm

15. ENTSPANNUNG

„Halte dir jeden Tag 30 Minuten für deine Sorgen frei und in dieser Zeit mache ein Nickerchen." Abraham Lincoln

Wer möchte es nicht, einfach mal eine Zeit lang von der Zufriedenheit gefühlvoll zugedeckt, der Gelassenheit zärtlich gestreichelt, vom Glück sanft geliebkost werden und dadurch friedlich in der Entspannung versinken?
Jeder Mensch hegt diesen Wunsch hin und wieder. Und doch bleibt es oft nur bei dem Begehren. Wir schaffen es nicht, aus unseren anhaltenden Überlastungsbreiten herauszutreten und uns von unserer in uns eingefrorenen Radikalanspannung freizumachen, um Ruhe für Körper und Geist zu finden. Wie oft verkrampfen wir, vor allem innerlich, obwohl wir uns eigentlich entspannen müssten. Wir suchen nach Erholungsentwürfen, finden aber meist nichts, da wir uns in einem nebelwabernden Labyrinth inmitten eines dunklen Kellers unserer täglichen, fatalerweise normal empfundenen Überforderung befinden.

Was hält uns in diesem finsteren Überanstrengungsdistrikt gefangen und lässt uns die Rüstung der Überreizung nicht ablegen? Was hindert uns im Einzelnen daran, völlige Entspannung zu erleben, obwohl sie in unserem Geburtsrecht so unverbrüchlich etabliert ist und wir ein verbindliches Recht auf friedvolle Inaktivität besitzen? Weil wir es nicht schaffen, Stress zu limitieren und uns ausreichend Zeit für uns einzuräumen. Weil wir nicht in der Lage sind, uns von Handy, Computer oder von sozialen Medien zu lösen oder uns von Angstvorstellungen der Vergangenheit, Gegenwart bzw. Zukunft zu befreien. Weil wir uns Selbstvorwürfe machen, wenn wir mit unserem Verhalten oder bestimmten, von uns getroffenen Entscheidungen nicht zufrieden sind, und sich unser Gedankenkarussell dreht und dreht und einfach nicht zum Stillstand kommt. Weil wir ständig damit beschäftigt sind, den Bedürfnissen oder

Vorstellungen anderer gerecht zu werden, und vor allem, weil wir uns nicht auf **unser** Leben fokussieren. Weil wir permanent darauf konzentriert sind, noch besser, beliebter, unentbehrlicher, vermögender und attraktiver zu werden und die damit verbundene Überbeweglichkeit im Leben nicht mehr zügeln können. Und diese Hyperrastlosigkeit automatisiert sich unbemerkt weiter.

Nicht selten gehen wir auch davon aus, im Zuge der mentalen Beschwichtigung und des Loslassens die Übersicht und Kontrolle über die Situation zu verlieren und versuchen fast bewusst, Stadien der inneren Erholung im Leben zu vermeiden. Grundgelassene Menschen besitzen diese Befürchtung nicht, da sie wissen, dass sie weder begründet noch erforderlich oder beachtenswert ist. Sie leben zwangloser und gemütlicher, indem sie sich entspannen.

„Entspannung beginnt in den äußeren Schichten des Körpers und dringt bis in die tiefen Schichten unserer Existenz vor."
B.K.S. Iyengar

Das ständige Auseinandersetzen mit Tragödien, Rekordmarken, üblen Nachrichten und Entsprechungskriterien sowie körperliche und geistige Überaktivität durch überhöhte Verantwortungsprofile etablieren sich in unserem Leben wie selbstverständlich. Wir werden aus allen Ecken und Enden damit konfrontiert und zugedröhnt. Hinzu kommen unser Pflichtbewusstsein, dem wir gerecht werden müssen, und Informationen, bei denen wir uns fragen, was man eigentlich von uns will. Wir rollen mit den Augen, bis sie uns fast in den Hinterkopf kullern. Wir überlegen und grübeln pausenlos, und Daueranspannung besitzt in unserem Leben eine Vormachtstellung. Da bleibt oft keine Zeit mehr übrig für ein Rendezvous mit der Entspannung. Am Ende des Tages sinken wir entkräftet, krächzend wie ein Rabe und den Kopf voller Fragen ins Bett.

Wir hoffen, durch den Schlaf wenigstens einen Teil von Entspannung zu erhalten, aber weil unsere gedankliche Filmindustrie keinen Feierabend kennt, kreisen unsere Überlegungen und unser

Kopfzerbrechen um uns herum wie die Motten um das Licht. Kommt dann endlich der ersehnte Schlaf, plagen uns womöglich auch noch Albträume, oder wir erlangen lediglich einen Leichtschlaf, wodurch die eigentlich erholsame und Entspannung bringende Nachtruhe in einen Wettstreit mit dem Schlaf-Wach-Rhythmus gerät. Am nächsten Morgen fühlen wir uns wie gerädert, Kopfschmerzen puckern in unserem Schädel, wir sind noch müde und erschrecken vor unserem eigenen Spiegelbild.

Es ist also von enormer Bedeutung, dass wir unser, uns vom Leben zugeteiltes Recht auf Entspannung wahrnehmen und nutzen, damit wir starke körperlich-emotionale Regungen entlassen, unsere Stresstoleranz ausbauen und sich Gelassenheit und Zufriedenheit schneller einfinden können.

„Wer sich keine Zeit für die Entspannung nimmt, wird sich Zeit für die Krankheit nehmen müssen." Unbekannt

Durch Entspannung kommen wir in den mentalen Dialog mit uns selbst. Wir können ausfindig machen, welche Standpunkte wir fördern und welche wir ein wenig blocken sollten. Wir regeln ganz gerne unsere Angelegenheiten und streben nach Ausgleich und Ordnung. Wir regulieren, korrigieren und gestalten, wo immer sich die Möglichkeit dafür ergibt, um einen Nutzen aus einer Gelegenheit zu ziehen. Nur wenn es um uns geht, unseren inneren Zustand und Seelenfrieden, übersehen wir so oft die Wichtigkeit und Dringlichkeit des eigenen inneren und äußeren Ausgleichs. Wir vernachlässigen das Gegengewicht zum Stress des Alltags, das uns Frieden und Glück beschert. Dabei können wir diesen Ausgleich nicht hoch genug schätzen.

Lassen wir uns unsere Momente der Ruhe und Entspannung nicht streitig machen! Gönnen wir uns gelegentlich eine kleine Auszeit im Leben! Streicheln wir sanft unsere Seele und lassen unser Denken und den Körper für ein paar Augenblicke Erholung finden. Träumen wir ein bisschen und fühlen uns einfach nur behaglich und entspannt! Dann werden aus diesen Augenblicken kleine genießerische und wohlbefindliche Ewigkeiten.

Richtige Entspannung bedeutet nicht nur infolge besserer und tieferer Atmung das Lösen von Muskelkontraktionen, Pulssenkung, verbesserten Sauerstofffluss im Blut, Senkung des Blutdrucks und Gefäßerweiterung (physische Entspannung), sondern vor allem seelische Deeskalation und Regeneration durch das geistige Loslassen von Ereignissen, Personen, Situationen oder sonstigen Einflüssen (psychische Entspannung).

„Wenn man die Ruhe nicht in sich selbst findet, ist es umsonst, sie anderswo zu suchen." Francois de La Rochefoucauld

Um in einen ganzheitlich geordneten Entspannungszustand zu kommen und sich von andauernden Spannungs- und Drucksituationen zu befreien, ist es notwendig, sich sowohl körperlicher wie auch seelischer Belastungen zu entledigen. Das ist in einer von Superlativen, Bestmarken und Topleistungsansprüchen geprägten Gesellschaft und einer sich immer schneller drehenden Welt oft kompliziert, weil uns die Zeit dafür fehlt, oder besser gesagt, wir denken, uns die Zeit dafür nicht leisten zu können. Entspannung bedeutet nicht Stillstand oder Unbeweglichkeit. Sie stellt keinen toten Punkt in unserem Ablauf dar, sondern ist eine Form neubelebender Unterbrechungen und erholsamer, auffrischender Pausen für Körper, Seele und Verstand. Entspannung ist eine Gegenregulation zu allem, was uns tagtäglich im Inneren und Äußeren um die Ohren fliegt. Sie verbessert unser körperliches und emotionales Wohlbefinden und bringt uns physisch und geistig in den Zustand einer angenehm gemütlichen und vitalisierenden Ruhe.

Was sind nun körperliche und psychische Entspannung genau? Welchen Inhalt besitzen sie, und wie können wir sie erlangen?

Körperliche Entspannung setzt neue Reserven in uns frei. Wir können im Anschluss bessere Erfolge unserer Tätigkeit sowie eine

Steigerung unserer Produktivität erwarten und bedeutende oder schwierige Herausforderungen wirksamer bewältigen. Wir bauen Stress ab, unsere Physis kommt zur Ruhe und klare, logisch definierte Gedanken können gedacht und entsprechend resultierende Entschlüsse gefasst und umgesetzt werden. In diesen Ruhe- und Erholungsphasen regeneriert sich unsere Körperbeschaffenheit. Allerdings müssen wir diese Zeiträume der Beruhigung physiologisch bewusst erfahren. Durch die Besänftigung unserer intensiven Körperspannung durchströmt ein Gefühl der Leichtigkeit unseren Körper, und unsere Sinnesorgane nehmen die Außenwelt nur noch leicht vermindert wahr. Wir empfinden eine angenehme Emotion im Inneren und fühlen uns locker und ungebunden.

Oftmals gehen wir davon aus, zu entspannen, weil wir ein wenig vom Gas heruntergehen, doch unser Körper befindet sich noch immer im Aktivmodus. Wir werden zwar ein bisschen verhaltener, doch den Zustand der Entspannung erreichen wir nicht und sind verwundert, warum wir weiterhin energielos, erschöpft und überreizt sind und uns innerlich getrieben fühlen.

Fr. Dr. Lissa Rankin, US-Ärztin und Bestseller-Autorin, sagt dazu:

„Nur in entspanntem Zustand kann sich der Körper selbst reparieren. Alles, was Stress abbaut und eine Entspannungsreaktion auslöst, versetzt ihn also in die Lage, sich selbst zu heilen."

Mithilfe verschiedener und einfacher Methoden können wir unseren **Körper** entspannen und den vorgenannten Aktivmodus deaktivieren. Durch sie sind wir in der Lage, selbstständig auf den physischen Entspannungsmechanismus Einfluss zu nehmen. Sport treiben, Musik hören, lesen, spazieren gehen, langsames und tiefes Durchatmen, Meditation (bewirkt Lockerung der Muskeln und löst deren Verzerrungen), Kuscheln, ein Entspannungsbad, Wellness oder auch kurz mal nichts tun manövrieren unseren gesamten Organismus bewusst in einen Zustand der Entspannung hinein.

„Ein Körper, der ruhig und entspannt ist, zieht den geistigen Frieden an." Paramahansa Yogananda

Durch **psychische** Entspannung normalisieren sich Empfindungen, der Geist entkrampft, unsere Innenwelt organisiert sich leise neu und die Gedanken erholen sich in friedlicher Weise. Unsere Energien fließen wieder in ruhigen Adern, und wir finden unsere innere Ausgewogenheit. Wir empfinden ein Gefühl des Ausgleichs und fokussieren uns mehr auf uns selbst. Infolge seelischer Entspannung denken wir positiver, befähigen uns, vom Alltag abzuschalten und erhalten mehr Ruhe und Gelassenheit.

Auch für unseren **Geist** gibt es verschiedene, durch uns selbst durchführbare Entspannungsmethoden, wie zum Beispiel autogenes Training, Meditation, progressive Muskelentspannung nach Jacobson oder auch Atemübungen. Zusätzlich bewirken Fantasiereisen, das Eintauchen in Wunschträume, Ausschalten sämtlicher Kommunikationsgeräte sowie das Betrachten des eigenen Ichs einen wohltuenden und die Psyche entspannenden Effekt. Gerade das Beleuchten der eigenen Gedanken und das Erkunden von persönlichen Empfindungen lassen uns eine natürliche und zwanglose Kontrolle über unsere Emotionen und Verstandestätigkeit erlangen. Infolge des durch uns absichtlich gesteuerten gegenwärtigen Bewusstseins und gleichzeitig unbekümmerten Erlebens des aktuellen Momentums wirken wir aktiv der emotionalen Müdigkeit und Erschöpfung entgegen. Der verwinkelte Geist erhält eine geradlinige und unverstellte Richtung, und konzentrierte Anstrengung geht in Mühelosigkeit über. Wir entflechten gedankliche Verwirrungen und lösen sie auf, und unser Innerstes ordnet sich neu und passt sich an.

„Statt zu sagen: Sitz nicht einfach nur da – tu irgendetwas, sollten wir das Gegenteil fordern: Tu nicht einfach irgendetwas – sitz nur da!" Thich Nhat Hanh

Durch das Zusammentreffen von körperlicher und geistiger Entspannung bringen wir Körper, Seele und Geist in Übereinstimmung mit unserer Persönlichkeit, unserem Denken und Handeln sowie unseren Wahrnehmungen. Die sich gegenseitig verbindenden Harmonien von Physis und Psyche bringen unsere Lebensqualität auf eine neue, höhere und angenehm behagliche Ebene. Der Zustand der inneren und äußeren Entspannung durchströmt unser gesamtes Wesen mit einer traumhaft charmanten Stille und Selbstbeherrschung. Wir werden mit der Gewissheit, dass das Leben es gut mit uns meint, die Welt unabhängiger und befreiter leichtnehmen, sein lassen und in ihr ausruhen können.

Schalten wir immer mal wieder den Turbo im Leben aus und dafür den Leerlauf ein, oder wenigstens den Schongang! Bereits Wenig kann Großes bewirken! Nehmen wir uns eine Auszeit, ein paar Entspannungseinheiten und gleichen dadurch des Öfteren unser Ich und Sein mehr aus. Dann sind wir in der Lage, unseren Tagesablauf selbst entspannter zu bestimmen und überlassen diese Bestimmung nicht dem Stress, Termindruck oder Arbeitspensum. Wenn wir dieses wichtige Recht in unserem Leben zu einem Zufallsprodukt verkommen lassen, kann es seine Wirksamkeit nicht entfalten. Wir kommen uns dann gespalten vor und verlieren einen Großteil unserer Selbstkontrolle auf unsere gesamtheitlich zusammenhängende Vollständigkeit.

Es passiert nichts Schlimmes, wenn wir unser, uns vom Leben zuerkanntes und im Geburtsrecht des Lebens verankertes Recht auf Entspannung bewusst wahr- und in Anspruch nehmen, denn es steht uns zu.

Bewusst wahrgenommene und gefühlte Entspannung besitzt einen unvergleichlichen Charme und kann unseren Körper und unsere Seele auf geheimnisvolle Weise verzaubern.

„Lass los, entspanne dich … Manchmal ist es besser, den Dingen einfach ihren Lauf zu lassen …" Unbekannt

16. ENTSCHEIDUNGEN

„Wer sich nicht entscheiden kann, muss die Folgen der Entscheidungen hinnehmen, die andere für ihn treffen." Unbekannt

Eine Entscheidung zu treffen, ist in vielen Fällen ein Balanceakt ohne Netz und doppelten Boden, da wir oft nicht alle Nachwirkungen unseres Handelns in ihrer gesamten Bandbreite überblicken und ausloten können. Aus diesem Grund sind wir verschiedentlich gezwungen, durch die Wahl unserer Entscheidung eine falsche Richtung einzuschlagen, da wir erst am Ende erkennen, welche Konsequenzen mit unserem Entschluss einhergehen und wo wir in diesem Moment stehen. Dennoch baut sich das Leben auf dem Entscheidungsfundament auf, und dieses besitzt das Potential, unser Leben positiv oder negativ zu verändern. Alle unsere Entschlüsse prägen unseren Charakter und gestalten unsere Zukunft.

Um das Beste aus sich zu machen, muss man seinem Recht nachkommen können, eigene Entscheidungen zu treffen. Dieses Recht involviert entsprechend auch die Möglichkeit, einen falschen Entschluss in Erwägung zu ziehen oder zu fällen. Eine unangebrachte oder verkehrte Beschlussfassung bleibt letztlich erst dann prinzipiell fehlerhaft, wenn derjenige nicht aus ihr lernt und sie nicht, wenn möglich, abändert. Man kann über Irrtümer im Leben hinwegsehen, wenn man den Mut besitzt, sie sich einzugestehen und für die Folgen die Verantwortung zu übernehmen.

Bei einer Entscheidung besitzen wir zum einen die Auswahl einer Aktion von mindestens zwei oder auch mehr verfügbaren Vorgehensmöglichkeiten und zum anderen die Zulassung der Situation, jeweils unter Beachtung des etwaigen Nachspiels. Wenn wir uns entscheiden, beziehen wir durch ein bestimmtes aktives oder passives Mitwirken eine Position. Wir legen uns fest und machen unseren Grundsatz und unsere Einstellung dazu für andere Menschen erkennbar. Bei genügend Zeit können wir zur Lösung eines

Problems ins Kalkül gehen, um zu einer objektiven und vernünftigen Entscheidung zu gelangen. Wir können sie aufschieben, wenn die Situation aufgrund ihres unüberschaubaren und konfliktbeladenen Kontextes erst genau analysiert werden muss und der Zeitfaktor nicht so entscheidend ist. Manchmal steht uns diese Zeit aber auch nicht zur Verfügung.

Im Moment einer Entscheidungsfindung galoppieren immer vier Abläufe auf uns zu, welche durch die jeweilige Ausgangssituation und Fallkonstellation geprägt sind. Am Ende obliegt uns allerdings die zu treffende Entscheidung, uns allein. Wir müssen uns letztlich zu einer aktiven Handlung oder untätigen Unterlassung entschließen.

„Ich bin nicht das Produkt meiner Umstände. Ich bin das Produkt meiner Entscheidungen.“ Stephen Covey

Wenn wir uns zwischen abweichenden, nicht gemeinsam zu verwirklichenden Alternativen entscheiden müssen, kommt es zu folgenden Entscheidungsbildern:

1. Die Augenblickentscheidung (spontan, ungeplant)
2. Die Verstandesentscheidung (überlegt, abgewogen)
3. Die Intuition-Vernunft-Entscheidung (gefühlsmäßig, rational)
4. Die Unentschlossenheit (passiv)

Wie sehen nun die vier Entscheidungsgrafiken aus, wie definieren sie sich, und wann wenden wir sie an?

Da wir in der Regel ständig beschäftigt sind, unser Gehirn unentwegt am Arbeiten ist, und sich das Leben nicht immer als einfach erweist, können wir nicht jede Situation überprüfen und erforschen. Die Neurowissenschaft geht davon aus, dass der Mensch pro Sekunde von ca. 11 Millionen Sinneseindrücken überflutet wird, von denen allerdings bewusst nur 0,0005 Prozent, also 55 Wahrnehmungsempfindungen pro Sekunde, tatsächlich vom Gehirn verwertet werden. Dementsprechend reagieren wir mitunter **spontan** und bei vielen unserer täglichen rund 20.000 Entscheidungen innerhalb von Millisekunden unbewusst mechanisch.

1. Die Augenblicksentscheidung (spontan, ungeplant):
Oft treten plötzliche Geschehnisse in Erscheinung, mit denen wir nicht rechnen und daher unwillkürlich, impulsiv reagieren. Schon in der Vorzeit war der Mensch entwicklungsgeschichtlich verpflichtet, Entscheidungen zu treffen. Er musste sich bei der Jagd und den damit verbundenen Gefahren bei einer Attacke für Angriff, Flucht oder Erstarren entscheiden. Diese Entscheidungsfindung bestimmte dann über Leben und Tod. Manchmal waren noch ein paar Augenblicke für Überlegungen vorhanden, meist musste aber spontan, ohne überlegte Abwägung entschieden werden.
Bei einer spontanen Entscheidung reagieren wir ad-hoc-artig. Wir entscheiden praktisch ohne nachzudenken oder zu analysieren, da nicht erst ein Stuhlkreis zur Problemprüfung und -bewältigung gebildet werden kann. Solche Entschlüsse sind dann keine Entscheidungen gemäß der Entscheidungstheorie. Das heißt, wir können infolge der zeitlich verbundenen Knappheit keine sachgerechte Bewertung der Konsequenzen unserer Handlung vornehmen.

„Der Entschluss ist alles." Unbekannt

Wenn wir Zeit zum Nachdenken haben, verlassen wir uns grundlegend auf unseren überprüfenden **Verstand** und unsere Erfahrungen. Wir überlegen, mit welcher Entscheidung wir entweder Vorteile gewinnen oder Nachteile abwenden können, und beziehen Alternativlösungen mit ein.

2. Die Verstandesentscheidung (überlegt, abgewogen):
In unserem Leben sind wir permanent Entscheidungen ausgesetzt. Entweder treffen wir diese, oder andere treffen sie für uns. Oft sind es Kleinigkeiten. Wir entscheiden zum Beispiel, ob wir arbei-

ten gehen, welche Kleidung wir tragen, oder was wir frühstücken. Ob wir dem unsympathischen Taugenichts an der Ecke, der täglich seine Frau schlägt, wenn er besoffen ist, zack, eins über die Rübe ziehen oder uns ruhig verhalten.

Doch gerade im Arbeitsprozess, in Beziehungen oder bei wirtschaftlichen Aspekten müssen wir Entscheidungen von größerer Tragweite treffen. Egal vor welchen Hintergründen unseres Lebens wir uns auf eine Option festlegen müssen: Wenn wir ein zeitlich ausreichendes Polster besitzen, werden wir regelmäßig versuchen, Kausalitäten zu erkennen und unsere Erfahrungen einzuflechten, und werfen alle zu berücksichtigenden möglichen Folgen in die Waagschale. Wir kommen ins systemische Denken und Handeln und haben die größeren Zusammenhänge im Blick. Durch das Erfassen des Gesamtgeschehens von Situationen bauen wir theoretische Entwürfe der Wirklichkeit auf, die dienlich sind, angemessen zu handeln. Wir führen einen Faktencheck durch, sind dabei auf die Erreichung eines Zieles ausgerichtet und wissen, was wir erlangen, erwirtschaften oder unterbinden möchten. Diese Erkenntnisse dienen uns wiederum als Führungshilfen und schenken uns Zuversicht. Den Entschluss, der mehr Vorteile als Nachteile verspricht, werden wir am Ende als Favoriten küren und einbringen.

„Bei jeder Entscheidung sollte die daraus folgende Konsequenz mit einbezogen werden." Franz Schmidberger

In vielschichtigen, uns fremden Konstellationen ist die Entscheidungsfindung oft problematisch. An diesem Punkt ist eine Verknüpfung von **Intuition** (Bauchgefühl) **und Vernunft** (Abwägung der Konsequenzen) von großem Vorteil.

3. Die Intuition-Vernunft-Entscheidung (gefühlsmäßig, rational): Diese Entscheidung ist die wohl beste und zielführendste von allen, denn sie beruht auf einer Symbiose von optimistischen Gefühlen und einem logischen, objektiv pragmatischen Zugang und Verständnis für die Ereignisse. In Situationen, welche uns unbekannt sind, die in vielerlei Hinsicht ineinandergreifen oder in einer multiplen, aber ganzheitlichen Aufteilung stehen, tut sich der Mensch in der Regel am schwersten, Entscheidungen zu treffen. Oft fehlen ihm in solchen Zusammensetzungen die nötige Erfahrung, optimale Prüfungskriterien, fachkompetente Beurteilungsfähigkeit, ausreichender Überblick der möglichen Konsequenzen oder angemessene Empathie. Folglich mangelt es am Komplettüberblick für die Gesamtlage und an ausreichend Sachverstand, um die richtige Entscheidung zu treffen. Bei Umständen, die solch einen gelagerten Kontext beinhalten, ist es wichtig, ein Arrangement zwischen Intuition und Vernunft herzustellen und diese unterschiedlichen Ebenen und Zugänge zu kombinieren.

Wir verbinden in dieser Kombination unsere innere Stimme, unsere Intuition, mit der Kompetenz unseres kritischen Denkens, also mit der Begabung, eine Situation zu deuten, einzuschätzen, differenziert zu prüfen und anschließend aus dem sich ergebenden Rückschluss der Folgen geeignet zu beurteilen.

Was sagt uns unser Gefühl, was empfinden wir als richtig? Welche Empfindung assoziieren wir mit positiven oder negativen Vorstellungen? Welcher Entschluss würde uns in einen emotionalen Konflikt bringen? Das Ergebnis verknüpfen wir dann mit dem Befund unserer klaren, vernunftbegabten Überlegung, nachdem wir die Interessenlagen aller Parteien und möglichen Konsequenzen nach bestem Wissen und Gewissen gegeneinander abgewogen haben! Wir beziehen in unsere Gedankenspiele ein, mit welchen Emotionen und Resultaten wir bei einer anderen Entscheidung rechnen müssten, und ob wir die gesamten zur Verfügung stehenden Informationen, Sinn-, Sach- und Situationszusammenhänge, aber auch möglichen Überraschungsmomente und Auswirkungen beachtet und korrekt eingeschätzt haben!

„Kluge Entscheidungen sind die, bei denen Kopf und Bauch, Verstand und Gefühl koordiniert sind." Maja Storch

Es existiert auch die Möglichkeit, keine Entscheidung zu treffen und damit ein **unentschlossenes** Verhalten zu demonstrieren.

4. Die Unentschlossenheit (passiv):
Die vierte und letzte Entscheidungsmöglichkeit ist, sich aus Angst vor möglichen, nicht überschaubaren Folgen einer Entscheidung zu entziehen. Menschen, ständig verunsicherte Zweifler, die nicht entscheiden, gehen davon aus, dass keine Entscheidung zwar nicht richtig sein muss, in jedem Fall aber auch nicht verkehrt oder inadäquat ist. Dass solch eine Denk- und Lösungsweise in jeglicher Hinsicht verzerrend und unzutreffend ist, wird von ihnen nicht akzeptiert. Sie verstecken sich stets hinter der Maske der angeblichen Vernunft, Umsicht und achtsamen Vorsicht. In den seltensten Fällen spiegeln sie ihr Denken und Verhalten, lernen daraus oder gewinnen Erfahrungen, um das nächste Mal sinnvoller zu prüfen und zu verfügen. Diese Personen lassen sich zu sehr von Vermutungen, Ängsten und fremden Meinungen beirren.
Sie berauben sich ihrer freiheitlichen Entscheidungsanwendung, da sie nicht von eventuell fehlenden Entscheidungskriterien geleitet wurden, sondern von Furcht. Dadurch fühlen sie sich nicht in der Lage, alle Stressfaktoren auszuschalten, um relevante Erkenntnisse zu bündeln und letztlich Entscheidungsalternativen herbeizuführen. Sie ängstigen sich so sehr vor einer falschen Entscheidung, dass sie lieber nichts tun. Allerdings wird so eine Einschätzung über die eigene Person von diesen Menschen nicht anerkannt, da sie dementsprechend Schwächen, Inkompetenz, Entschlusslosigkeit oder Charakterschwäche ihrer Persönlichkeit bestätigen müssten. Menschen, die sich in einer psychophysisch gesunden Verfassung einer Entscheidungsfindung verweigern, verfügen in der Regel über wenig Selbstbewusstsein, geringfügiges Selbstvertrauen und eine sehr mangelhafte Bewertungsstruktur.

„Der schlimmste Weg, den man wählen kann, ist der, keinen zu wählen." Friedrich der Große

Entscheidungen bestimmen über unser gesamtes Selbst. Sie sind die Würze in unserem Leben und geben unserem inneren und äußeren Dasein Schärfe oder Süße, Trauer oder Freude, Schmerz oder Glück. Je nachdem, in welchem Bezugsrahmen der jeweilige Beschluss getroffen wurde und welche Auswirkungen er hat. Vielmals wissen wir nicht, welche konkrete, vollumfängliche Durchschlagskraft die von uns getroffene Entscheidung aufweist, denn in vielen Fällen sind wir von Einflussfaktoren abhängig, die wir nicht steuern können. Dennoch sind wir dafür bestimmt, Sachlagen zu definieren, zu zensieren und angepasste Beschlüsse zu fassen, wie schwierig sich diese auch immer gestalten.

Wir werden im Vorfeld selten vollständige Gewissheit und Kontrolle darüber erlangen, ob unsere Entscheidung richtig ist. Die Veränderung, welche dadurch in der Regel eintritt, ist nicht immer sofort offenkundig und übersehbar. Die Momente der Bedenken und des Zwiespalts werden wir stets so lange mit uns herumtragen, bis wir den Erfolg oder Misserfolg unseres Urteils erkennen. Doch egal, wie sich der Augenblick gestaltet und was alles auf uns einwirkt, wir entscheiden am Ende unserer Gedankenschlüsse, müssen für die Auswirkungen einstehen und können keinem anderen die Schuld zuweisen.

Wir kommen nicht immer in den Genuss, die richtige Entscheidung zu treffen, obwohl unser Gehirn in diesen Zeitabschnitten zig Denkvarianten durchspielt. Dafür können sich die in der Situation befindlichen Zustände oder erlangten Informationen manchmal zu schnell ändern. Aber wir haben eine Entscheidung getroffen und damit das Steuer selbst in die Hand genommen, ohne uns von anderen beeindrucken oder verdrehen zu lassen. Wir trafen im schwerpunktmäßigen Moment und in der jeweiligen Gruppierung der Fakten eine Entscheidung, welche wir zum gegebenen Zeitpunkt als die richtige ansahen.

„In jedem Entscheidungsprozess gibt es dunkle, verschlungene Pfade." John F. Kennedy

Im Nachhinein kann alles zerredet und in Frage gestellt werden. Doch wir wurden im entscheidenden Augenblick tätig und verharrten nicht aus Angst im völligen Nichtstun. Wir bewiesen Mut, Risikobereitschaft und Rückgrat. Unserer Beherztheit war es zu verdanken, dass überhaupt eine Chance bestand, etwas an der gegenständlichen Sachlage zum Positiven zu verändern. Das sollte uns stets bewusst sein, und verbunden mit diesem Bewusstsein sollten wir Frieden mit unserem Entscheidungsprozess schließen.

Ungünstige Entschlüsse passieren, davor ist niemand gefeit, lediglich die Menschen, die zu ängstlich, zu unsicher und zu vorsichtig agieren. Doch die Entscheidung, nichts zu tun, in der Schockstarre zu verharren und alles beim Alten zu belassen, ist in der Regel weder die beste noch die aussichtsreichste.

Irrtümer jeglicher Art gehören zum Leben, dazu zählen auch Fehlurteile. Wir alle müssen unsere Lektionen lernen. Diese erhalten wir überwiegend durch getroffene Entscheidungen, eigene oder fremde. Ausschlaggebend dabei ist allerdings, ob wir aus den Fehleinschätzungen lernen oder frei von jeglicher Selbstreflexion sind. Stehen wir dazu, übernehmen Verantwortlichkeit und stellen uns den Folgen? Oder suchen wir ständig nach Indizien, um unsere falsche Entscheidung als richtig hinzustellen oder andere dafür verantwortlich zu machen?

„Für die eigenen Entscheidungen müssen wir Verantwortung übernehmen, wie für die Folgen davon." Monika Minder

Viele Menschen, vor allem Vorgesetzte, sind der Meinung, dass es sie unglaubwürdig und unzuverlässig erscheinen lässt, wenn sie eine einmal getroffene Entscheidung zurücknehmen. Sie gehen davon aus, in solch einem Fall ihr Gesicht zu verlieren. Wahr ist dagegen, dass Personen, die ihre Entscheidung revidieren, nachdem sie erkannt haben, dass diese ungünstig war, deutlich mehr Respekt und Anerkennung entgegengebracht werden als denen, die trotz aller Schattenseiten an ihren Entschlüssen festhalten. Oft wäre es anständiger, gerechter und angemessener, eine getroffene Entscheidung nochmals zu überdenken und eventuell zu ändern, nachdem neue wichtige Erkenntnisse gesammelt und aktuellere Informationen bekannt geworden sind. Doch so manches Mal lacht sich das Schicksal lieber ins Vorgesetztenfäustchen.

Jeder sollte sich darüber im Klaren sein, dass es unmöglich ist, zu jedem Zeitpunkt und in jeder Situation eine fehlerfreie Entscheidung zu erkennen und zu treffen. Wir werden nicht immer ein glückliches Händchen dabei haben. Kluge Menschen lernen aus solchen Irrtümern, überarbeiten sie, werden grundsätzlich schlauer und verbessern sich in diesem Zuge selbst, damit ihnen solche Missgeschicke nicht noch einmal unterlaufen. Dumme Menschen hingegen beharren auf ihren blödsinnigen und teils realitätsfremden Standpunkten und Beschlussfassungen und machen denselben Fehler lieber noch einmal, anstatt eine positive und lohnende Erkenntnisgewinnung zu signalisieren.

„Der Mensch sollte sich nie schämen zuzugeben, dass er Unrecht hatte. Damit drückt er in anderen Worten nur aus, dass er heute klüger ist als gestern." Alexander Pope

Egal welche Entscheidung wir treffen, jede einzelne hat ein bestimmtes Ergebnis zur Folge, und die Gesamtheit unserer Entscheidungskonsequenzen wirkt sich nach dem Gesetz von Aktion und Reaktion auf unser Leben aus. Auf jede unserer Aktionen folgt eine Reaktion, und jeder unserer Reaktionen geht eine Aktion voraus. Die Summe unserer Aktionen und Reaktionen ergibt die Ergebnisse in unserem Leben, und die Vollständigkeit und Zusammenfassung dieser Ergebnisse führen zu unseren Lebensresultaten. Die unmittelbare Substanz unserer Resultatbilanz bringt uns unsere Erfahrungen, positive und negative, und hat schließlich wiederum Einfluss auf unser zukünftiges Denken, Fühlen und Handeln und demzufolge auf unsere kommenden Entscheidungen. Die Kombination dieser Gesamtvorgänge prägt am Ende unsere Lebensqualität. Die Folgen unserer Entscheidungen bestimmen also immer unser näheres Umfeld, unsere weitere Umgebung und welchen Nutzen oder Schaden wir uns und unserem Einflussbereich bringen. Daraus ergeben sich unsere Lebensnorm, unser Lebenssinn und unser Lebensniveau.

Wir werden für unsere Urteilsfindungen verehrt, geachtet und respektiert, geliebt, anerkannt und geschätzt. Wir gewinnen an Autorität und Prestige. Genauso werden uns aber auch Verachtung und Missbilligung, Ablehnung und negative Kritik entgegenschlagen. Wir werden unter Umständen ausgegrenzt, verlacht, verspottet oder sogar angefeindet. Besserwisser und Maulhelden werden sich in belehrend aufdringlicher Art und Weise zu Wort melden und unsere Entscheidungen anzweifeln.

„Das Leben ist die Summe all unserer Entscheidungen."
Albert Camus

Leider gab und gibt es immer noch genug Dummschwätzer, die nur das hören und sehen, was sie auch glauben zu verstehen, und genau da fängt das Problem an. Sie schwafeln andauernd von dem, wovon sie keine Ahnung haben, aber denken, sie hätten die Weisheit mit Löffeln gefressen. Sie kannten von Anfang an die richtige Entscheidung und wussten genau, dass unsere absolut falsch war. Diese großspurigen, Intelligenz verweigernden Denkzwerge meinen stets, dass ihre Auffassung der Dinge die richtige und die Welt verbessernde ist. Sie gehen nicht nur davon aus, sondern wissen, dass sie das Zentrum von Bildung und Sachverstand verkörpern und jedem das Leben erklären und den richtigen Weg aufzeigen müssen. Sie haben überall das letzte Wort, selbst dann, wenn sie lieber ihre vorlaute Klappe halten sollten. Sie mischen sich unaufhörlich in Gespräche ein, geben ungefragt ihre Meinung ab und ignorieren Widersprüche und Fakten selbst dann noch, wenn das Gegenteil ihrer Aussagen bewiesen ist. Sobald sie bemerken, dass sie auf verlorenem Posten stehen und ihre Meinung nicht mehr haltbar ist, werden sie unsachlich und schmettern Gegenargumente aggressiv ab. Bei diesen Menschen stellt sich dann bei uns automatisch die Frage: Funktioniert deren Gehirn analog? Münze einwerfen, Knöpfchen drücken, zweimal gegenkloppen, und erst dann fängt es an, richtig zu rattern?

Doch leider gibt es diese Stammtischpolemiker und rechthaberischen Herumplärrer immer wieder, und wir müssen sie mit ihrer prahlerischen, schwachköpfigen Wichtigtuerei ertragen. Aber davon sollten wir uns nicht beirren lassen. Bleiben wir flexibel und treffen auch in Zukunft selbstbewusste und verantwortungsvolle Entscheidungen! Nutzen wir die uns zur Verfügung stehende Optionsauswahl als Weichenstellung im Leben! Das Entscheiden, so herausfordernd es auch manchmal sein mag, lenkt unser Leben mitunter in eine neue, vielleicht unbekannte, dennoch ausschlaggebende und möglicherweise schicksalsträchtige Richtung. Es stärkt unseren Selbstwert, gestaltet unser Persönlichkeitsformat attraktiver und bestimmt entscheidend unsere Lebensumstände.

„Es gibt Menschen, die wären mit zwei Gehirnen auch nicht schlauer, sondern doppelt so blöd." spruch-des-tages.de

Die Entscheidung, sich zu entscheiden, kann uns niemand abnehmen. Man kann uns beraten, aber am Ende müssen wir uns auf eine Wahl festlegen. Dabei ist es erst einmal sekundär, wie wir uns entscheiden, da es immer ein Pro und Contra gibt. Hauptsache, wir fassen im notwendigen Zeitfenster einen Entschluss, wobei für eine erfolgreiche Entscheidungsfindung bei ausreichend Zeit nicht nach dem Alles-oder-Nichts-Prinzip gegangen werden sollte. Bei diesem Lösungsansatz beziehen wir dann eventuell nur eine Möglichkeit ein und gliedern dabei verschiedentliche, womöglich bessere Wahloptionen aus. Unser Mut, unsere Entschlossenheit und Courage sorgen dafür, dass wir uns in die Ungewissheit der Veränderung wagen. Unser Gehirn hasst dunkle Verschwommenheit und Vagheit. Im Allgemeinen wollen wir Garantien, einen Plan,

Struktur und Organisation. Wir möchten wissen, was, wann, wie passiert. Aus diesem Grund fällt es uns auch so unsagbar schwer, in unklaren Situationen klare Entscheidungen zu treffen. Doch genau in diesen Momenten zeigt sich unsere Charakterstärke, und durch welche Tugenden wir uns definieren, und wir erkennen, welche Durchschlagskraft in der Fähigkeit der Entscheidungsentschlossenheit und ihrer Anwendung steckt.

Durch das Treffen von Entschlüssen nehmen wir unsere Geschicke in die eigenen Hände, erhalten uns unsere Würde und Selbstachtung und verteidigen und schützen unsere autonome Unabhängigkeit. Wir lassen nicht zu, dass andere Personen uns und unser Leben manipulieren und darüber bestimmen. Wir befreien uns von der Fessel der Unmündigkeit und befähigen uns, unser Lebensschiff als eigenständiger Kapitän zu steuern. Wir werden mutiger, sicherer und stärker für die Zukunft, bewahren uns vor suggestiven Winkelzügen anderer und richten eigenständig und individuell unser Denken und Handeln auf unsere Ziele und Lebensinhalte aus. Wir prüfen unser Wahlrepertoire selbst, kommen zu einer Umsetzungsabsicht und treffen dann die nach unserer Ansicht beste Entscheidung. Es kommt zum Tragen, wer und was wir sind, und ob man uns nicht nur nach unseren Worten, sondern vor allem nach unseren Taten positiv beurteilen kann. Denn Taten sind immer mächtiger als Worte.

„Viel mehr als unsere Fähigkeiten sind es unsere Entscheidungen, die zeigen, wer wir wirklich sind.“ Joanne K. Rowling

Nur die wenigsten Entscheidungen sind endgültig und irreversibel. Die Mehrzahl ist klär- und damit korrigierbar. Das einzig Unwandelbare im Leben ist der beständige und gelegentlich undurchschaubare Wandel. Dem sind wir permanent ausgesetzt. Demzufolge können wir nicht in allen Lebenslagen die besten und vorteilhaftesten Beschlüsse fassen. Das ist nicht möglich. Was heute noch richtig ist, kann morgen schon wieder absolut falsch sein, sogar in der nächsten Minute. Diese Nonstop-Wendungen beinhalten nun mal die unaufhörliche Modifizierung und Neuausrichtung nicht nur des Lebens, sondern des gesamten Weltsystems. Perspektiven, Verhältnisse, Mechanismen und Intentionen und damit verbundene Entscheidungen ändern sich ohne Unterlass. Dadurch variiert das Leben und schreibt sich regelmäßig neu. Es fragmentiert und defragmentiert sich in seinem unbegrenzten und universalperspektivischen Wachstum permanent.

Zwanglos in eigener Regie zu entscheiden, berücksichtigt die Kompetenz, unseren Bedürfnissen entsprechend zu fühlen, zu denken, zu sprechen und zu handeln. Es ist nicht immer leicht oder möglich, eine kluge und gleichzeitig auch richtige Entscheidung zu wählen. Das allzeitige Treffen von Entscheidungen kostet viel mentale Energie. Wenn wir in undeutlich gemischten Situationen mit widersprüchlichen Informationen sofort entscheiden, tun wir dies oft unüberlegt und unwillkürlich nur, um unsere Funktionsfähigkeit beizubehalten. Unser Denken und Handeln reduzieren sich, und wir unterliegen in unserer Vorstellung Zerrbildern, welche uns in einem Netz des Entweder-Oder-Denkens einfangen. Wir beziehen verschiedene Sichtinterpretationen und Anwendungsvorgänge nicht mehr in unsere Abwägungen mit ein. Das geschieht nicht gewollt oder gezielt, aber es passiert, weil wir nur Menschen sind.
Wir können nicht Tag und Nacht, Schlag auf Schlag, unter der beständigen Reizüberflutung unseres Gehirns, sämtliche relevanten und situationsspezifischen Angaben kennen oder erkennen und alle irritierenden Belastungs- und Störfeuer neutralisieren. Aber wir können entscheiden - und wir müssen entscheiden.

„Es gibt keine richtigen oder falschen Entscheidungen, immer nur Entscheidungen." Dieter Lange

Damit wir das Optimalste und Erfolgreichste erreichen können, müssen wir uns die Freiheit einräumen, originär und sachgemäß routiniert zu entscheiden, selbst auf die Gefahr hin, eine Fehlentscheidung zu treffen und eine Sache mal zu vergeigen. Diese Freiheit gewährt uns das Leben und lässt sie uns durch unser Geburtsrecht des Lebens zuteilwerden. Lassen wir uns nicht in unseren Be- und Entschlüssen von anderen bestimmen! Bleiben wir bei uns und uns treu! Wenn wir uns in keinem notwendigen Abhängigkeitsverhältnis, z. B. am Arbeitsplatz, befinden, entscheiden wir, was, wann, wo und wie geschehen soll, kein anderer.

Gestatten wir uns das Privileg, Entscheidungen zu treffen, die anderen missfallen, die dagegen unsere Entwicklung, unsere Persönlichkeit, unser Wohlgefühl und unsere Eigenständigkeit unterstützen und fördern! Billigen wir uns in diesem Rahmen auch charmant einen eventuellen Fehlentschluss zu, denn auch das gehört zur Dualitätsstruktur des Lebens. Nutzen wir unser zentrales, naturhaftes Recht auf freie Entscheidungen zwischen akzeptablen Alternativen, um dadurch unsere eigene Natur zu entdecken oder neu zu gestalten! Übernehmen wir Verantwortung, überwinden wir unrechtmäßige Zweifel und verbessern wir unsere Kommunikationsfähigkeit, um in Zukunft größere Entscheidungen treffen zu können! Dann werden wir in der Lage sein, uns selbst neu zu definieren und zu übertreffen.

Durch unsere Erfahrungen infolge unserer Entscheidungen, verbunden mit unserer Selbstentwicklung, sind wir imstande, unsere Lebenssituation zu verändern, wenn wir mit dieser nicht zufrieden sind. Wir können der Zukunft widerstandsfähiger, routinierter und entschlossener entgegensehen.

Ohne persönliche Entscheidungsfindungen sind und bleiben wir gedankenlos, unbedeutend, farblos und unwichtig.

„Durch unsere Entscheidungen definieren wir uns selbst. Allein durch sie können wir unseren Worten und Träumen Leben und Bedeutung verleihen. Allein durch sie können wir aus dem, was wir sind, das machen, was wir sein wollen."
Sergio Bambaren in -Der träumende Delphin-

17. UNBESCHWERTHEIT

„Ich hätte gerne meine Schaukel zurück. Die, die bei Opa im Garten stand. Und meine Unbeschwertheit. Und Opa." debeste.de

Haben Sie sich schon einmal bewusst mit dem inneren Zustand der Unbeschwertheit beschäftigt? Bis zu dem Zeitpunkt, an welchem ich ernsthaft über das Geburtsrecht des Lebens nachdachte und mich mit seinem Konzept und seinen Bestandteilen auseinandersetzte, hegte auch ich keinen Gedanken daran. Aber je mehr ich mich der Unbeschwertheit zuwandte und mich darin vertiefte, umso deutlicher wurde mir, wie qualitätsvoll sie im Leben der Menschen ist, und welch wohltuende Wirkung sie aufweist. Durch diesen unbelasteten psychischen Zustand, dieses von besinnlicher und ausgeglichener Leichtigkeit durchdrungene Gefühl, fällt es uns leichter, im Augenblick des Moments zu leben. Infolge der mit der Unbeschwertheit verbundenen Beschwingtheit und Unbekümmertheit sind wir in der Lage, das Leben in seinen Einzelheiten lebhaft intensiver, ungeheuchelter und purer zu erleben. Wir können strahlender lachen, genussvoller aus dem Kelch des Glücks trinken und das Leben ungezwungener und müheloser genießen.

Unbeschwert leben bedeutet, das Leben unkomplizierter zu nehmen. Es bringt in seiner allseitig zahlreichen Dimensionalität oft viel Schwere mit sich. Daher ist es wichtig, die Dinge, welche wir nicht ändern können oder die nicht an uns liegen, lockerer und nicht zu ernst anzunehmen. Wir regen uns über Vieles auf, was aus der Interpretation unserer Wahrnehmungen und Erfahrungen resultiert und nicht unseren Überzeugungen entspricht, und schon ist es mit unserer Unbeschwertheit vorbei. Dadurch, dass wir Ereignisse und Menschen, die eigentlich wenig Bedeutung in unserem Leben besitzen, wichtiger erachten und ernster nehmen, als sie in Wirklichkeit sind, werden sie zu Unannehmlichkeiten und können sogar Konflikte in uns auslösen. Unsere Mundwinkel gehen nach unten, entzaubern unser Gesicht, und wir verlieren spontan oder allmählich unsere positive Aufmerksamkeit im Irrgarten des brisanten, negativ geladenen Unzufriedenheitsprogrammes. Es ist uns nicht mehr möglich, hingebungsvoll den momentan entspannten und verspielten Zeitpunkt auszuschöpfen und die Seele in der Wellness des Glücksgefühls zu baden. Im weiteren Verlauf verfranzen wir uns umso mehr im deprimierenden Level der Verärgerung, Ablehnung und des Unangenehmen.

„Weil ja bald wieder Zeitumstellung ist: Ich hätte gerne die unbeschwerte zurück." schwarzer-kaffee.com

Als Kinder nahmen wir das Leben leichter, weil wir uns mehr mit uns und unseren Träumen, Wünschen und Zielen beschäftigten als mit den darin enthaltenen Problemen. Hätten wir diese damals schon erkannt, wären uns womöglich einige Schwierigkeiten erspart geblieben, jedoch hätten wir unser Leben nicht so unbeschwert leben können. In unserer Kindheit sahen wir noch kleine Wunder, konnten staunen und genossen unbefangenen Spaß. Wir probierten Dinge aus, weil sie uns interessierten, ohne groß über mögliche Konsequenzen nachzudenken. Uns waren damals noch nicht die Unübersichtlichkeit sowie das Ineinandergreifen der verschiedensten veränderbaren Größen des Lebens bewusst. Für diese unbestimmten Faktoren besaßen wir keine Übersicht. Brauchten wir auch nicht, denn dafür gab es schließlich Eltern.
Mit dem Älterwerden waren dann eine Erkenntnisentwicklung und Lebenserfahrung verbunden. Dadurch veränderte sich unsere Sicht auf die Lebensordnung in der ständig fordernden Leistungsfabrik und auf das hierarchische Gliederungsprinzip der Welt. Wir bekamen mehr Überblick über die Herausforderungen und damit einhergehenden Hürden, welche das Leben begleiten. Unsere Eigenverantwortung, destabilisierende Sorgen und unser Pflichtbewusstsein nahmen zu, und diese Lasten drückten unsere Unbeschwertheit mehr und mehr ins Abseits. Kinder, Lebensunterhalt,

Wohnung, Arbeitsplatz und unendlich viel mehr: Für alles muss irgendwie gesorgt sein. Wir müssen jetzt viele, teils drastische und nachhaltige Entscheidungen treffen, die uns nicht immer zufrieden und glücklich machen, wodurch sich Einfachheit und Mühelosigkeit wehmütig von uns verabschieden.

Nicht selten ändert das Leben innerhalb kürzester Zeit abrupt die Laufrichtung, sodass wir uns aufgrund unserer Sorgen und Probleme am liebsten nur noch die Birne vollsaufen und hackedicht sein möchten, um so wenigstens für kurze Zeit ein bisschen unbeschwerter leben zu können. Doch leider müssten wir später feststellen, dass Sorgen und Probleme hervorragende Überlebenskünstler sind. Düstere Wolken würden abermals an unserem Lebenshimmel aufziehen und unsere erzwungene Leichtfüßigkeit erneut verbergen. Oft frieren wir in unserer Innenwelt, weil wir das Gefühl bekommen, dass unsere inneren zentralen und wärmenden Schutzabläufe gestört sind. Wir zittern seelisch-gedanklich, weil wir davon ausgehen, uns ständig anpassen und stärker werden zu müssen, um unser Leben geregelt zu bekommen und um nicht vom Schnellzug des Lebens überrollt zu werden.
Wir besitzen jetzt zwar mehr Freiheiten, dafür aber auch mehr Verantwortung und damit mehr Stress, mehr fordernden Druck und beeinträchtigenden, zerreibenden Ballast.

„In Zeiten wie diesen wird uns erst bewusst, wie frei und unbeschwert unser Leben war." visualstatements.net

Jede Charaktereigenschaft, jedes Gefühl, jeder innere Zustand und jegliche Tugend, welche übersteigert und unverhältnismäßig nach außen gelebt wird, wird zu einem Übel, einer Unart. Wir dürfen daher Unbeschwertheit und Leichtigkeit nicht mit Sorglosigkeit oder Leichtsinn verwechseln, denn dann können daraus schnell Gleichgültigkeit, Gedankenlosigkeit oder egoistische Rücksichtslosigkeit werden.

Der Schweizer Publizist und Aphoristiker Dr. phil. Ernst Reinhardt ist schon der Meinung, dass man das Leben ernst, aber nicht schwernehmen soll. Das bedeutet, dass das Leben inhaltsreich sein und in seiner vielschichtigen Virtuosität respektiert und wertgeschätzt werden soll, aber nicht unterschätzt werden darf. Im Gegenzug dazu sollten wir allerdings in unseren Bewertungen nicht zu kleinlich sein, nicht so viel persönlich nehmen, das Leben nicht zu kompliziert auseinanderdenken und den Dingen auch ihre Einfachheit zugestehen. Unabänderlichkeiten können wir entweder mit einem Kopfnicken, Schmunzeln oder Schulterzucken billigen oder uns darüber ärgern und uns das damit assoziierende hinderliche Joch der gereizten Niedergeschlagenheit aufbürden.

Lächeln, Spaß, Frohsinn und innere Ruhe sind die Grundlagen für Unbeschwertheit im Leben. Sie gehört zum gesamten wahren Gehalt des Geburtsrechts des Lebens. Wenn wir in der Lage sind, Unbeschwertheit zwischen den Situationen wahrzunehmen und zu erkennen und sie in ihrer gemischten Struktur zu leben, werden wir das Mysterium im Bekannten, das Großartige im Normalen und das Zauberhafte im Herkömmlichen sehen können. Dann werden wir zwischen den Zeilen lesen, zwischen den Worten hören und zwischen den Dingen fühlen. Wir kollabieren nicht inmitten von Stress, Hektik und der Falschheit und Rücksichtslosigkeit der Welt, sondern orientieren uns an den Grundtugenden unserer Persönlichkeit, entwickeln uns weiter und leben unser Leben in Glück und Unbeschwertheit. Wir schaffen uns mehr Bewegungsfreiheiten für die Grundhaltung unserer Gesinnungen und werden bemerken, dass das Leben trotz seiner Tiefen lebenswert ist.

„Leichtigkeit bedeutet nicht, dass man keine Probleme hat, sondern, dass man zuversichtlich und gelassen mit ihnen umgeht."
Unbekannt

Sehen wir die Unbeschwertheit nicht nur im Dasein anderer, sondern nutzen auch wir unser Recht auf ein eigenes leichtes und nonchalantes Leben! Sagen wir nicht nur: „Ja klar, ich habe dieses Recht, ich weiß das", sondern zelebrieren wir es in jeder verfügbaren Sekunde unserer Existenz. Bringen wir unseren eventuellen lebens- und situationsbedingten Betrachtungsstillstand ins Stolpern und damit in Bewegung! Gehen wir von der gedanklich unbeweglichen Lebenseinstellung ins ergründend aktive Machen über, indem wir unsere Geisteshaltung und Lebensart überarbeiten. Ändern wir die Bedingungen für mehr Unbeschwertheit zu unseren Gunsten! Lernen wir, starre Gedankenmuster auf freien Fuß zu setzen und Unabänderliches und Unangenehmes anzunehmen und wieder zu entlassen, ohne uns darüber den Kopf zu zerbrechen! Unliebsame oder lästige Dinge loszulassen, ist einfacher, als man denkt, sobald sie nicht mehr zu sehr oder, besser noch, gar nicht mehr auf den Prüfstand kommen. Um unbeschwerter und leichter zu leben, müssen wir keine Überflieger sein. Es reichen meist ein klein wenig mehr Humor, Harmonie und die Zulassung vieler zu kompliziert gesehener Einfachheiten des Lebens aus.

Richten wir unser Augenmerk zunehmender auf unsere Visionen und lassen uns unsere Gefühle, Ansichten und Vorgehensweisen nicht von unliebsamen Querköpfen, Zankteufeln oder halbgescheiten Heinis diktieren! Gehen wir somit unbekümmerter, aufgeschlossener und empfänglicher im Spielplan des Lebens auf!

Autorisieren wir das Kind in uns, wieder aufzuleben, und den Erwachsenen, Pause zu machen! Einfach mal die Pflichten liegenlassen, die Grübeleien den Berg hinunterschubsen und dann rundum gelöst dem inneren Kind Platz machen. Andere Menschen werden sich demzufolge in unserer Nähe nicht nur wohlfühlen, sie werden unsere Verbundenheit auch suchen, weil sie merken, dass von uns infolge unserer gelösten Lebenseinstellung und der damit verbundenen Lebensweise etwas Besonderes, Wohltuendes und Beruhigendes ausgeht und sich auf sie überträgt.

„Der in sich unbeschwerte Mensch ist auch anderen keine Last."
Epikur von Samos

18. FEHLER

„Fehler sind das Tor zu neuen Entdeckungen."
spruch-des-tages.de

„**H**allo! Gestatten? Ich bin das Fehlerteufelchen.
Ich bin sehr unbeliebt, was ich auch teilweise nachvollziehen kann. Aber diese Haltung resultiert aus einer vernebelten Wahrnehmung infolge der zu mir bestehenden Einstellung. Ich bin nicht immer einfach zu verstehen oder zu erklären, weshalb ich gerne ein wenig mit dir plaudern würde. Dann lernst du mich ein bisschen besser kennen, lernst mich eindeutiger begreifen, kannst mich vielleicht besser gelten lassen und womöglich sogar einen Nutzen aus mir ziehen.
Ich bin oft traurig, weil mich die meisten falsch einschätzen und dann deprimiert oder geradezu verzweifelt sind. Sie möchten mich nicht wahrhaben, ignorieren oder verwünschen mich, wo sie nur können, ohne meine guten Seiten zu begreifen. Natürlich achte ich deren Auffassung, aber verschmäht man das Salz, nur weil das Essen versalzen wurde und nun nicht mehr schmeckt? Es war doch nicht das Salz, welches sich aufgedrängt hat oder sich selbst zu viel hinzugab. Genauso dränge ich mich auch nicht auf oder möchte mich absichtlich in den Vordergrund stellen. Ich werde von euch bewusst und unbewusst engagiert, wobei ihr jedoch bei der Erfüllung eurer Vorhaben immer nach bestem Wissen und Gewissen handelt, sagt ihr jedenfalls. Aber wenn ich dann auftrete, ist es nicht meine Schuld, doch zugegebenermaßen haben die mit mir verbundenen Folgen oft Auswirkungen, die selten als angenehm empfunden werden.
Ihr Menschen wollt mich vermeiden, und das verstehe ich auch. Im Endeffekt stelle ich ja eine Ungereimtheit vom tatsächlichen Zustand zum Soll-Zustand dar. Ich weiche also von gewissen Qualitätsniveaus, Vorschriften oder Konzepten ab. Doch das mache ich nicht von mir aus, weil ich mich so toll finde. Ich werde gemacht,

und zwar von euch, und das gehört zu meiner Bestimmung. Jedoch tauche ich nicht auf, um euch zu schaden. Ich werde sichtbar, um euch wachzurütteln, damit ihr euch mit den Variablen des Lebens auseinandersetzt. Um euren Blick zu schärfen und um euch dementsprechend zu fördern und zu verbessern.

Manchmal bin ich in der Erkenntnis wichtig, manchmal nicht. Gelegentlich bin ich groß, gelegentlich klein. Mal bin ich grob, mal detailliert. Meist bin ich korrigierbar, aber nicht immer. Hin und wieder erzeuge ich einen Brechreiz, verschiedentlich bemerkt man mich auch gar nicht. Das ändert jedoch nichts an meiner Existenz. Warum ich da bin und wirken kann? Weil ihr nur Menschen seid und ich einfach bin. Das kommt daher, weil ich zum Leben gehöre, auch wenn mich einige Menschen bei sich weder lokalisieren noch eingestehen wollen und deshalb ständig wiederholen. Ich war schon immer, bin und werde auch immer sein. Ich bin ein Universalgenie. Meine übergreifenden Programme der Verlagerung und Ausdehnung meiner facettenreichen Wirksamkeit und Prägung im Zusammenhang mit Situationen oder Menschen sind international und weltumspannend oder nur einseitig, unbedeutend und minimal. Und manchmal auch belustigend und pointiert."

„Der Fehler begleitet den Menschen." Platon

„In vielen Wirkungsfeldern des Lebens herrscht bei euch leider immer noch eine ‚Null-Fehler-Kultur', aber ich besitze sogar zwei.
Bei der offenen und konstruktiven, also positiven Fehlerkultur sucht und bestraft ihr nicht den Verursacher, sondern sprecht offen darüber und fragt nach dem ‚Warum'. Ihr richtet euer Augenmerk auf mich persönlich, auf Auslöser und Inhalte. Danach sucht ihr nach Strategien und Taktiken zur Verbesserung und konzipiert ein Lösungsmodell.
Im Gegensatz dazu sanktioniert ihr in der negativen Fehlerkultur die Menschen, was wiederum dazu führt, dass sie in Zukunft Angst bekommen, mich zu begehen. Diese Angst bewirkt dann bei ihnen

einen Rückgang der Produktivität, baut Denkbarrieren auf, verursacht übertriebenes Verantwortungs- und Verteidigungsdenken und schwächt ihre Schöpferkraft und ihren Ideenreichtum.

Ich gelte jeden Tag in aller Welt als No-Go, weil ihr mit mir Scheitern, Enttäuschungen, Nachteile und Defizite verbindet. Oft definiert ihr euch über mich mit unerwünschten Bestandteilen oder Negativfolgen eurer Persönlichkeit, obwohl das Quatsch ist. Mir ist klar, dass mir dies alles keine Sympathiepunkte einbringt und sich nicht gerade hilfreich auf meine Erscheinungsform auswirkt. Jedoch kann ich nicht so grottenschlecht sein, wie ich von euch empfunden werde, denn gleichwohl besitze ich auch einen fruchtbaren Nährboden für das Leben und damit auch für euch, denn ihr seid schließlich Leben. Nicht umsonst spiele ich in der gleichen Liga wie das Glück, die Gelassenheit oder die Lebensfreude, und dementsprechend erhielt ich genauso eine Eintrittskarte vom Leben zum Geburtsrecht des Lebens wie alle anderen lebensfördernden Elemente, die dort zu Hause sind. Ich weiß, dass sich das ein wenig wie Hochstapelei oder Effekthascherei anhört, aber noch ist ja unser Schwätzchen nicht zu Ende."

„Unsere Fehler sind unsere besten Ratgeber und strengsten Ausbilder, aber denen gegenüber verhält man sich in der Regel ungerecht." Christian Rebosch

„**N**iemand ist perfekt, und das ist auch gut und in Ordnung so. Ich mache Sinn, denn durch mich erkennt ihr eure eigenen Entwicklungs- und Verbesserungsressourcen. Ohne mich gäbe es keine neuen, fortschrittlich-schöpferischen Ideen, und ihr könntet in eurem Fortgang weder reifen noch euch verbessern. Ich lehre euch, zu verstehen, was nicht funktioniert. Durch mich wird das Leben interessanter, spannender und kreationsintensiver, denn mir obliegt die Festlegung eines Begriffs oder die Interpretation der Natur einer Sache. Ich bin nicht immer generell so, wie ich einzeln gedeutet werde, denn was für den einen richtig ist, kann für den anderen falsch, also ein Fehler sein. Das heißt, dass ich auslegungsfähig und nicht klassisch aufgestellt oder starr fixiert bin.

Mich zu fabrizieren ist natürlich, denn ich gehöre zur Ursprünglichkeit allen Seins. Entweder werde ich bewusst systematisch, also vorhersehbar, provoziert, zufällig, also unvorhersehbar, heraufbeschworen oder fahrlässig begangen. Hingegen erscheine ich nicht freiwillig und zwinge mich auch nicht auf. Ich werde stets in irgendeiner Weise rekrutiert. Mich bei sich selbst und anderen zu akzeptieren, zu tolerieren und zu verzeihen, beweist Klugheit und Großherzigkeit. Mich zu verursachen, macht das Menschsein aus. Ich gebe euch eine sympathische, natürlich menschliche Note und unterrichte euch, einzusehen, zu lernen und neu zu entdecken.

Es kommt auch vor, dass einer von euch wie ein Besessener einen bestimmten falschen Weg einschlägt und weiterverfolgt, obwohl er genau weiß, dass dieser Weg verkehrt ist. Trotzdem denkt er, dass sein Handeln richtig ist. Viele Triebkräfte kommen dafür in Frage, aber ich bin daran schuldlos. Dieser Mensch hat ohne mein Dazutun selbst diese Richtung gewählt, allerdings nicht, weil das mein, sondern sein Wille war. Ich bin indes nicht an seiner Seite, um ihn weiter zu täuschen und auf die nächste falsche Fährte zu locken, vielmehr, um seine Gedanken zu ordnen, ihm seinen Irrweg zu verdeutlichen und ihn dadurch schließlich einen Ausweg erkennen zu lassen. Zum Glück ist das Beschreiten dieser Richtung nicht in Stein gemeißelt. Er muss jedoch begreifen, dass er einen Richtungswechsel vornehmen muss und sich bewusst machen, dass ich auch neue Türen öffnen kann."

„Wer wirklich Autorität hat, wird sich nicht scheuen, Fehler zuzugeben." Bertrand Russell

„Eigentlich bin ich der Beweis für eure Intelligenz und die Entfaltung eures Wissens. Diese beruhen auf einer zielwirkenden Neuverknüpfung vorhandener Reize von Erlebniseindrücken. Ich bin demzufolge normal im Ablauf des Lebens. Dieser Normalität müsst ihr euch nur noch bewusster werden! Vermeidet es, mich zu verschleiern oder unter den Teppich zu kehren! Wenn ihr mich erkannt habt, betrachtet letztlich das große Ganze und seht mein Erscheinen in der Bedeutung dazu! Grundsätzlich werdet ihr dann feststellen, dass ich und die durch mich entstandenen Dimensionen überhaupt nicht so schädlich oder irreparabel sind.

Ich stärke auch eure Persönlichkeiten. Ich weiß, dass sich das ein wenig merkwürdig anhört, aber es ist so. Wer mich erkennt und daraus die richtigen Schlüsse zieht, trainiert wissentlich seine Selbstbeobachtung und -wahrnehmung sowie seine Selbsteinschätzung. Dabei identifiziert er seine individuellen Stärken, aber auch Schwächen, und kann sie für neue Herausforderungen mobilisieren bzw. begrenzen.

Hin und wieder trete ich auch als sogenannter ‚Alpha-Fehler' auf, oder besser: Ich werde aufgetreten. Da geht es dann um Null- und Alternativhypothesen in statistischen Hypothesentests. Doch damit will ich dich nicht weiter nerven, das würde zu weit gehen. Nur so viel: Dabei wird fälschlicherweise aus einer methodischen Prüfung geschlossen, dass ich in einer deutlich kennzeichnenden Kausalität zu einer bestimmten Situation stehe, obwohl dies nicht der Fall ist und ich weder hervorgerufen wurde noch faktisch gegeben bin. Dieser Alpha-Fehler sagt also aus, dass ich in Wirklichkeit gar nicht da bin. Ich werde lediglich unzutreffend als Trugbild in die Begründung einer Situation hineinprojiziert.

Ihr Menschen seid schon seltsam, aber vor allem kompliziert."

„Ein kluger Mann macht nicht alle Fehler selbst. Er gibt auch anderen eine Chance." Winston Churchill

„**W**eißt du, was mich immer wieder irritiert, empört und sogar aggressiv macht? Ihr trefft so viele enttäuschende, nicht haltbare und heuchlerische Entscheidungen. Aber anstatt dann Verantwortung zu übernehmen, findet ihr laufend irgendwelche aberwitzigen und verrückten Motive und Rechtfertigungen und lügt euch selbst in die Tasche. Dabei liebt ihr doch so sehr die Wahrheit, aber wahrscheinlich nur bei den anderen.

Ihr nutzt nicht eure Chancen und verharrt lieber in eurer langweiligen und monotonen, auf Vorsicht bedachten Eintönigkeit. Ihr gebt euren Wünschen und Träumen zu wenig Aufmerksamkeit, Energie und Durchsetzungsvermögen. Lieber lebt ihr euer stumpfsinniges und tristes Leben weiter, statt es mit Leidenschaft zu füllen und euren Lebenshunger zu stillen. Wenn ihr dann am Ende eures Daseins euer Leben rekapituliert, erkennt ihr ganz schlau, aber traurig: ‚Das war ein Fehler.' Ihr verliert euer Glück und eure Bedürfnisse aus den Augen, um es dafür anderen stets rechtzumachen. Natürlich wieder ein zu spät erkannter ‚Fehler', was sonst.

Kinder müssen arbeiten, bevor ihr sie spielen lasst, und ihr misshandelt sie auch noch. Ihr quält und tötet euch darüber hinaus eher, als dass ihr euch mit Achtung, Toleranz und Respekt begegnet. Ihr betreibt Verteilungsungerechtigkeiten, indem ihr Essen vernichtet, während andere Menschen, darunter viele Kinder, an Unterernährung leiden oder den Hungertod sterben. Zum Schluss heißt es immer nur: ‚Fehler, Fehler, Fehler!'

Ich habe oft den Eindruck, dass ihr nicht dazulernen wollt, selbst dann nicht, wenn ihr mich erkannt habt. Ihr seid nicht selten kleinkariert, aber in den großen und wichtigen Dingen lasst ihr Verstand, Weitsicht und anteilnehmende Humanität vermissen. Und dennoch macht ihr fleißig so weiter."

„Manchmal macht man einen Fehler, aber manchmal macht man einen fatalen Fehler, den man nicht rückgängig machen kann. Hüte dich davor!" Unbekannt

„Ihr würdet sogar lieber eure Welt und somit alles damit verbundene Leben vernichten, als euch in Frieden zu einigen. Dafür beschwört ihr bewusst politische Krisen, gewaltsame Konflikte und fast unkontrollierbare Kriege herauf. Ihr zerstört euer Klima, den Raum, in welchem ihr lebt. Ihr nehmt billigend in Kauf, dass euer

Ökosystem kollabiert und zum Schluss vielleicht zusammenbricht. Ihr lasst den Verlust der biologischen Vielfalt und das Artensterben auf eurer Erde zu. Ihr wollt immer so erwachsen sein und benehmt euch bei vielen entscheidenden Fragen wie Kleinkinder, welche die Folgen ihres Handelns nicht überblicken.

Ihr könnt die Verschlusskappen eurer Plastikflaschen und Tetrapacks nicht mehr abdrehen, plempert beim Eingießen oder schiebt euch beim Trinken den Deckel in den Mund, betreibt aber zur Befriedigung eures Luxuswahns Kreuzfahrtschiffe mit eminent umweltunfreundlichem Schwer- bzw. Marinedieselöl. Ich habe zufällig von Natur- und Umweltschützern gehört, dass der Nabu-Experte Sönke Diesener ausgerechnet hat, dass ein einzelnes Kreuzfahrtschiff so viel Feinstaub ausstößt wie eine Million Autos (Nabu: Naturschutzbund Deutschland e. V.). Und das alles für ein bisschen verschwenderische Opulenz und damit einige Menschen und Konzerne immer reicher werden. Ihr lasst das wie Langzeit-Ahnungslose zu und nehmt es einfach billigend in Kauf. Manchmal protestiert, schreit und demonstriert ihr, aber außer moralischer Empörung passiert nicht viel. Ihr vermüllt und ruiniert die Welt, in der ihr lebt, und macht sie mehr und mehr unbewohnbar. Und um diesem Bullshit mehr Überzeugungs- und Beweiskraft zu verleihen, erfindet ihr täglich neue Fake-News, statt klug zu handeln."

„Wenn wir die Chance in der Gegenwart nicht ergreifen, werden wir in Zukunft auf unsere Vergangenheit zurückblicken und bedauern, nichts daran geändert zu haben."
Jojo Moyes aus -Eine Handvoll Worte-

„Stell dir das doch mal bildlich vor! Das hat nach meinem Ermessen nichts mehr mit Fehlern oder Verstand und schon gar nichts mehr mit Menschlichkeit zu tun. Selbst Tiere machen so etwas nicht. Sie töten nur, um zu überleben. Kein Tier würde eine Bombe explodieren lassen. So durchgeknallt seid nur ihr Menschen. Ihr bringt euch selbst gegenseitig in Kriegen um, um anschließend eine Welt beherrschen zu wollen, die es dann nicht mehr geben wird. Ihr schürt Angst und Hass, anstatt zu begreifen, dass euer Menschsein bereits auf der Kippe steht. Ihr müsst verstehen lernen, dass es nur gemeinsam geht, eure Welt zu retten. Egal welche Hautfarbe ihr habt, welche Sprache ihr sprecht oder an welchen Gott ihr glaubt oder nicht glaubt. Eure Welt kann keinem nur allein gehören. Das alles hat auch nichts mehr mit mir zu tun. Diese Verhaltensweisen sind keine Fehler. Es sind paradoxe, menschenverachtende und durch nichts zu rechtfertigende Abgründe und Absurditäten von herrschsüchtigen Schwachsinnigen, bei denen bereits die Hirnschmelze eingesetzt hat. Eigentlich müssten die jede Nacht schreiend aufwachen. Und dann ist immer der andere schuld, niemals der, der das eigentlich zu verantworten hat. Alle zeigen nur drohend und belehrungsresistent mit dem Finger auf den Nächsten, bevor sie über ihr eigenes Handeln nachdenken, wenn überhaupt.

Ihr wollt alles überaus korrekt und sorgfältig machen, aber bei den entscheidenden Dingen seid ihr oberflächlich und einfältig. Wenn es um euch als gesamte Menschheit und euren Lebensraum geht, agiert ihr so leichtsinnig und unbedacht. Ein Wunder, dass ihr euch noch nicht selbst ausgelöscht habt. Noch nicht. Es ist ein absoluter Wahnsinn, den ihr betreibt und durch den ihr euch und eure Welt ins Verderben stoßt. Statt euren Kindern ein schönes Erbe, eine bessere Welt, zu hinterlassen, ruiniert und zerstört ihr sie. Warum nehmt ihr ihnen die Chance auf ein zukunftsfähiges Morgen?

Ich habe jedenfalls nichts mit diesem idiotischen, geisteskranken und verblödeten Irrsinn zu tun. In meinen Augen ist das nicht fehlerhaft, sondern einfach nur krank. Damit könnt ihr mich nicht in Verbindung bringen, denn ihr seht dieses Auftreten und diese Unterordnung nicht als Fehler, sondern als richtig, normal und zukunftsweisend an. Ihr könnt einem wirklich leidtun.

„Das größte Leid ist das, was sich der Mensch selbst antut."
Manès Sperber

„Doch einmal von dieser irrationalen Umnachtung abgesehen: Wie du mich auch siehst und beurteilst, ich gehöre zum Alltag, denn der Mensch lädt mich gewöhnlich zwei bis fünf Mal ein ... pro Stunde. Das belegt das Ergebnis eines Forschungsprojektes der Justus-Liebig-Universität in Gießen unter der Leitung des Organisationspsychologen Michael Frese. Wie du siehst, bin ich weder ungewöhnlich noch selten.

Meine Kernthese sagt aus: ‚Hab keine Angst vor mir! Lass dich nicht durch mein eventuelles Auftreten lähmen, denn dadurch wirst du von deinen eigentlichen Verpflichtungen abgelenkt! Werde nicht passiv, sondern bleibe ideenreich! Richte deinen Fokus auf den Anstieg deiner Erfolge und nimm dafür überlegte Fehlerrisiken in Kauf! Tabuisiere nicht mich, sondern das Ignorieren, Verstecken und Dementieren meiner Begehung! Wenn ihr durch mich nicht lernt, werdet ihr euch und alles Leben auf eurem Planeten schrittweise selbst vernichten.‘

So, nun habe ich aber genug gelabert. Du hast geduldig zugehört, und dafür danke ich dir. Ich hoffe, dich nicht gelangweilt und deine Zeit nicht übermäßig beansprucht zu haben. Ich würde mich freuen, wenn ich dir neue Einblicke vermitteln und einen Hauch von Sympathie und Verständnis in dir für mich und meine Wirksamkeit wecken konnte. Vor allem aber wünsche ich mir, dass ich dir die Angst vor mir ein wenig nehmen und im Gegenzug Zustimmung, Verständnis und Offenheit für mein Erscheinungsbild bei dir und anderen wecken konnte. Ich bin nämlich durchaus nicht so furchtbar und verhängnisvoll, wie die meisten Menschen meinen. Vorausgesetzt, ihr erkennt mich und werdet klüger.

In diesem Sinne: Alles Gute für die Zukunft und nochmal danke.“

„Wo Fehler sind, da ist auch Erfahrung.“ Anton Tschechow

Fehler gehören zu den Hauptquellen des Lernens und besitzen eine Aufwärts- und Fortschrittsentwicklung. Sie machen uns mit zu dem, was wir sind. Mit jedem gemachten Fehler werden wir stärker, wenn wir ihn erkennen, einsehen und dann weitermachen, um für Situationen oder Agenden Alternativen zu finden. Mut bedeutet, Verantwortung zu übernehmen und zu seinen Fehlern zu stehen. Wir können sie als Helfer nutzen, indem wir uns bemühen, beim nächsten Anlauf ein erfolgreicheres Ergebnis zu erzielen. Sehen wir jeden Fehler als Chance, um uns weiterzuentwickeln, neue Strategien zu erarbeiten und frische Sichtweisen zu erlangen. Die Veranlagung, Fehler zu billigen, zu bewältigen und anschließend nicht aufzugeben, verkörpert ein positives Persönlichkeitsmerkmal und ist Sinnbild unserer emotionalen Aufgeklärtheit und selbstbestimmten Mündigkeit. Betrachten wir Fehler in einem anderen Licht! Sehen wir sie objektiver, professionalisieren wir unsere Haltung ihnen gegenüber und lassen wir unser Selbstwertgefühl nicht durch sie bestimmen. Wir dürfen nicht vor ihnen resignieren oder uns durch sie irritieren lassen. Besänftigen wir unsere Gefühle wie Scham, Besorgnis oder Enttäuschung und bauen sie ab, um im Anschluss mit kühlem Kopf angemessen zu analysieren und neu zu bestimmen!

Fehler sind die wahre Wirklichkeit hinter und in der vorgespielten Wirklichkeit und die echte Wahrheit hinter und in der Pseudowahrheit. Ganz gleich, wie die angebliche Wirklichkeit und Wahrheit nach außen hin demonstriert und in der Realität gelebt werden, sind in ihnen Fehler enthalten, werden sie nach einer bestimmten Zeit zum Vorschein kommen und die Tatsächlichkeit widerspiegeln.

Das heißt im Umkehrschluss nicht, Fehler generell und ausnahmslos gutzuheißen und sie bewusst zu begehen, sondern, wichtige Erfahrungen zu sammeln und eine taugliche und schöpferische Handhabung mit ihnen zu etablieren. Sie besitzen das Potenzial für Aufklärung und neues Schöpfertum, wodurch ungewohntes oder andersartiges, innovatives Denken und Handeln auf den Kreativmarkt gebracht werden können. Fehler einzugestehen bedeutet nicht, sich zu widersprechen oder sich in einen Identitätskonflikt zu begeben. Solch ein Eingeständnis lässt deutlich werden, dass Verbesserungsgedanken hinterfragt werden und ist ein offensichtlicher Beweis unseres Arrangements, es das nächste Mal überlegter zu gestalten. Demzufolge können neue Erkenntnisse erworben, im Anschluss die Zukunft cleverer und besonnener formiert und das Leben chancenreicher und gewinnbringender konditioniert werden. Fehler lassen uns bescheidener werden und bewahren uns vor Selbstgefälligkeit und Hochmut.

„Gesund ist, wer Fehler nicht als Schande, sondern als Wegweiser sieht." Michael Blanz-Metallmichl

Nichtsdestotrotz sind uns Fehler unangenehm und kratzen an unserem Selbstbewusstsein, denn in den seltensten Fällen hat uns jemand anderes in die Suppe gespuckt und ist schuld an dem Malheur. Aber sie gehören zum Leben dazu, und sie besitzen mehr Vorteile, als uns bewusst ist. Das Leben hält nun einmal einige Fettnäpfchen für jeden Menschen bereit, und nicht selten trampeln wir direkt volle Kanne hinein. Doch was soll's? Wenn wir diese Ausrutscher anerkennen, werden wir bemerken, dass sie notwendig sind, um neue Stolpersteine zu überwinden, sich Kampfansagen zu stellen und neue Grenzen abzuchecken. Bringen wir die Kraft auf, die Angst vor der Einstellung „Bloß keinen Fehler machen" zu überwinden! Um die Fehlermisere grundsätzlich zu vermeiden, menscheln wir viel zu sehr. Und warum tun wir das? Aufgrund unserer menschlichen Veranlagungen und unserer Unvollkommenheiten. Wir sind nun mal keine unfehlbaren Götter.
Lernen wir mehr Fehlereinwilligung und Unzulänglichkeitserlaubnis! Kommunizieren wir über gemachte Fehler transparenter, um uns den Schrecken vor deren Vollzug zu nehmen! Dadurch fördern wir den positiven Umgang mit solchen Patzern und erteilen uns und anderen die tolerierende Genehmigung, etwas falsch machen zu dürfen und Irrtümern unterliegen zu können.

Das unsachgemäße Verhältnis zu und der unkorrekte Umgang mit Fehlern sind ursächlich für die Wiederholung derselben verantwortlich, wodurch Situationen weder beruhigt noch entspannt, sondern verschärft werden. Wir müssen vermeiden, durch eine angreifende Verteidigung unsere Fehlschläge zu entschuldigen oder als berechtigt hinzustellen. Wer gelegentlich am falschen Ufer strandet, ist deshalb noch lange kein Blindgänger oder Verlierer. Fehler entstehen aufgrund falscher oder ungünstiger Entscheidungen. Wie aus einem vorhergehenden Kapitel bekannt ist, besitzen wir ein Recht auf unpassende oder verkehrte Entscheidungen. Daraus folgt unweigerlich auch das Recht, Fehler zu gewähren und nicht zu verbieten.

Erheben wir unseren Anspruch auf dieses uns gegebene Recht, um unser Leben zukünftig zielführender, scharfsinniger und schöpferischer zu systematisieren und damit erfolgreicher zu organisieren. Dann werden wir befähigt, aktiv altes Wissen mit neuem aufzuarbeiten, kontinuierlich an der eigenen Kompetenzentwicklungsschraube zu drehen und umsichtiger sowie verständiger zu werden. Wir werden bemerken, dass durch Fehler Dinge entdeckt und aufgedeckt werden können, für die wir im Nachhinein womöglich sehr dankbar sind.

„Fehler vermeidet man, indem man Erfahrung sammelt. Erfahrung sammelt man, indem man Fehler macht."
Laurence Johnston Peter

19. GELASSENHEIT

„Gelassenheit ist eine anmutige Form des Selbstbewusstseins."
Marie von Ebner-Eschenbach

Eigentlich wollen wir immer gelassen sein und reagieren, denn Gelassenheit ist geprägt von einem abgeklärten Wesen, Souveränität und innerer Ruhe. Sie ist die Ansicht oder Betrachtungsweise unserer Innenwelt und befähigt uns, in gefährlichen oder problematischen Verhältnissen und Umständen unsere Beherrschtheit und unser Gleichgewicht zu wahren. Mit einem gelassenen Lebensmanagement können wir besser zwischen den Dingen unterscheiden. Wir erkennen, wann es sinnvoll und realistisch ist, etwas zu verändern und wann nicht, und schaffen damit für uns eine Akzeptanz der Gegebenheiten. Wir leben im Moment der Gegenwart und wissen, dass Glück nicht immer kalkulierbar ist. Uns ist klar, dass das Leben nicht stillsteht und kein homogenes Gebilde darstellt, sondern sich in ständiger Aktualisierung befindet und aufgrund seiner Dualität und Polarität mit Gegensätzen gefüllt ist. Wir passen uns entsprechend an und verstehen die eigene Stärke. Durch eine vernünftige Wahrnehmung sind wir in der Lage, abgeklärte Entscheidungen in schwierigen Situationen zu treffen.
Weil Gelassenheit demzufolge zu den Säulen eines unverstellten, idyllischen und friedlichen Lebens gehört, einen wohlwirkenden Zustand der Bedächtigkeit herbeizaubert und gleichzeitig die unheilvolle Brisanz des Lebens dezimiert, gehört sie ebenfalls zur Familie der Rechte, die im Geburtsrecht des Lebens zu Hause ist.
Dieses Anrecht wartet nur darauf, endlich bewusst wahrgenommen und genutzt zu werden, da es oft im Getümmel der Ungeduld und Aufregung, der Überreizung und Hetze und nicht zuletzt der spannungsgeladenen inneren Unruhe vergraben bleibt.

„Gelassenheit ist die Fähigkeit, sich von äußeren Umständen nicht aus der Ruhe bringen zu lassen." Hermann Hesse

Doch was hindert uns daran, gelassen zu bleiben, gelassen zu agieren und zu reagieren und dadurch Druck aus unserem Leben zu nehmen?

In erster Distanz sind es die diversen und ungleichen, so manches Mal mit unserem Gewissen und unseren Vorstellungen unvereinbaren Probleme und Verwicklungen, welche uns umgeben und auf uns einstürzen, und der uns ständig begleitende Stress. Wir sind permanent Anspannung und konfliktbeladenen Umständen ausgesetzt und funktionieren oft nur noch, sodass wir uns kaum darüber bewusstwerden, dass Gelassenheit im besten Falle noch die Ausnahme in unserem Leben ist und nicht die Regel, wie es sein sollte. Wir befinden uns x-mal auf einem schmalen Grat von richtig und falsch, da wir innerhalb kürzester Zeit wichtige Entscheidungen zu treffen haben, und sind daher desorientiert. Wir verfallen miesen Gewohnheiten oder erliegen einem strapaziösen und entkräftenden Gruppenzwang, obwohl dieses Verhalten unsere Gelassenheit und seelische Ausgewogenheit vielmals ins Wanken bringt.

Unsere Grenzen werden missachtet, unsere Bewertungskriterien geringgeschätzt, wir werden persönlich angegriffen oder ungerecht und respektlos behandelt. Wir fühlen uns dann provoziert und unter Umständen auch vor der Menge bloßgestellt. Wir reagieren in der Folge oft in einem Reflex, weil wir verärgert sind, und kontern somit aus einem Impuls und nicht aus einer Überlegung heraus. Kalte Empathie, also das verstandesmäßig berechnende Einfühlungsvermögen, welches den anderen durchschaut und ihn dann für die eigenen Zwecke beeinflussen und ausnutzen möchte, tritt in den Vordergrund, weil wir die gefühlt demütigende Dreistigkeit und Respektlosigkeit nicht so ohne weiteres auf sich beruhen lassen möchten. Und ruckzuck ist unsere Gelassenheit in den Ausstand getreten, und Anspannung, Unruhe und Aufregung nehmen uns in den Schwitzkasten.

„Wer Gelassenheit sein Eigen nennt, kann mit allem fertig werden!" Gudrun Zydek

Das Leben tritt in unregelmäßigem Zyklus in seiner vielperspektivischen Struktur und mitunter polarisierenden, sprich Unterschiede verstärkenden, Form auf. Wir sehen uns oft mit Situationen konfrontiert, denen wir uns nicht gewachsen fühlen. Stress, Nervosität und Reizbarkeit kommen auf, es entstehen teilweise Angstzustände und Beklemmungen, was am Ende zu Belastungsstörungen führt. Unsere innere Einstellung der Gelassenheit und Gemütsruhe und dementsprechend unsere Kompetenz, uns in kritischen, komplizierten Situationen nicht aus dem Gleichgewicht bringen zu lassen oder eine objektive Position zu vertreten, kommen zum Erliegen. Verkrampfung oder sogar Kontrollverlust schwingen das Zepter in unserem Innen- und Außenleben, und Frieden sowie Gleichmut kommen zum Stillstand.

Stress und der sich dadurch aufbauende Verlust der Gelassenheit schlendern oftmals daher, wenn wir uns selbst die Schuld an gescheiterten oder unverschuldeten Situationen geben und uns das damit verbundene Gefühl der Angst überfällt, nicht gut genug zu sein. Damit schlägt unsere Selbstwahrnehmung einen Haken, unser Selbstwertgefühl versinkt im Treibsand einer falschen Sinneserfassung, und Fassungslosigkeit inklusive Unbeherrschtheit erhält die Oberhand. Wir werden unsicher, unsere Erwartungshaltung uns selbst gegenüber erhöht sich, und wir wollen in unserer Erfolgsgesellschaft immer besser sein als der andere. Wir werden demgemäß beständig hektischer und strenger mit uns.

„Wer die Gelassenheit bewahren kann inmitten von Schmerzen und Ermattung, und den Frieden inmitten von Ärgerlichkeiten und Arbeitsüberlastung, ist schon beinahe vollkommen."
Franz von Sales

Um der Gelassenheit mehr ergeben zu sein und sie in uns fixieren und spüren zu können, sollten wir in einer schwierigen Situation als Erstes versuchen, diese durch gezielte Konzentration bewusst wahrzunehmen, die Folgen mit Bedacht richtig zu bemessen und eine positive Grundeinstellung einzunehmen! Oft verlieren wir unsere Gelassenheit, weil wir die eventuellen Auswirkungen dramatisieren und dann aus einem Angstgefühl heraus den Überblick verlieren. Gehen wir für einen winzigen Augenblick in uns und nehmen Ruhe in uns auf! Dadurch bewahren wir einen klaren Kopf, rauben der Situation ihre Aufregung und Brisanz und können sie besser einordnen. Wir bringen Ordnung und Führung in die Angelegenheit und uns in eine gelassenere Position, um überlegte, kompetente und zufriedenstellende Entscheidungen zu treffen.

Das Vergleichen mit anderen setzt uns unter Druck, lässt uns verzagen und entzieht uns ebenfalls unsere Gelassenheit! Dieses Vergleichsschema, das wir viel zu häufig anwenden, entreißt uns in sämtlichen Lebensfunktionen unsere Natürlichkeit und alles, was uns ein positives Lebensgefühl vermittelt. Natürlich existieren Menschen, die auf einigen Gebieten bessere Qualitäten besitzen als wir. Demgegenüber weisen wir überlegenere und professionellere Eigenschaften und Versiertheiten bei anderen Aktivitäten auf. Alles unterliegt der flexiblen Veranlagungsmobilität, und diese beinhaltet Wesens- und Talenteverschiedenheiten.

Unsere Sprache beeinflusst ebenfalls zu einem großen Teil unsere Gelassenheit, aber wer ist sich dessen schon bewusst? Die Gewürze unserer Textspeise sind ausschlaggebend dafür, was genießbar ist und was nicht. Dabei ist es wichtig, unsere Redekunst zu beachten und zu beherrschen. Bezeichnungen wie entsetzlich, grauenhaft, folgenschwer, tragisch oder desaströs entziehen uns sehr subtil und kaum merklich unsere innere Ruhe und Gelassenheit und hindern uns daran, in einen sachdienlichen oder deeskalierenden Entscheidungsprozess zu treten. Wir sollten lieber Begriffe wie erträglich, hinnehmbar, zumutbar, akzeptabel oder vertretbar anwenden! Diese Worte vermitteln kein Katastrophendenken und nehmen dem Vorfall seine Spannung und Bedrohlichkeit.

„Gelassenheit ist der stete Begleiter aller tieferen Philosophie."
Peter Rudl

Was können wir nun gegen diese Gelassenheitsräuber tun, und wie können wir uns ihrer erwehren?

Durch eine ehrliche Selbstprüfung und -erforschung und die damit verbundenen Erkenntnisse und Beurteilungen entwickeln wir ein gutes Selbstwertgefühl. Dieses trägt zu einem größeren Durchhaltevermögen auch bei Misserfolgen bei, stärkt unsere mentale Kraft und sorgt dafür, dass wir unsere Mitmenschen gelassener betrachten und ihnen ausgeglichener begegnen. Nehmen wir das Leben in seiner Wechselseitigkeit und bunten Eigendynamik an und lassen es wirken! Sein originelles Geschick und die damit verbundene Raffinesse sind für uns nicht immer nachvollziehbar und verständlich, dennoch wichtiger Bestandteil der Weiterentwicklung und Vervollkommnung des Lebens selbst. Im Leben läuft nicht immer alles nach Plan. Manchmal kreuzen Chaos, Misserfolge, Enttäuschungen oder auch bescheuerte Prolls unseren Weg. Das geschieht, und wir können nichts daran ändern. Nun liegt es an uns, uns dagegen aufzulehnen, was letztlich zu Groll und Bitterkeit führt, oder wir gestehen diese Fallschleifen dem Leben zu und erhalten uns somit Frieden und Gelassenheit.

Hobbys, denen wir uns mit Leidenschaft widmen, sind ein erfüllender Ausgleich zum stets provokanten Alltag und bringen mehr Gelassenheit in die Sequenzen und Abfolgen der täglichen Routine. Durch deren Anwendung können wir in der Folge anstrengende und unangenehme Situationen besser einschätzen und abgeklärter sowie lockerer mit ihnen umgehen.

Große Bedeutung für Gelassenheit besitzt die vernünftige Einsicht, dass Rückzug in keiner Verbindung mit Feigheit oder Schwäche steht. Wir drücken dadurch aus, dass wir im Eifer des Gefechts über ausreichend Verwaltungskompetenz für unsere Gefühle verfügen. Sollte eine Situation drohen zu eskalieren, ist es ratsam, sich diszipliniert und umsichtig zurückzuziehen. Gerade in angespannten Fällen, welche sich nach und nach radikalisieren, ist dies eine gute Taktik, die herrschende Konstellation zu entspannen, ohne Maßnahmen zu ergreifen. Nachdem sich die Gemüter beruhigt haben und die Gegebenheit gelassener betrachtet wird, können im Anschluss weitere wohlüberlegte Entscheidungen getroffen werden. Durch diese Form der Ausübung von Gelassenheit wahren wir eine vorteilhafte Distanz zu den Dingen, die uns widerfahren, und bleiben Herr der Lage.

Ein Augenblick Gelassenheit kann viel Unglück verhüten.
Chinesisches Sprichwort

Gelassenheit beginnt also im Kopf, denn der Mensch besitzt die Möglichkeit, zwischen einem Auslöser und seiner Reaktion einen bewussten und vorsätzlichen Entschluss zu treffen, und sie ist zugleich eine Frage der inneren Einstellung. Durch das Meistern der Gelassenheit erlangen wir Übersicht und Herrschaft über Personen und Gegebenheiten. Wir erhalten uns unsere Fassung, unsere Besonnenheit und unsere damit verbundene Überlegenheit und können die eigenen Impulse bewusst kontrollieren.
Es wird im Leben immer wieder irgendeinen Volltrottel geben, der uns nicht wohlgesonnen ist, und dann ist es denkbar und verständlich, wenn sich unsere Gelassenheit vorübergehend eine Auszeit nehmen will. Wenn wir es uns jedoch aneignen, dann cool zu bleiben und angemessen zu reagieren, können wir nicht nur viel Unheil und Ärger abwenden, sondern auch unserem gefühls- und gemütsbetonten Gang mehr Leichtigkeit und Gelassenheit verleihen. Aus diesem klugen Über- oder Hinwegsehen nimmt unsere Gelassenheit an Volumen zu, und wir können uns mehr am Heute und dem wirklich interessanten, wesentlichen Leben erfreuen.
Wenn wir die Erkenntnis gewinnen und in unser Leben einbinden, dass eine Aktion nicht immer eine Reaktion verlangt, werden wir feststellen, dass wir große, auf die Umstände bezogene Interpretations- und Verhaltenskapazitäten besitzen. Wir können wiederholt in schwierige Situationen bestimmte Pufferzonen einbauen, wodurch sich unser Aktionsradius vergrößern und übertriebener Aktionismus und Ärger minimieren lassen. In uns wird sich eine in

Ruhe eingebundene, behagliche Gelassenheit entwickeln. Sie wird wohltuend spürbar werden und friedlich, lindernd und besänftigend, gleichzeitig aber auch vitalisierend und beflügelnd wirken. Schalten wir einfach mal den Autopiloten aus, der uns nur funktionieren, aber nicht leben lässt. Lernen wir, die Dinge gelassener zu betrachten, bevor es zu einem Absturz kommt, ohne dabei jedoch Gelassenheit mit Desinteresse durcheinanderzubringen!
Auch ich musste das Gelassen-Sein erst erlernen, um die daraus entspringende hilfreiche, unbewegte und in sich gekehrte Stille erleben und das eigene Drängen willentlich steuern zu können.

„Hektik verschwendet Zeit. Gelassenheit genießt und besinnt sich auf das Wesentliche, sie weiß, was sie nicht zu glauben braucht."
Raymond Walden

Unser Geburtsrecht des Lebens beinhaltet Individualität in Perfektion, und es will uns in den unschönen und brennenden Kapiteln des Lebens behilflich sein, eine schützende und in sich ruhende Akzeptanz zu entfalten. Wenn wir in der Gelassenheit aufgehen, entwickeln sich die Besonderheit unseres Geistes und Willens und unsere einheitlich zusammenhängende Identität beständig weiter. Unsere Handlungskompetenz und innere Einstellung sowie akzeptierende Einwilligung in die lästigen oder verwerflichen Lebenspassagen wachsen und verfestigen sich, und wir fühlen uns gesamtheitlich stärker und vollständiger.
Wenn unser Geburtsrecht bemerkt, dass wir in den bewegten Spannungsfeldern des Lebens unsere gleichmütige Abgeklärtheit und Leichtigkeit verlieren, sendet es uns unentwegt Impulse, damit wir uns unserer Umsicht und überlegten Bedachtsamkeit erneut bewusstwerden. In erster Linie erkennen wir derartige Signale deutlich daran, dass wir in alltäglichen Konstellationen überreagieren, anstatt uns ruhig und gefasst zu verhalten. Es mahnt uns, durchzuatmen und wieder auf den Weg der warmen Empathie, Einsicht und geistigen Mäßigung zurückzufinden. Als Folge dessen

versetzen wir uns in die Lage, uns von sabotierenden Positionierungen und schwächenden Einwirkungen loszueisen. Wir separieren uns von unreflektierten und diktierenden Thesen und Spekulationen, aber auch von entmutigenden und ausweglos erscheinenden Krisensituationen.

Wer oder was möchten wir in Zukunft sein? Eine Kunstfigur, geformt, poliert und wunderschön anzusehen, jedoch geleitet von den Allüren anderer Menschen oder vielfältig in Erscheinung tretenden misslichen Erscheinungsbildern? Ein Pseudonym der Reizbarkeit, Nervosität und des Stresses? Oder doch lieber ein intelligentes, zuverlässiges und mit besinnlich gelassener Bedachtsamkeit agierendes Vorbild, zu dem aufgeschaut wird?

Nutzen wir unser Recht auf Gelassenheit! Verweigern wir uns dem verwirrenden Ränkespiel der Geister Ruhelosigkeit, Intoleranz und Anspannung! Suchen wir den friedlichen Zustand des Einklangs und eignen uns diesen mehr an, um so gelassen unserer Pflicht der „Entpflichtung" von Erregbarkeit und Genervtsein nachzukommen! Nicht alles verdient eine Reaktion. Überlassen wir es ab und zu der Zeit, Dinge zu belassen oder zu verändern! Verleihen wir uns mehr Seelenfrieden und überlegte Besonnenheit! Wir stabilisieren dadurch unsere innere Haltung und behalten in schwierigen Lebensphasen die Nerven. Der Kreislauf des Lebens wird sich dafür erkenntlich zeigen und uns mit mehr Unvoreingenommenheit und Ausgeglichenheit ausstatten.

Plücken wir die duftende und befreiende blaue Blume der Gelassenheit, halten wir sie frisch und bewahren uns demgemäß eine innere harmonisierende und besänftigende Stimmung, Selbstbeherrschung und Elastizität!

„In der Gelassenheit erwacht deine Lebenslust, deine Freude am Sein." dastutmirgut.net

20. *NEIN* SAGEN

„Wer nicht Nein sagen kann, sollte dringend lernen, den Kopf zu schütteln." Martin Knecht

Warum ist es so ein großes Problem, „Nein" zu sagen? Wieso fällt uns das in den meisten Fällen derart außergewöhnlich schwer? Zumal bei einem „Ja" der zwielichtige Gedanke aufkommen kann, dass die eigene Hilfsbereitschaft missbraucht wird und wir uns gegebenenfalls nur als Mittel zum Zweck sehen. Wer immer oder schnell „Ja" sagt, muss in der Regel die eigenen Wünsche zurückstellen. Einem angetragenen Anliegen nachkommen bedeutet im Grundsatz, Einbußen oder Verzicht in Kauf zu nehmen, sich unerwarteten Sachverhalten zu stellen und sich mit den damit auftretenden Beschwerlichkeiten auseinanderzusetzen.

Wie oft lungern wir bei irgendwelchen schwachsinnigen Veranstaltungen herum oder hängen auf langweiligen Unternehmungen ab, geben dafür Geld aus und führen nichtssagende Gespräche? Wir stolpern wie Falschgeld über den Platz, weil wir uns wieder überreden ließen und „Ja" gesagt haben, anstatt mit einem „Nein" selbst die Marschrichtung vorzugeben. Und wir sind dann nur von dem einen Wunsch erfüllt, dass diese belastende, nervige und zeitraubende Vorstellung endlich vorbei ist. Wie oft sagen wir „Ja", obwohl wir mit der Angelegenheit nichts zu tun haben möchten oder nehmen Einladungen an und kleben auf Events oder Feiern fest, die uns total lästig sind? Wie häufig lassen wir uns belatschern, ärgern uns anschließend darüber und hadern mit uns, weil wir nicht ein „Nein" mitteilten und dementsprechend ein weiterer Punkt auf unserer Aufgabenliste steht? Warum machen wir das, obwohl wir wissen, dass es uns aufgrund dessen nicht gut geht?

„Die Hälfte aller Probleme in unserem Leben sind darauf zurückzuführen, dass man zu schnell Ja und nicht früh genug Nein gesagt hat." Josh Billing

In unserer Kindheit lernten wir, dass „Nein" sagen Stress, Schaden, Zerwürfnis und Bestrafung, sogar Liebesentzug bis hin zu Ablehnung nach sich zieht. Unsere Eltern reagierten mitunter oft mit Zurückweisung und Verweigerung, Missbilligung oder sogar körperlicher Gewalt auf unser Verhalten. Also waren wir lieber ein gehorsames Kind, welches artig „Ja" sagte und dann geliebt und gelobt wurde, als ein aufmüpfiges, welches ein „Nein" äußerte und demzufolge den Repressalien der Eltern oder sonstigen Verantwortlichen ausgesetzt war.

Infolge dieser Formung und Prägung im Erziehungsalter haben wir uns dann einen Sozialcharakter angeeignet, welcher sich an Unterordnung, Einfluss und Machtposition ausrichtete. In unserer Persönlichkeit manifestierte sich die Einstellung, dass man mit „Ja" im Leben besser und weiter vorankommt als mit „Nein", selbst dann, wenn man nicht hinter dieser Aussage steht. In der Folgezeit hat sich in unseren Gehirnen schließlich der boykottierende Gedankengang eingenistet, dass „Nein" sagen Probleme mit sich bringt. Vergleichsweise, dass wir abgelehnt werden, wir die Verantwortung tragen, wenn der Fragende bzw. Bittende enttäuscht oder gereizt ist, weil wir nicht das taten, was von uns erwartet wurde, oder wir als rücksichtslos, egoistisch und nicht hilfsbereit gelten.

„Lerne die Kunst, Nein zu sagen! Lüge nicht! Erfinde keine Ausreden, erkläre dich nicht zu ausführlich! Lehne einfach nur ab!"
Unbekannt

Diese Überlegungen rufen in uns eine gewisse Panik und Beklemmung hervor. Daher sagen wir lieber „Ja" und werden zur Servicekraft der Wünsche und Belange anderer, weil wir bei einem „Nein" Angst vor den misslichen und unangenehmen Folgen haben. Durch unser „Ja" sind wir dann jedoch oft nicht mehr in der Lage, Prioritäten richtig zu setzen, und handeln fremdbestimmt. Da wir das „Ja"-Sagen auch noch als Schwäche ansehen, leiden unwillkürlich unsere Ich-Stärke und Eigenanerkennung darunter. Wir sehen uns als Versager und Weichling und bekommen trotzdem weiterhin Herzklopfen, wenn wir durch ein „Nein" mit Vorgesetzten, Mitarbeitern oder weiteren Menschen Ärger bekommen könnten.

Andererseits werden wir durch das „Ja"-Sagen gemocht und empfinden das befriedigende Gefühl, dass unsere Beliebtheit in unserem Umfeld steigt. Wir haben den Eindruck, gebraucht zu werden, gelten ständig als selbstlos und hilfsbereit, haben alles im Blick und unter Kontrolle und gehen vor allem Konflikten aus dem Weg. Wir verhindern Schuldgefühle und vermeiden Disharmonien und Debatten. Wir räumen damit alles beiseite, was in uns eine schlechte Ahnung oder Vorstellung hervorrufen könnte, und verbessern im Allgemeinen unsere Chancen gegenüber unseren Mitmenschen. Wir verhindern also, dass unsere heile Welt Schaden nimmt und pflegen sie behutsam weiter.

Doch sind wir dann auch mit uns zufrieden? In den meisten Fällen nicht. Überwiegend sind wir von uns enttäuscht und klagen uns sogar still voller Scham wegen der eigenen Feigheit an.

Ein Nein zur rechten Zeit erspart viel Widerwärtigkeit.
Deutsches Sprichwort

Aber woher rührt dieser weiterführende Hemmungsmechanismus, „Nein" zu sagen? Warum verbiegen wir uns in dieser Hinsicht so stark und stehen am Ende da wie ein dressiertes Äffchen?

Der entscheidendste Aspekt dabei ist die zu ungenügende und zu begrenzte Meinung von der eigenen Person. Wir nehmen unsere persönliche Durchsetzungskraft nicht ernst genug und werden einer geringen Selbstachtung und einer bescheidenen Eigenwertwahrnehmung hörig. Aus diesem Grund verleugnen wir lieber uns und unsere Meinung, als unserem Gegenüber ein „Nein" mitzuteilen. Wir müssen also diese inneren Aspekte stärker untermauern und in sich festigen. Vergegenwärtigen wir uns, welch bedeutende Fähigkeiten wir aufweisen und was uns auszeichnet! Wir sind nämlich auch trotz eines „Neins" intelligente, wirkungsvolle und vor allem selbst entscheidende Menschen und verfügen über einen grundanständigen Charakter.

Gelegentlich fühlen wir uns auch unvorbereitet oder auf dem falschen Fuß erwischt, wenn Menschen Drucksituationen für sich ausnutzen und uns genau in diesen z. B. mit der „Bitte": „Kannst du das mal machen? Danke schon mal im Voraus!", überrumpeln, damit wir als Angesprochene keine weitere Wahl haben, als „Ja" zu sagen. Lassen wir uns nicht für den Alleingang eines anderen für Handlungen missbrauchen, die uns widerstreben oder am Ende noch unsere Selbstachtung anfechten! Bewahren wir in diesen Faktenlagen Ruhe, denn nur die wenigsten Umstände erlauben keine Bedenkzeit.

In vielen Fällen erwachen Schuldgefühle und ein schlechtes Gewissen in uns, weil wir der Annahme unterliegen, einen anderen seinem Schicksal zu überlassen, seine Gefühle zu verletzen oder ihn zu enttäuschen, und mit dieser Vorstellung können wir mitunter nicht gut umgehen. Prüfen wir die aufgekommenen Verhältnisse entsprechend und gleichen sie dann mit den eigenen Bedürfnissen, Verpflichtungen und Zeitplanungen ab! Dadurch wird der Entscheidungsprozess bedeutend leichter.

„Du kannst ein guter Mensch sein mit einem freundlichen Herzen und Nein sagen." Lori Deschene

Da uns die Meinung der anderen überaus wichtig und von grundlegender Bedeutung für uns ist, möchten wir zudem gerne unser positives Ansehen bewahren und nicht durch eine Absage in ein schlechtes Licht gerückt werden. Dieses interne, äußerst zentrale Programm beherrscht unser Denken und Handeln sehr. Doch wenn wir stets nur auf die Ansicht unserer Mitmenschen achten, wer ist dann der Akteur in unserem Leben? Wer übernimmt den aktiven und wer den passiven Part? Wer zu einem notorischen „Ja"-Sager mutiert, lebt ungesund und wird nicht um seiner selbst willen gemocht, sondern weil er praktisch ist und von außen gelenkt werden kann. In der Wirklichkeit wird er meist von seinem Umfeld übersehen und bei Entscheidungen außer Acht gelassen, da er offenbar über keine selbstbestimmte Haltung und keine eigene Qualität verfügt. Was von ihm als positives Ansehen interpretiert wird, ist in Wahrheit ein Phantom seiner Wünsche und Einbildung und nicht konform mit dem gewollten und angestrebten Anspruch. Verabschieden wir uns von unserem fragwürdigen und unüberzeugten „Ja"-Sagertum und „Mimimi, ja, mimimi"-Verhalten, und begegnen wir unserem Gegenüber auf Augenhöhe!

Je mehr wir die Anschauung vertreten und auch erfüllt davon sind, ein sympathischer, anständiger und verbindlicher Mensch zu sein, desto weniger Schwäche werden wir vor Missbilligung, Zurechtweisung oder Abneigung empfinden. Es fällt uns leichter, aus der bequemen „Ja"-Sager-Komfortzone herauszutreten und das beigebrachte und eingeschliffene Ritual des Zustimmens abzulegen und durch ein „Nein" zu ersetzen. Wir werden feststellen, dass sich auch durch eine sauber kommunizierte abschlägige Antwort das Niveau zu unseren Kontakten kultivieren kann und wird.

„Ein NEIN aus tiefster Überzeugung ist besser und größer als ein JA, das nur gesagt wird, um zu gefallen, oder -noch schlimmer- um Schwierigkeiten zu vermeiden." Mahatma Gandhi

Wie schaffen wir es jedoch darüber hinaus, überzeugend „Nein" zu sagen, und wie wird es ein wenig einfacher und angenehmer, diesen Schritt zu wagen, ohne gleich als herzloser Egoist zu gelten? Zuallererst sind wir gehalten, das schwierigste Hindernis zu überwinden, um uns sinnvoll und angemessen abgrenzen zu können: uns selbst, denn eigene Wertvorstellungen, Ängste und Glaubenssätze werden versuchen, uns von dem Vorhaben, „Nein" zu sagen, abzuhalten. Wir möchten um jeden Preis Frieden wahren und nicht negativ auffallen. Aber müssen wir ständig für andere funktionieren und dafür sorgen, dass sie sich prächtig fühlen, wir uns dagegen schlecht? Womöglich ist es an der Zeit, uns einen neuen Bewertungsmaßstab zuzulegen mit der Frage, welche und vor allem wessen Belange, Interessen und Erwartungen in den Vordergrund gestellt werden sollten.

Jeder Mensch verfügt im Allgemeinen über eine robuste und feste Durchsetzungsstärke in Verbindung mit sozialer Kompetenz, um sich geeignet gegen den Willen oder Widerstand anderer zu behaupten und dadurch Neuregelungen in sich zu bewirken. Doch dieser Elementarkraft unserer Innenwelt müssen wir uns bewusst sein. Wir erlangen durch dieses Bewusstsein mehr Selbstakzeptanz und Selbstvertrauen für die persönliche Entscheidung und vermeiden einen privaten Interessenkonflikt. Wir treten der Eigensabotage entgegen, welche durch verstärkte Selbstzweifel, Zwiespältigkeiten und ein negatives Selbstbild entsteht. Werden wir uns des Sinngehalts klar, dass ein „Nein" zu anderen ein „Ja" zu uns selbst ist! Unsere Zeit ist wertvoll, und ihre sinnvolle Nutzung beinhaltet Erholung und Stärkung für unser gesamtes Sein.

Wir müssen uns auch nicht immer sofort entscheiden. Verschaffen wir uns ein Zeitfenster! „Ich melde mich." „Ich gebe dir nachher oder am Nachmittag oder abends Bescheid." „Ich muss mir das noch überlegen." „Ich sehe mal in meinen Terminkalender." Auf diese Weise können der Druck aus der Situation genommen und die Angelegenheit überdacht werden. Zusätzlich können wir uns in diesem Zeitkorridor eine passende Rückmeldung überlegen oder eine angemessene Alternativlösung durchdenken. Zudem sind wir während dieser Zeitspanne in der Lage, das Aufwand-Nutzen-Verhältnis beider Parteien sachlich und ergebnisoffen abzuwägen.

„Ich weigere mich, es anderen auf Kosten meines emotionalen Wohlbefindens recht zu machen. Selbst wenn das bedeutet, Nein zu sagen zu Leuten, die es gewohnt sind, ein Ja zu hören."
Unbekannt

Wir können taktvoll präzise Signale und Botschaften in Form von Körpersprache und Mimik als Vorzeichen senden und somit wortlos mit unserem Gegenüber vorkommunizieren, um anschließend bestimmt und dennoch höflich „Nein" zu sagen. Dadurch bekommen unser Wesen und unsere Einstellung Stil, eine Kontur, wir sind für unsere Mitmenschen einschätzbar und unser persönliches Wohlbefinden wird unterstützt und gestärkt.

Betrachten wir den Inhalt einer Anfrage mit seinen Begleitsymptomen stets genau! Wenn dann daraus die Gewissheit entsteht, dass bei aller objektiven Abwägung ein Entgegenkommen nicht mit unserer individuellen Termin- und Programmliste vereinbar ist, wird das „Nein"-Sagen einfacher. Wir sollten uns verdeutlichen, dass es bei einer Ablehnung nicht um die Person, sondern lediglich um das Abschlagen eines Ersuchens geht, da die Hilfestellung derzeit unter den gegebenen Umständen mit dem eigenen vorherrschenden Vorhabens- bzw. Zeitmanagement nicht kompatibel ist.

Da ein „Nein" auch generell mit einer Negativbewertung verbunden wird, sollten wir aufhören, die Ablehnung gedanklich mit einer Katastrophenstimmung zu verknüpfen, damit der negative Kontrast bewusst in der Antwort eliminiert wird. Zusage und Ablehnung gehören zur Dialektik des Lebens, und damit stellt weder das Eine noch das Andere zwangsläufig etwas Schlechtes dar.

Setzen wir ein Zeichen für Courage, Rückgrat und Entscheidungskompetenz und sagen „Nein", wenn dieses angemessen oder erforderlich ist! Verweisen wir Selbstvorwürfe, schlechte Gewissen und mulmige Bauchgefühle auf die ihnen gebührenden hintersten Plätze und begreifen, dass das Wort „Nein" so normal im Leben ist wie essen, trinken und atmen.

„Fühle dich zu keiner Zeit verpflichtet, Dinge zu tun, die du nicht tun möchtest. Lerne auch, NEIN zu sagen." Dalai Lama

Nichts ist umsonst im Leben. Alles hat seinen Preis und seine Vor- und Nachteile, das „Ja" genauso wie das „Nein". Wir entscheiden am Ende unserer Überlegungen und Prüfungen, welchen Preis wir bereit sind zu zahlen, also welche Vor- bzw. Nachteile wir geneigt sind, in Kauf zu nehmen, und ob wir einen Konflikt mit uns selbst oder mit einem anderen eingehen.

Die Kraft und Überwindung zu finden, solch ein kleines Wort wie das „Nein" zu sagen, ist ein Prozess, weil anerzogene Muster in Frage gestellt und Ängste überwunden werden müssen. Es kostet Ausdauer und Entschlossenheit und bedeutet, eigene Hemmungen zu besiegen. Die ersten Male werden einem das „Nein"-Sagen wahrscheinlich ein unliebsames Gefühl vermitteln, da es eine Handlung ist, die kleinere oder größere Turbulenzen mit dem anderen nach sich ziehen kann. Allerdings werden Menschen, die ein „Nein" akzeptieren und damit Grenzen respektieren, uns wegen unserer Persönlichkeit, unseres Selbst und unserer eigenen Gefühle und Bedürfnisse schätzen und nicht wegen unserer Ausnutzbarkeit. Und auf die anderen, die selbstzentrierten Leistungsvampire, kann man getrost verzichten.

„Wenn andere mit deinen NEINs nicht einverstanden sind, sollten sie auch nicht für deine JAs in Frage kommen."
Christine E. Szymanski

Die Absicht beim „Nein"-Sagen besteht schließlich nicht darin, jemanden zu verletzen, zu vernachlässigen oder zu demütigen. Der Punkt ist entweder, dass eine Verfügbarkeit zum gewünschten Termin unter den gegebenen Voraussetzungen nicht möglich bzw. zumindest nur unter erheblichem Aufwand umsetzbar ist, oder man hat einfach mal keine Lust auf irgendeine freiwillige Veranstaltung. Das ist weder verwerflich noch gefühllos oder kaltschnäuzig und zeugt auch nicht von fehlender Empathie. Derlei Charakterzüge werden erst dann ersichtlich, wenn das beständige „Nein"-Sagen zur zweiten Haut geworden ist. Wenn ein Mensch ausschließlich nur noch sich selbst sieht und einen Kokon um sich herum aufbaut, wird das Leben irgendwann einmal die Quittung dafür präsentieren. Generell abzulehnen und „Nein" zu sagen, dient weder dem eigenen Standing noch der innewohnenden Persönlichkeitsstruktur. Dadurch wird man im Endeffekt zu einer schwierigen und unnahbaren Person, mit der nach und nach der Kontakt vermieden oder abgebrochen wird. Hartnäckige, nur auf das eigene Wohl bedachte „Nein"-Sager werden irgendwann einsam sein, nicht mehr beachtet werden und vereinsamt sterben.

Wir müssen mehr lernen, in zutreffenden Situationen angemessen und taktvoll durch ein „Nein" Schranken zu setzen, trotz des damit verbundenen Unbehagens. Dann werden wir immer häufiger bemerken, dass Schuldgefühle in diesem Zusammenhang überflüssig sind und im Gegensatz dazu unser Selbstwachstum gefördert wird. Wir werden verstärkt erkennen, wer sich in solcher Kausalität als verständnisvoller, anerkennender und akzeptierender Wertschätzer oder als dreister Energieplünderer hervorhebt.

„Erlaube dir selbst, zu allem Nein zu sagen, dass dich unglücklich macht oder dir Energie raubt." Unbekannt

Das Leben beinhaltet nicht das Recht für eine Person, dass andere ihr in jedem Fall und sofort explizit dienstbar sein müssen. Im Gegenteil, im Geburtsrecht des Lebens ist das Recht auf „Nein"-Sagen involviert, denn ebendieses Recht dient der emanzipierten und weisungsfreien Lebensgestaltung sowie dem vollbringenden Durchsetzungsvermögen eines jeden Menschen. Es unterstützt uns bei der Architektur einer geeigneten inneren und äußeren Bewegungsfreiheit sowie einer vorteilhaften und verbindlich kommunikativen Dialogfähigkeit. Spüren wir im Falle einer ablehnenden Antwort unsere Autorität, Unabhängigkeit und Bedeutung als Mensch! Wir vermeiden dadurch, in eine von Gefühlen gesteuerte Eigenrotation von Fragen und Feststellungen zu kommen, welche uns an uns selbst und unseren Entscheidungen zweifeln lässt.
Kommunizieren wir nicht „Ja", wenn wir „Nein" denken und es auch sagen wollen! Verbannen wir unsere Ängste und Ressentiments vor unliebsamen Effekten oder Auswirkungen und erlösen

uns von dem Zwang, andere beglücken und beeindrucken zu müssen! Befreien wir uns von sozialem Druck, emotionalen Abhängigkeiten und unnötiger Selbstsabotage durch den Gedanken: „Dann bin ich schwach und unzuverlässig oder egoistisch und eigensüchtig. Dann mag mich keiner mehr." Es ist unsere primäre Pflicht, zuallererst uns persönlich widerstandsfähiger und gesünder zu machen! Nur dann werden wir geübter, weitere Kompetenzen und Chancen zu sammeln und zu steuern, mit denen wir uns und unseren Mitmenschen helfen und sie unterstützen können.

„Nein sagen zu können ist Gewinn an Kraft und Zeit." Else Pannek

Entdecken wir, dass wir das Recht und die Freiheit haben, auch „Nein" zu sagen, denn dadurch will uns unser Geburtsrecht klarmachen, dass wir einen Erwiderungs- und Organisationsfreiraum besitzen. Wir erhalten das Gefühl, dass wir unser Leben frei beherrschen und in eine von uns gewünschte Richtung dirigieren können und somit eine Entscheidungsvariante besitzen. Es wird somit möglich, den Kurs selbst zu bestimmen und uns folglich ein Gefühl der autonomen Mündigkeit zu vermitteln. Wir übernehmen Verantwortung für unsere Selbstfürsorge, unsere eigenen Ziele und Wünsche und richten unsere Entscheidungen danach aus. Jedes aufrichtige und offene „Nein" ohne Verstellung ist schließlich am Ende auch ein ehrliches und faires „Ja" für uns und unsere persönlichen Prioritäten und Bedürfnisse. Dadurch verleihen wir unserer eigenen Beurteilung ohne Schein und Täuschung einen zuverlässigen Ausdruck.
Vertrauen wir uns und unserer wirksamen Durchsetzungskraft! Lassen wir unsere innere abgeklärte Überlegenheit und Eigenkontrolle aufleben, um diese Herrschaftsfaktoren in uns intensiv zu spüren, nach außen zu verkörpern, und um dann zur richtigen Zeit selbstbewusst aufzutreten. Verleihen wir uns im passenden Moment die notwendige und gewünschte Präsenz und verdeutlichen uns die erforderliche richtige Interpretation für die beachtliche

Wichtigkeit des „Nein"-Sagens. Ein berechtigtes und zu einem angebrachten Zeitpunkt geäußertes „Nein" ist nicht falsch, denn jeder besitzt das Recht, sich einmal auszuklinken und dementsprechend auf die eigene mentale Gesundheit zu achten und dem persönlichen Selbstmanagement nachzukommen.

„Nur wenn du Nein sagen kannst, kannst du dich auf die Dinge konzentrieren, die wirklich wichtig sind." Steve Jobs

In der Eltern-Kind-Beziehung ist das „Nein"-Sagen noch ein bisschen schwieriger. Erwachsene Kinder fühlen sich in diesem Rahmen vermehrt schuldig, wenn sie ihren Eltern gegenüber ein „Nein" kommunizieren, obwohl dieses vollkommen gerechtfertigt wäre. Grundsätzlich ist dabei festzustellen, dass Kinder in der Regel erbetene Hilfe der Eltern infolge von Notständen oder Fällen ernsthafter Verzweiflung fraglos nicht ablehnen sollten. Im Gegensatz dazu verlangen Eltern von ihren Kindern in dieser Angelegenheit gerne mal zu viel, bewusst oder unbewusst. Sie halten die Hilfe, welche sie von ihren Kindern einfordern, für selbstverständlich. Doch das ist sie nicht und darf so auch nicht betrachtet werden, weil dadurch ein Hilfemissbrauch begangen wird.
Manchmal steckt hinter den Bitten der Eltern, vor allem bei älteren Generationen, eine gewisse Passivität und Interessenlosigkeit gegenüber den bestehenden Lebensverhältnissen oder einer etwaigen Veränderungsnotwendigkeit im Alter. Diese altersbedingte Trägheit und Gleichgültigkeit beziehen sich dann auf zeitgemäß gewechselte und damit neue Lebensumstände. In solchen Zeiten werden die Kinder häufig um Mithilfe und Betreuung gebeten, weil Eltern in diesem Lebensstadium ihre Komfortzone aus Desinteresse oder auch Uneinsichtigkeit nicht mehr verlassen möchten. Zusätzlich gesellen sich soziale Anpassungsschwierigkeiten im Zuge von altersspezifischen Persönlichkeitsveränderungen hinzu. In diesen Fällen ist es für Kinder der älteren Elterngeneration mitunter sehr schwierig, die Wesensmodifizierungen von Mutter und

Vater zu verarbeiten, zumal wenn diese in einem fordernden, zynischen oder argwöhnischen Tätigwerden verlaufen. Oft werden dabei auch zu viel Geduld und Aufopferung von den Kindern verlangt, ohne dabei deren Lebensumstände oder körperlich-geistige Verfassung zu beachten, wodurch die Eltern ihren Kindern Kraft rauben, statt ihnen welche zu schenken.

„Wenn du damit beginnst, dich denen aufzuopfern, die du liebst, wirst du damit enden, die zu hassen, denen du dich aufgeopfert hast." George Bernard Shaw

Im AOK-Gesundheitsmagazin vom 27.10.2022 ist in einem Bericht über eine amerikanisch-deutsche Studie Folgendes zu lesen:
„Im Gegensatz zu der früher vorherrschenden These, dass die Persönlichkeit sich im Alter stabilisiert, ist heute klar: Persönlichkeitsveränderungen im Alter von über 70 Jahren sind weit verbreitet und fallen ähnlich stark aus wie im jungen Erwachsenenalter, das belegt eine amerikanisch-deutsche Studie. Anders als in jungen Jahren folgen die Persönlichkeitsveränderungen im Alter aber keinem festen Reifungsmuster. Bei Seniorinnen und Senioren entwickelt sich die Persönlichkeit häufig noch einmal in sehr unterschiedliche Richtungen, und das ist für die Angehörigen nicht immer leicht."
Es gilt unter diesen Bedingungen also nicht, dass in **jedem** Fall eine Mithilfe **fortdauernd** gewährt werden **muss**, wenn Maßnahme- und Entscheidungsalternativen vorhanden sind, die Hilfe nur mit erheblichem Aufwand an Zeit oder finanziellen Mitteln zu stemmen oder mit großem Engagement oder zusätzlichen Belastungen verbunden ist. Dann steht nämlich der geforderte Einsatz nicht im richtigen Verhältnis zum Hilfegesuch. Es ist für Kinder in derlei Lebensphasen der Eltern äußerst anstrengend und nervenaufreibend, mit dem Altersstarrsinn umzugehen und alles geregelt unter einen Hut zu bringen. Das Wichtigste bei der unterstützenden Haltung den Eltern gegenüber ist in solchen Fällen immer, die gesam-

te Fallkonstellation auch im Verhältnis zur eigenen Person bzw. der eigenen Familie zu sehen und dabei das richtige Maß anzuwenden und zu halten.

Die Schweizer Philosophin, Moderatorin, Autorin und freie Journalistin Barbara Bleisch erklärte in einem Interview mit ZEIT Campus ONLINE am 19.02.2018 unter anderem:

„Kind zu sein ist keine Erbschuld, mit der wir auf die Welt kommen und die wir gegenüber den Eltern begleichen müssten … Es ist verständlich, dass sich viele Eltern wünschen, in regem Austausch mit ihren erwachsenen Kindern zu stehen. Sie müssen deswegen aber nicht ihre eigenen Pläne und Ziele gänzlich aufgeben. Denn Kinder haben ein Recht darauf, ihr eigenes Leben zu leben."

Selbstverständlich besitzen Eltern ihren Kindern gegenüber unter denselben oder analogen Voraussetzungen dasselbe Recht, „Nein" zu sagen, denn sie sind nicht der Wegbereiter für Bequemlichkeit oder Trägheit. Dadurch werden keinerlei positive Voraussetzungen für zukünftige Entwicklungen geschaffen.

„Die Eltern, die Dankbarkeit von ihren Kindern erwarten, es gibt sogar solche, die sie fordern, sind wie Wucherer. Sie riskieren gern das Kapital, wenn sie nur genug Zinsen bekommen."
Franz Kafka

Das im Geburtsrecht des Lebens verankerte Recht, „Nein" zu sagen, inkludiert nicht das **beständige** Ablehnen erbetener Hilfe, vor allem nicht bei Menschen, mit denen man sympathisiert, die einem nahestehen oder die uns ebenfalls behilflich sind. In diesen Fällen oder in Notsituationen sind wir bereit, Kompromisse einzugehen und entlastend auszuhelfen. Schließlich wollen wir am Ende zusammen in einem sich beistehenden, unterstützenden und erleichternden Miteinander auskommen.

Da das „Nein"-Sagen eine Reform bisheriger Paradigmen und Verhaltensweisen darstellt, ist es sehr wichtig, zu lernen, in der **richti-**

gen Situation und im **geeigneten** Moment ein „Nein" zu äußern. Daher sollte nur dann eine Ablehnung erfolgen, wenn ersichtlich wird, dass man ausgenutzt wird oder dadurch beachtlichem vermeidbarem Stress ausgesetzt ist, es einen unzumutbaren Zeitaufwand bedeutet oder eigene wichtige und unaufschiebbare Interessen und Prioritäten auf den Kopf gestellt werden. Ein „Nein" ist ebenfalls oder gerade dann gerechtfertigt, wenn wir uns aufgrund des Hilfegesuchs mental überlastet oder körperlich überfordert fühlen und das „Nein" demzufolge unsere psychophysische Gesundheit unterstützt, oder wenn wir innerlich spüren, dass hier ein „Ja" aufgrund eines Loyalitätskonflikts nicht angebracht ist. Wir können genauso legitim und berechtigt ablehnen, wenn Alternativlösungen vorhanden sind, durch die der Bittsteller seine problembehaftete Angelegenheit selbst meistern kann und insofern **kein Notfall** vorliegt.

Am Ende ist es lediglich ein harmloses, dennoch geradliniges Wort auf eine Entscheidungsfrage, welche entweder positiv oder eben auch negativ beantwortet werden kann. Durchleuchten wir ruhig eine Unterstützungsanforderung und entscheiden dann, während wir dabei den Hintergrund des Ganzen im Blick behalten! Verabschieden wir uns von unserem geistigen Darwinismus. Wir werden nicht mental überleben, wenn wir uns stets einordnen, fügen oder uns zum fremdgesteuerten Objekt des Fordernden degradieren. Es gelingt uns jedoch, wenn wir uns eigenverantwortlich in eine Position bringen, in welcher wir in der gegebenen Situation den Verhältnissen angepasst „Ja" oder eben auch „Nein" sagen.

„Die Fähigkeit, Grenzen zu setzen und „Nein" zu sagen, ist extrem wichtig für ein gut gelebtes Leben. Sie schützt deine wertvolle Zeit." Gabriele Thies

Setzen wir klare und präzise Abgrenzungen! Verdeutlichen wir unseren Mitmenschen, dass wir gern bereit sind, in Bedrängnissen oder Notständen auszuhelfen, andernfalls jedoch auch unsere eigenen Herausforderungen und Wünsche abwägen müssen! Dieses Privileg besitzen wir aufgrund unseres Lebens und der damit verbundenen Selbstbestimmung, und niemand verfügt über die Legitimation oder Erlaubnis, uns diese Freiheit und dieses Recht abzusprechen oder in Frage zu stellen. Infolge eines, nach genauer Überlegung berechtigten „Neins" vermeiden wir entbehrlichen Stress, stärken unsere Entscheidungsausübung, können wieder zu notwendigen Kräften kommen und Energie für eigene Belastungssituationen tanken.

Lassen wir uns nicht von Meinungen und Wertungen unserer Mitmenschen beeinflussen, einschüchtern oder sogar emotional kontrollieren! Wir müssen keine Show auf die Beine stellen, in welcher uns unsere eigene Rolle widerstrebt, nur um dem Anfragenden zu gefallen. Wenn wir uns die Entscheidungsfähigkeit absprechen, auch einmal „Nein" zu sagen, degeneriert unsere innere Freiheit, weil wir dann zu oft das machen, was uns zuwider ist. Wir tauchen sukzessiv unabänderlich ein in ein dunkles Nirgendwo unserer Seele, wodurch es zur psychischen Imbalance kommt und diese unsere körperlichen und seelischen Beschwerden im Schlepptau mitbringt.

„Fast alle Menschen sind Sklaven, weil sie nicht wissen, wie man das Wort Nein ausspricht." Nicolas Chamfort

Der Mensch neigt nun einmal oft dazu, die Hilfsbereitschaft und Gutmütigkeit anderer auszunutzen oder sie als Mittel zum Zweck zu missbrauchen, um so seinen eigenen Vorteil aus einer Situation zu ziehen. Um diese Wesensart wissen wir in der Regel, durchschauen sie jedoch nicht immer. Um solcher Ausnutzung entgegenzuwirken, sollten wir uns darüber klar werden, dass das „Nein"-Sagen auch zu den Aspekten des Selbstschutzes gehört.

Begreifen wir unsere freien Optionen und nutzen diese, um in selbstverantwortlicher Eigenregie zu entscheiden und damit unsere Zeit selbst zu kontrollieren! Hören wir auf, uns für andere zu verbiegen und uns selbst zu stutzen! Wir müssen weder Interesse noch Lust vortäuschen, wenn wir gar keine empfinden. Tappen wir nicht in die Gefälligkeitsfalle, sondern verhelfen uns durch unseren Mut und unsere Entschlossenheit zu mehr Geschütztsein und einem breitgefächerteren Lebenskonzept! Dadurch erhöhen sich unser subjektives Wohlbefinden und die Möglichkeit der Selbstverwirklichung, und unsere Lebenszufriedenheit steigt dementsprechend. Überwinden wir uns, und geben wir uns selbst eine Stimme, mit der wir besonnen, klug und erhobenen Hauptes „Nein" sagen! Lernen wir einen kleinen, netten Egoismus kennen und schätzen, der uns sagt, dass unsere eigenen Bedürfnisse und Wünsche genauso wichtig sind wie die der anderen, oder womöglich noch ein klein wenig wichtiger, und dass dieses Wissen nicht in Vergessenheit geraten darf. Bestätigen und entfalten wir uns mehr selbst, verhelfen wir uns zu mehr Respekt und lösen uns damit aus emotionaler Hörigkeit! Wir werden bemerken, wie sich unsere Erkenntnis erweitert, Gelassenheit uns durchströmt, und wir zufrieden mit uns und stolz auf uns sind.

„Denn nichts ist schwerer und nichts erfordert mehr Charakter, als sich in offenem Gegensatz zu seiner Zeit zu befinden und laut zu sagen: Nein." Kurt Tucholsky

Es existiert keine allgemeingültige Regel, wann wir „Nein" sagen sollen, denn für jeden gelten unterschiedliche Grenzen. Doch wenn wir den inneren Impuls wahrnehmen, „Nein" zu sagen, zeigt uns dieser unsere rote Linie auf. Allerdings ist es das Eine, diese zu erkennen, und das Andere, sie zu formulieren. Es ist daher wichtig, darauf zu achten, dass uns ein „Ja" nicht zu schnell über die Lippen springt, damit wir unsere eigene Grenze nicht aus den Augen verlieren. Gelegentlich auch einmal „Stopp" sagen, ein „Nein" äußern oder hin und wieder sein eigenes Selbst in den Vordergrund stellen, gehört bei den meisten Menschen zu den am schwierigsten zu meisternden Attributen des Lebens, obwohl es zu den grundlegendsten, aber bedauerlicherweise auch zu den meist außen vor gelassenen Rechten zählt.

Bei allen gegen unsere autonomen Lebensprinzipien opponierenden geistigen oder physischen Widersachern vergisst unser Geburtsrecht niemals seine Aufgabe: uns zu einem Leben in selbstbestimmter Individualität zu verhelfen. Und dazu gehört auch ohne jeden Zweifel, unser souveränes Recht zu verwirklichen, „Nein" zu sagen. Sagen wir „Ja" zu **unserem** Leben und **unseren** Verlangen, verbessern wir unser Dialoggeschick und äußern freundlich und deutlich unsere Wünsche oder Bedenken! Schaffen wir uns ein korrigiertes und somit verbessertes Bewusstsein, in welchem uns klar wird, dass es nicht nötig ist, bei allem immer oder sofort „Ja" zu sagen. Wenn wir stets aus einem schlechten Gewissen heraus „Ja" sagen, sagen wir irgendwann nur noch still „Nein" zu uns. Wenn das passiert, kommen wir unserer lebensmäßigen Bestimmung, **unser** Leben zu leben, nicht mehr nach, erhalten diese nicht mehr aufrecht und werden für uns selbst immer unsichtbarer. Nähren wir die permanente und mitunter masochistische „Ja"-sagen-Strategie weiter, verlieren wir zunehmend unsere innere Macht, unseren Einfluss auf uns selbst, auf äußere Rahmenbedingungen und auf unsere Aufmerksamkeit für uns persönlich. Dann funktionieren wir nur noch für andere und büßen uns selbst ein. Bewahren wir uns also davor, alles wie gefügige Wackeldackel billigend abzunicken, wenn wir damit nicht im Einklang stehen!

Erinnern wir uns wieder vermehrt an uns und unsere Interessen, zeitlichen Planungen, Freuden und Notwendigkeiten! Lassen wir unser Leben nicht in einem automatisch vorhandenen „Ja"-Sager-System für andere an uns vorbeiziehen!

„Sag' auch einmal STOPP. Wenn es dir zu viel wird, oder du dich überfordert fühlst, oder es sich für dich nicht gut anspürt, sag' immer wieder auch einmal Nein. Wenn du immer Ja zu anderen sagst, bedeutet dies oftmals ein Nein für dich selbst."
pinterest.de

21. ZUFRIEDENHEIT

„Zufriedenheit ist der Stein der Weisen. Zufriedenheit verwandelt in Gold, was immer sie berührt." Benjamin Franklin

Zufriedenheit, diese anmutige Emotion - was bedeutet sie für uns, welchen Stellenwert nimmt sie in unserem Leben ein und welchen Bezug hat sie zu unserem Geburtsrecht?

Der größte Teil der Zufriedenheit entsteht durch die Abläufe in unserem Gehirn, nämlich dann, wenn wir die Welt und die darin enthaltenen Abfolgen mit unseren Sinnesorganen **zustimmend** wahrnehmen. Aufgrund der Art und Weise, wie unser Verstand Wahrnehmungsprozesse registriert und interpretiert, können neue Schemata in unserem Gehirn entstehen. Infolgedessen werden Menschen, Situationen und Ereignisse neu untersucht und positiv bewertet, und es ergibt sich ein bestätigendes, also zufriedenes Gefühl. Wir finden unseren inneren Ausgleich. Wenn wir zufrieden sind, sind wir ausbalanciert, im Reinen mit uns und der Welt und fühlen uns wohl. Wir sind in der Lage, mühelos die uns umgebenden Verhältnisse zu akzeptieren, verlangen nicht mehr, als wir besitzen, und haben nichts zu bemängeln. Wir bejahen unser Leben, die darin enthaltenen Zwischenspiele, Personen und Verknüpfungen und lassen uns nicht aus der Ruhe bringen.

Wenn wir uns ein Ziel setzen, mit einer Person in Kontakt treten oder eine bestimmte Situation herbeiführen, verbinden wir damit eine Erwartungshaltung. Wird diese Erwartung am Ende erfüllt und entspricht der angestrebte Erfolg dem realen Geschehen, sind wir zufrieden. Die Wünsche unserer Lebenseinstellung decken sich mit dem Erreichten. Wir schätzen es, lehnen uns zurück und wollen nichts daran verändern. Wir empfinden ein innerlich freimachendes und wohliges Gefühl.

„Der höchste Genuss besteht in der Zufriedenheit mit sich selbst."
Jean-Jacques Rousseau

Zufriedenheit und innere Ausgeglichenheit zu erlangen und Seelenfrieden wie auch erleichternde Erfüllung zu empfinden, ist nicht immer einfach. Wie können wir es dennoch in dieser aufgeregten und nervösen Welt schaffen?

Das Leben ist in seinen Folgen nicht immer im Detail überschaubar, und unsere Rechnungen gehen auch nicht stets auf, wenn wir ein bestimmtes Ziel verfolgen. Um mehr Zufriedenheit im Leben zu erreichen, können wir jedoch mehrere Multiplikatoren in unserer Lebensgleichung verwenden. Dazu sollten wir uns wieder mehr über die kleinen Dinge im Leben freuen und das schätzen, was wir unser Eigen nennen dürfen. Ein herbeigezaubertes Lächeln in unserem Gesicht, das Zugeständnis, dass andere Menschen Fehler machen dürfen und gelegentlich über uns selbst schmunzeln, steigern ebenfalls unseren Seelenfrieden.

Menschen, die uns nicht guttun, uns ständig reduzieren, runterziehen und unablässig negative Botschaften senden, zerstören unsere Zufriedenheit und bringen nur Ärger und Verdruss. Verbannen wir diese toxischen Menschen aus unserem Leben! Suchen wir stattdessen die Nähe von Leuten, die uns lieben, anspornen und uns so annehmen, wie wir sind!

„Zufriedenheit lässt sich nicht kaufen, sie ist das Geschenk deiner Einstellung." Mario Koch

Wenn wir uns erreichbare Ziele setzen, an deren Umsetzung herangehen und sie realisieren, fördert das unsere Selbstaufwertung, und wir trauen uns in Zukunft mehr zu. Dementsprechend werden wir ausgeglichener und zufriedener. An zu hoch gesteckten, zu exzessiv über die normale Grenze hinausgehenden Zielen scheitern wir in der Regel, was uns unzufrieden und womöglich sogar depressiv macht. Bleiben wir sachlich selbstwirksam, um unsere Ziele in die Tat umsetzen und den steigenden Herausforderungen gewachsen sein zu können. Nutzen wir währenddessen unsere Kreativität und versuchen, im Leben dazuzulernen, um zu erkennen, was für uns ein gelingendes und zufriedenes Leben ausmacht! Dabei müssen wir jedoch niemandem imponieren oder etwas beweisen wollen und auch zu keinem Ideal werden, welches nicht unserem Wesen entspricht.

Der feste Glaube an uns, unsere Entscheidungen und eine vielversprechende Zukunft steuert ebenfalls einen immensen Einfluss auf unsere innere Ausgeglichenheit bei. Dafür müssen wir nicht immer stark sein, aber wir müssen unsere Stärken kennen und bei Bedarf einsetzen, denn wir können so viel mehr, als wir denken und uns oft zutrauen.

„Nur ein zufriedener Mensch kann emotionale Intelligenz entwickeln." Andreas Marti

Lassen wir die anderen ihr Leben so führen, wie diese es möchten! Es fällt nicht in unseren Zuständigkeitsrahmen, sie andauernd zu belehren, zu reglementieren oder ihre Unzulänglichkeiten zu korrigieren, wenn durch ihr Handeln keine Gefahr ausgeht. Das beständige Auseinandersetzen mit Fehlern anderer lenkt unsere Aufmerksamkeit in einen Tunnel der Missbilligung und Unzufriedenheit, aus welchem wir uns dann erst wieder mühsam herausmanövrieren müssen.

Durch eine kleine Aufmerksamkeit, ein liebes Wort, eine nette Geste oder eine herzliche Umarmung können wir einen anderen Menschen glücklich machen! Solches Handeln erwärmt sowohl das eigene wie auch das andere Herz und bewahrt den persönlichen Frieden. Lauschig angenehme und glücklich machende Zufriedenheit umschließt dann sanft die Gemüter.

Und schließlich ist Dankbarkeit für alles, was wir materiell und immateriell unser Eigen nennen dürfen, vor allem unsere Gesundheit, der Spitzenreiter für ein zufriedenstellendes Leben. Der Hofstaat von Undank und Achtlosigkeit setzt sich immer aus Unzufriedenheit, Kritik, Ärger, Neid und Gier zusammen. Es fehlt an moralischen Werten wie Bescheidenheit, Vertrauen, Empathie und Dank.

Wenn wir die Kernpunkte der Zufriedenheitsforschung beachten, werden wir in der Folge den Raum und die Tiefe unseres Inneren neu spüren, einen von unsagbarer Echtheit und Unschuld durchströmten Geist feststellen sowie die damit verbundene Gemütsruhe, Erholung und Heilung von Körper und Psyche erleben. Wir werden Zufriedenheit nicht allein in die äußere Welt tragen, sondern einen Ruhepunkt und ein leises Gedankengespräch in unserer Innenwelt ausmachen. Diese ruhevolle Stille und jener gedankliche Informationsaustausch ermöglichen es uns, zu entspannen und uns liebevoll von körperlich-seelischen Belastungen zu befreien. Wir tauchen ein in ein Meer von ausgeglichener Losgelöstheit, friedvoller Genügsamkeit und wunschloser Verlangsamung. Wir schaffen klare Verhältnisse in uns und finden unseren Frieden.

„Auf Dauer zufrieden zu sein, das gelingt nur dankbaren Menschen." Ernst Ferstl

Zufrieden sein bedeutet, seinen Frieden im Inneren und Äußeren zu finden und zu pflegen.
Ein friedlicher Zustand beinhaltet für uns in der Regel Schutz, Prävention vor bösen Folgen und gemäßigte Verständigung. Konflikte sind größtenteils ausgeräumt, und Gerechtigkeit wird immer mehr aufgebaut. Bei dieser groben Zusammenfassung wird jedoch lediglich eine Art des Friedens betrachtet - der äußere Frieden.
Es gibt allerdings zwei Arten von Frieden: den äußeren und den inneren Frieden. Beide sind miteinander verbunden. Lebe ich nicht in einem äußeren Frieden, wird es schwer für mich, meinen inneren Frieden zu finden oder zu halten. Besitze ich keinen inneren Frieden, wird es mir große Mühe bereiten, meinen Beitrag zur Erhaltung des äußeren Friedens zu leisten.

Der äußere Frieden zeigt sich im Umgang mit unseren Mitmenschen, in Lebensgemeinschaften, Wohngruppen und Gemeinden, in der Familie, auf der Arbeitsstelle und letztlich im eigenen Land bzw. im Verhältnis der Länder untereinander.

Er gibt uns das Gefühl des Geschütztseins, ein menschliches Leben, die Möglichkeit zu Toleranz und Dialogfähigkeit und im staatlichen Zusammenhang bürgerliche und politische Rechte sowie Waffenstillstand. Er ist zentraler und wichtiger Bestandteil unserer persönlichen Zufriedenheit. Wenn uns ein Unrecht widerfahren ist und wir unzufrieden sind, sind wir bemüht, unsere äußere Ordnung erneut herzustellen. Wir wollen die Dinge regeln, unser in Schieflage geratenes System von Zufriedenheit wieder aufrichten und somit unseren äußeren Frieden erneut generieren. Wir brauchen diesen Frieden, um uns durch ihn wieder mit uns selbst wohlzufühlen und das Gefühl zu erhalten, dass bei uns und in unserem Umfeld alles irgendwie in Ordnung ist.

„Frieden ist nicht alles, aber ohne Frieden ist alles nichts."
Willy Brandt

Der innere Frieden ist weder unbeteiligter Status noch passive, unflexible Einbildung oder kompromissloses Vorkommnis im Leben. Innerer Friede ist eine Lebenseinstellung, eine innere Einkehr und Auszeit, verbunden mit intellektueller Stärke. Dabei kommt es nicht darauf an, stets positiv zu denken, sondern vielmehr darauf, achtzugeben, nicht ständig auf die auf einen einströmenden negativen Gedanken einzugehen. Das bedeutet: Ablehnende und nachteilige Beeinflussungen zu minimieren und sich nach entsprechender Betrachtung und Bewertung von ihnen zu lösen und sich dann den lebensbejahenden und befriedigenden Dimensionen und Augenblicken unseres Daseins zuzuwenden.

Wir können inneren Frieden mit Worten wie Ruhe, Stille, Ausgeglichenheit, Bedürfnislosigkeit, Leichtigkeit, Arglosigkeit oder Harmonie beschreiben. Wir konkurrieren mit niemandem und haben kein Bedürfnis, über die Zukunft oder Vergangenheit zu grübeln. Wir leben bewusster auf den gegenwärtigen Moment abgestimmt, verurteilen nicht, sondern fühlen uns verbunden und sind deshalb imstande, Fehltritte zu verzeihen. Wir nehmen das Leben an, halten uns für essenziell und nützlich und bestimmen unsere Glücks- und Zufriedenheitsparameter unabhängig von der Außenwelt selbst.

Wenn wir unseren inneren Frieden gefunden haben und ihn in uns spüren, können wir diesen in unserem Umfeld in Szene setzen und die Welt dadurch ein bisschen liebenswürdiger und schöner machen. So bringen wir Augenblicke der Ruhe, Klarheit und Abschirmung vor toxischen Energien in unseren Lebenskreis.

„Das Wertvollste, das du besitzt, ist dein innerer Frieden."
Laura Malina Seiler

Oft lassen wir uns unseren Frieden und damit unsere Zufriedenheit durch diverse Kleinigkeiten entführen. Die Temperatur ist zu hoch oder zu niedrig. Wir begegnen einem Spinner, den wir nicht ausstehen können, und der quatscht uns auch noch dämlich von der Seite an. An der Kasse stehen mehr als zwei Personen vor uns, und wir haben es eilig, oder das Klopapier ist wieder mal bei uns alle. Manchmal ist es auch einfach die belastende und abgedrehte Gesamtsituation mit ihrer nervigen Begleitmusik, durch die wir in einer Grübelspirale negativer Ereignisse festhängen. Alles alltägliche Ärgernisse, welche uns unseren inneren Frieden rauben, obgleich es im Grunde genommen Lappalien sind, außer vielleicht die Angelegenheit mit dem Klopapier.

Täglich müssen wir uns neuen Herausforderungen stellen. Um diese bewerkstelligen zu können, planen wir beständig unser Leben. Jeder Tag wird, wenn möglich, bis ins Detail vorbestimmt. Dabei legen wir einen Zeitstrahl fest und wollen den Tag mit Inhalten und Bedeutung füllen, die uns gerecht werden, sinnvoll sind und uns guttun. Wenn alles passend und vorteilhaft verläuft und so wird, wie wir uns das vorstellen und erhoffen, verspüren wir eine innere Zufriedenheit. Werden unsere Erwartungen und Vorstellungen nicht erfüllt, geht uns unsere Zufriedenheit schnell flöten, und Unzufriedenheit schwebt wie eine dunkle Wolke über uns und nimmt uns den Spaß und die Genügsamkeit am Leben. Wir werden maulig, reizbar und stellen plötzlich vieles in Frage, und durch die fehlende Motivation ist der Alltag schwerer zu bewältigen.

Anstatt nun umgehend den Entwarnungsmodus der Zufriedenheit zu aktivieren, was unter diesen Umständen selbstverständlich schwierig ist, schalten wir in den einfacheren und bequemeren Alarmmodus der Unzufriedenheit um und nehmen nur noch den Müll und Ballast des Tages wahr. Unser Zug der Zufriedenheit rast bergab, und wir sind kaum noch in der Lage, ihn aufzuhalten.

„Die meisten Menschen machen sich selbst durch übertriebene Forderungen an das Schicksal unzufrieden."
Wilhelm von Humboldt

Leider ist Zufriedenheit nicht auf Knopfdruck abrufbar, im Gegensatz zur Unzufriedenheit, welche uns holterdiepolter in Windeseile wie eine Geröll lawine niederwalzen kann. Allerdings kann Zufriedenheit auch ein bisschen erlernt werden. Dieses Lernen ist ein konstruktives Entwicklungsgewinde, bei welchem wir als Erstes unsere Wahrnehmungs- und Denkansprüche konditionieren und anpassen müssen. Das heißt, wir müssen lernen, unsere Reaktionen auf bestimmte Reize zu überdenken und im Anschluss vernünftig zu relativieren. Wenn wir uns bewusst darauf konzentrieren und bemühen, gelassener auf Situationen oder Personen zu reagieren, wird es jedes Mal ein winziges Stück einfacher. Grund dafür ist ein sich in uns entwickelnder, neu analysierender Automatismus zu einem gelasseneren Verhalten, welcher uns zufriedener und entspannter werden lässt. Eigentlich eine Einfachheit des Lebens, doch oftmals beinhaltet diese Simplizität eine zu schwierige, zu komplizierte Umsetzung für uns.

Zu oft katapultieren wir uns noch viel zu schnell in das Verlies der Unzufriedenheit, da wir manchmal ein wenig ungeschickt mit uns umgehen. Wir verlieren uns dann selbst, unsere guten Vorsätze und unser geduldiges Selbststeuerungskonzept entweder in kleinen Schritten oder ohne Umschweife. Wir verpassen den Anfang unseres Zufriedenheitsverlustes und werden unserer überspitzten Verbitterung und deprimierenden, missgestimmten Gefühle erst gewahr, wenn Verstand und Herz im unzufriedenen Einssein verschworen in heftiger Erregung sind. Unsere Zufriedenheit hat natürlich in der Folge traurig den Betrieb eingestellt. Wir sollten uns dann vor Augen führen, dass die Lage so ist, wie sie ist, und wir manches auch hinnehmen und zulassen müssen! Es ist normal, dass Unvollkommenheiten und Irrtümer unsere Existenz beeinflussen und mitbestimmen können, und dass das Leben nicht in einer geraden Linie verläuft. Dann wird allmählich wieder gelassene Zufriedenheit Einzug in unsere Innenwelt halten und womöglich auch als längerer Gast in uns verweilen.

„Der erste Schritt zur Zufriedenheit: die Welt, ihre Menschen und die herrschenden Umstände so zu akzeptieren, wie sie sind.
Der erste Schritt zur Unzufriedenheit: die Welt, ihre Menschen und die herrschenden Umstände so zu erwarten, wie sie nicht sind." Christian Rebosch

Oftmals lassen wir uns unseren Frieden und unsere damit bedingte Zufriedenheit durch unwandelbare und endgültige Ereignisse und damit verbundene Personen entwenden. Wir regen uns auf, sind enttäuscht oder sogar wütend und verkomplizieren und zerdenken dadurch die Vorkommnisse, obwohl wir an den bestehenden Zuständen nichts mehr korrigieren können. Wir schaden durch unseren Frust und Groll ausschließlich uns selbst, und die Unzufriedenheit setzt ein schadenfrohes Grinsen auf, entfaltet sich unverblümt, und unsere Innenwelt steht wieder einmal in Flammen. Ist eine nicht mehr veränderbare Situation das wert?
Das Leben besteht aus einer ausgleichenden Gerechtigkeit, auch wenn wir diese leider nicht immer miterleben dürfen und demzufolge oft mit unserer Verbitterung, Wut und Unzufriedenheit zu-

rückgelassen werden. Doch es verschont in dieser Hinsicht keinen, egal ob Freund oder Feind, und es zahlt jedem seine Fehler zurück. Daran kommt niemand vorbei, und dieser Gesetzmäßigkeit kann auch keiner entfliehen. Das Leben gibt, nimmt und gleicht aus. Durch diese kompensatorische Gerechtigkeit des Lebenssystems bleibt die Balance zwischen den negativen und destruktiven sowie den nutzbringenden und heilsamen Kräften in dieser Welt erhalten. Dieses sich ständig anpassende Gleichgewicht ist von gravierender Wichtigkeit. Es beinhaltet den Einklang und die Konstanz zwischen der Individualisierung (Übergang von Fremd- zur Selbstbestimmung) und der wichtigen Sozialisation (Einordnung in die Gesellschaft) des Menschen. Sowohl Gutes als auch Böses wird irgendwann im Leben, irgendwie stets in gleicher Weise vergolten. Es ist wichtig, diesen Zusammenhang zu erkennen und wirken zu lassen. Das Wissen, dass jeder für seine bösen Taten aufgrund der ausgleichenden Gerechtigkeit zu einem späteren Zeitpunkt einmal vom Leben die Quittung erhält und für seine Sünden bezahlen muss, sollte unser Gemüt mit mehr Zufriedenheit ausleuchten, uns trösten und Frieden schenken.

Ordnen und sortieren wir kurz unsere Innenwelt und versuchen, einen Friedensschluss mit den unabänderlichen Dingen herbeizuführen! Wir werden erstaunt sein, wie viel Zufriedenheit sich zeitnah ergeben und in unserem Leben einstellen wird, und wie weniger anfällig wir für äußere negative Einflüsse werden.

„Der Urgrund des Schönen besteht in einem gewissen Zusammenklang der Gegensätze." Thomas von Aquin

Bei all unserem Streben nach Zufriedenheit sollten wir aber auch nicht vergessen, dass ein Teil Unzufriedenheit etwas Gutes in sich birgt. Durch Unzufriedenheit war die fortgängige, sich entfaltende Entwicklung der Menschheit möglich. Durch Verdruss und also gewonnene Erfahrungen begann das Gehirn zu erkennen und zu vergleichen und daraus resultierend, bessere Entscheidungen zu treffen. So lernte der Mensch, zu überleben und sich sein Dasein einfacher, nutzbringender und somit auch zufriedener zu gestalten.

Zum Beispiel ernährte in der Urzeit ein erlegter Säbelzahntiger die Sippe nur für zwei Tage, während ein erlegtes Mammut Nahrung für einen ganzen Monat versprach. Durch diesen Vergleich und die gewonnene Erkenntnis wurde dann die Entscheidung getroffen, lieber ein Mammut zu jagen als einen Säbelzahntiger.

Weiterhin treibt uns die Unzufriedenheit an, Veränderungen in Gang zu setzen, neue Wege zu beschreiten, nach mehr Wahlmöglichkeiten zu suchen oder auch experimenteller an die Umsetzung unserer Wünsche und Träume heranzugehen. Dabei werden wir durch innere Motivatoren angetrieben, wie beispielsweise Interesse, Neugierde oder Selbstbestimmung, oder durch äußere Anreize, wie Beförderung, Status oder gewichtigen Einfluss, gesteuert. Eine kleine Prise Unzufriedenheit tut auch mal ganz gut, um innerlich festklebenden Groll loszuwerden und sich nicht ständig auf die Zunge beißen zu müssen.

Das bedeutet jedoch nicht, dass Unzufriedenheit zum primären Bestandteil unseres Lebens werden soll, sondern lediglich, dass wir aus und durch sie Erfahrungen sammeln und dann lernen können und sollen, um unser Leben zu optimieren. Wer letztlich in die totale Unzufriedenheit abgleitet, wird zuletzt im Unglück enden.

„Unzufriedenheit ist der erste Schritt zum Erfolg." Oscar Wilde

Unser Geburtsrecht macht uns zum Adressaten von allem Schönen, Besten und Wertvollsten, was diese Welt zu bieten hat. Dazu gehört in entscheidendem Maße eine prunkvolle und luxuriöse, aber auch gleichzeitig milde und gemütliche Innenwelt. Diese glanzvolle und idyllische Innenwelt können wir jedoch nur dann in vollen Zügen genießen und uns in ihr verlieren, wenn sie ausgefüllt ist mit innerem Frieden und dankbarer Zufriedenheit. Dafür ist es jedoch grundsätzlich notwendig, unsere Einstellungen und Erwartungen zu uns und anderen zu ändern. Dann ist es uns möglich, in unserem Inneren Liebe, Genügsamkeit, Glück und Wohlbehagen zu erkennen und bewusst zu empfinden. Dieses Gefühl von Entspannung und Entkrampfung wird uns in Sphären unendlicher Entlastung und innerer Erlösung sowie vollkommener Reinheit des Geistes entführen. Wir werden tief durchatmen können und bemerken, wie aller Druck von unserer Brust weicht und wir uns frei, gesund und wohl fühlen. Wir sind einverstanden mit uns und der Welt, und Ausgeglichenheit breitet sich gütig in uns aus. Mit diesem lösenden Gefühl der Zufriedenheit können wir nun zur Ruhe kommen, uns erholen und neue Räume schaffen.

Vergessen wir dabei jedoch nicht, dass wir auch ein Recht auf Unzufriedenheit in gebotenem Maß besitzen, denn ihr sind ebenfalls dem Leben dienliche Segmente immanent.

Zentralisieren Sie das triumphale und gleichzeitig leise Recht der Zufriedenheit in Ihrem Leben, und Sie werden Ausgewogenheit und eine wohlklingende, harmonische Übereinstimmung in Ihrem Herzen und Ihrer Seele zur Kenntnis nehmen. Erlauben Sie sich, in sämtlichen Lebensdarstellungen Zufriedenheit zu verspüren, denn Sie besitzen dieses Recht, auch wenn es niemand ausspricht oder es lediglich mal aus Gewohnheit ergriffen wird! Ihr Geburtsrecht des Lebens hält es für Sie bereit und präsentiert es Ihnen in einer liebevollen Geste. Greifen Sie einfach zu! Es ist leichter, als Sie denken.

„Zufriedenheit ist ein stiller Garten, in dem man sich ausruhen kann." Ernst Ferstl

22. ERFOLG

„Wenn a für Erfolg steht, gilt die Formel: a=x+y+z;
x ist Arbeit, y ist Spiel, und z heißt den Mund halten."
Albert Einstein

Erfolgreich sein ist wunderbar. Wir sind stolz auf das Erreichte, andere sind stolz auf uns. Wir entwickeln uns, wachsen über uns hinaus, bewirken etwas, lernen dazu und erweitern unsere Grenzen. Erfolg gestaltet zu einem dominierenden Teil unsere Selbstverwirklichung, welche entscheidend unser Lebensglück beeinflusst.
Aber was ist Erfolg konkret? Welchen genauen Einfluss besitzt er auf unser Leben, und wie können wir ihn erlangen?
Jeder interpretiert und bemisst Erfolg für sich unterschiedlich. Er hängt davon ab, wonach wir suchen, wie wir ihn spezifisch definieren und mit welchen Gradmessern und welchem Willen wir ihn erreichen möchten. Erfolg ist so speziell wie ein Fingerabdruck und jeder wird durch seine ganz eigene Geschichte geschrieben. Doch trotz seiner vielen Gesichter kann Erfolg zusammengefasst sowohl anhand bestimmter Ergebnisse als auch als Prozess oder als Geistes- bzw. Gefühlszustand gemessen werden. Generell handelt es sich ungeachtet dessen um das Erreichen einer Zielsetzung, wobei es gleichgültig ist, wie diese aussieht, was sie beinhaltet und unter welchen Bedingungen sie letztlich verwirklicht wird.
Erfolge können einerseits als kleine, kurzfristige Ziele, anderseits aber auch als allgemeine oder spezifische, nachhaltige Lebenswerke oder genauso als einzelne Schritte auf dem Weg zu einem veredelten und verbesserten Leben in Erscheinung treten. Bei allem geht es jedoch hauptsächlich darum, sein eigenes Glück in der gewünschten Lebensform zu verfolgen und zu finden.

„Definiere Erfolg nach deinen eigenen Vorstellungen, erreiche Erfolg nach deinen eigenen Regeln und baue ein Leben auf, auf welches du stolz bist." Anne Marie Sweeney

Wir Menschen werden zum großen Teil an unseren Erfolgen gemessen und identifizieren uns mit ihnen. Wir alle wollen im Leben
Erfolg haben, immer, überall und jedes Mal. Egal in welcher Konstellation, wir bemühen uns auf sämtlichen Ebenen um ein positives Ergebnis unserer Unterfangen. Wir setzen uns Ziele und sind
bewusst bestrebt, dass die beabsichtigte Wirkung eintritt. Wir
möchten an dem Bestehenden etwas verändern und einen Fortschritt schaffen. Wenn dieser eingetreten ist, wir unsere Wünsche
verwirklicht oder unsere Bedürfnisse gestillt haben, sind wir mit
dem gewünschten Erfolg zufrieden. Tritt er nicht ein, erhöhen wir
den Leistungsdruck. Erfolg ist also kein Zufall, sondern die Bilanz
unseres willentlich absichtlichen Handelns, welche das Ergebnis
einer erfolgreichen inneren Einstellung verkörpert.

Erfolg wird in unserer Innenwelt geboren und formt sich durch
Aktion, Tat- und Schaffenskraft, Lebendigkeit und bei Misserfolgen
durch wiederholtes, nicht aufgebendes Handeln. Diese gelebte
Einstellung unterscheidet den Macher vom Träumer und den Erfolgreichen vom Erfolglosen. Bauen wir auf uns und unseren Erfolg, wenn wir etwas erreichen möchten, denn in der Regel gibt es
auf dem Weg dorthin Kritik und Gegenwind. Die Leute mögen es
nicht, wenn ihnen der Rang abgelaufen wird, sie übertrumpft werden oder am Ende das Gefühl bekommen, zu verlieren. Sie wollen
uns dann lieber scheitern sehen. Diese Gesinnung illustriert die
neidische und rücksichtslose Grundeinstellung dieser Menschen.
Wir dürfen uns in diesen Zeiten nicht durch Selbstmisstrauen oder
Selbstzweifel eigenständig torpedieren oder zurückweichen.

„Erfolg ist so ziemlich das letzte, was einem vergeben wird."
Truman Capote

Um am Ende unserer Wünsche erfolgreich zu sein, müssen wir oft
unwegsames Gelände betreten und uns manchmal sogar auf ein
Minenfeld wagen. Streckenweise ist eine gewisse kämpferische
und dominante Vorgehensweise mit verschiedenen Manövern

notwendig, um unsere Alleinstellungsmerkmale zu kreieren und uns dadurch von der Masse abzuheben. Wir müssen die Dinge in die eigenen Hände nehmen, denn Erfolg fällt nicht vom Himmel. Er erfordert Durchhaltevermögen und muss verdient werden.

Wir sind weder Bibi Blocksberg noch Harry Potter und demzufolge nicht in der Lage, uns unsere Erfolge herbeizuzaubern. Um sie feiern zu können, müssen wir arbeiten, verzichten, überwinden und es mal darauf ankommen lassen. Wir müssen von der Passivität zur Aktivität übergehen. Es muss allgegenwärtigen Problemen entgegengetreten und der Mut aufgebracht werden, Angelegenheiten anders zu betrachten und Alternativen in Angriff zu nehmen. Lösen wir uns dabei von festgelegten und steifen Denkweisen und lassen Veränderungen zu. Beim Schreiben von Erfolgsgeschichten geht es vor allem darum, eine geeignete innere Wachstumsmentalität zu entwickeln und dabei zu erkennen, dass wir Neues lernen können. Eigene gedanklich blockierende Grenzen müssen entschlüsselt und abgeschafft werden, denn wenn wir davon ausgehen, nicht mehr erreichen zu können als bisher, wird das auch nicht geschehen. Wenn wir erfolgreich sein wollen, brauchen wir Selbstreflexion und damit ein prüfendes und vergleichendes Nachdenken über unsere Einstellungen und Herangehensweisen. Wir müssen Nebenwirkungen richtig verstehen sowie gesammelte Erkenntnisse bündeln und wirksam einflechten!

Um unseren Erfolgshunger zu stillen, ist es von großer Bedeutung, unsere Vision von einem guten Leben zu verwirklichen. Dabei müssen wir nicht selten Risiken eingehen, wenn wir konsequent und willensstark zielorientiert arbeiten. Das geistige und körperliche Potenzial muss ausgeschöpft werden, und wir müssen bereit sein, alles Erforderliche zu tun, damit diese Vision wahr wird. Befreien wir uns von Versagensängsten und Unsicherheiten und vertrauen auf unsere Kompetenz und motivierende Beharrlichkeit.

„Derjenige, der nicht mutig genug ist, Risiken einzugehen, wird niemals etwas im Leben erreichen." Muhammad Ali

Bei allem Erfolgseifer müssen wir, neben dem Einsatz unserer Mittel und Fähigkeiten, allerdings auch diszipliniert zu Werke gehen, um weder uns noch den Überblick über das Gesamtbild aus den Augen zu verlieren. Wir dürfen nicht die Kontrolle über uns einbüßen und müssen auf unsere Selbstregulierung achten, damit wir nicht einer skrupellosen Zielstrebigkeit verfallen.

Zentralisieren wir den Erfolg, das Realwerden unseres Zieles zu sehr, übersehen wir unter Umständen die Moral und das Leben in seinem wertvollen und farbenfrohen Reichtum. Wir vernachlässigen dann wichtige Bereiche in unserem Sein und verlieren unseren Wert als Mensch. Wir opfern demgemäß zu viel für unseren Erfolg. Wird der Drang nach ihm zu groß, entsteht ein Standard, der langfristig Druck auf uns ausüben kann, Erfolgsdruck. Wir kommen in einen Bedürfnisstrudel, in unserer von Konkurrenzdruck und Misstrauen gekennzeichneten Belastungskultur immer noch mehr erreichen zu müssen oder zu wollen und auf keinen Fall zurückfallen zu dürfen. Wir jagen uns selbst, weil unser Pflichteifer über Gebühr steigt. Erfolg in diesem Konsens bringt dann Extremstress, Überforderung und verschleißende Quälerei mit sich. Sowohl eine realistisch erreichbare kurzfristige als auch langfristige Zielsetzung, die persönlich kontrolliert werden kann, stellt demzufolge eine wichtige Grundlage für Erfolg dar. Fragen wir uns immer, wo das Mögliche endet und das Unmögliche beginnt!

Sind wir zu erfolgsverwöhnt, verlieren wir möglicherweise die Bodenhaftung und das Maß der Dinge aus den Augen. Es kann zu einer falschen Selbstwahrnehmung und zur Selbstüberschätzung kommen. Unser Selbstporträt überholt unsere Fähigkeiten und Erfolge, uns sind unsere persönlichen Grenzen nicht mehr klar bewusst, und wir können sehr, sehr tief fallen. Wir wirken arrogant, egozentrisch und überheblich, was wiederum unsere sozialen Beziehungen negativ beeinflusst.

„Zu viel Erfolg hat schon so manchen Gewinnertyp größenwahnsinnig gemacht." Unbekannt

Andersherum wirkt anständiger Erfolg aktivierend und fasziniert. Er verleiht uns eine auffallende Aura, welche auf viele Menschen attraktiv und reizvoll wirkt und uns eine besondere Ausstrahlung verleiht. Erfolg lässt uns als Garanten für Risikobereitschaft ohne Leichtsinn, für disziplinierte Zielstrebigkeit und mentale Stärke schillern. Er erhöht unsere Sichtbarkeit und Reichweite und ermutigt andere, ebenfalls erfolgsorientiert zu denken, zu handeln und somit eigene Träume zu verwirklichen. Wir versprühen Optimismus, stecken weitere Personen damit an und vermitteln ihnen, dass es möglich ist, Ziele zu erreichen, wenn man an sich und seinen Erfolg glaubt. Wir geben ihnen Hoffnung, eine Wende in ihrem Leben bewirken und es verbessern zu können.

Der Schlüssel zum Erfolg sind Hingabe und Leidenschaft und die Fähigkeit, sich von Misserfolgen zu erholen und nicht entmutigen zu lassen. Wir können nicht immer und überall erfolgreich sein. Dafür ist das Leben zu ungreifbar und teils auch zu kompliziert in sich konzipiert. Wenn wir scheitern, ist das nicht gleichbedeutend mit einem Misserfolg, solange wir eine positive Fehlerkultur leben. Machen wir es doch wie die Kinder! Sie überlegen, probieren aus und experimentieren. Sie haben Spaß an der Sache und sind mit Eifer dabei. Wenn es daneben geht, versuchen sie es einfach wieder mit einer neuen Methode. Sie fügen das zuvor Funktionierende in die neue Strategie ein und tauschen das, was hinderlich war, gegen ein hilfreiches Neues aus.

Stellen wir Misserfolg nicht mit Inkompetenz, Hilflosigkeit oder Versagen auf eine Stufe, sondern lösen durch ihn eine weiterführende, erfolgversprechende Folgereaktion aus! Das Nichterreichen eines Zieles kommt oft unerwartet und befindet sich häufig außerhalb unserer Kontrolle. Passen wir uns an die neuen Verhältnisse an und stärken sowie verbessern wir unser Urteilsvermögen! Akzeptieren und verstehen wir den Rückschlag als das, was er ist und lernen, richtig mit ihm umzugehen! Fragen wir uns nach dem Grund des Misslingens! Wir sollten uns nicht zu sehr darüber ärgern, sondern es als Veränderungsaufforderung verstehen. Nutzen wir die Erfahrung als Katalysator zur Neuorientierung, um neue Muster in unseren Erfolgsplan einzufügen! Überlegen wir, ob unser Handeln uns dorthin bringt, wo wir im Leben wirklich hinwollen und korrigieren uns, wenn es notwendig und möglich ist!

„Gewinner haben keine Angst vor dem Verlieren. Verlierer schon. Misserfolge sind Teil des Erfolgsprozesses. Wer Misserfolge vermeidet, vermeidet den Erfolg." Robert T. Kiyosaki

Wenn wir erfolgreich waren, sollten wir uns und unseren Erfolg feiern. Clowns sehen es auch nicht gern, wenn sich das Publikum nur innerlich freut. Genauso möchte auch unser Erfolg sehen, wie wir uns über ihn freuen. Nehmen wir uns die Zeit und erlauben uns, zu triumphieren, unseren Sieg und Verdienst zu genießen und unsere Ressourcen wieder neu aufzufüllen. Spüren wir dabei die tiefergehende Wirkung des Hochgefühls und stärken entsprechend unser Vertrauen in uns und unsere Taten. Die dabei entstehenden Gefühle stimulieren und erweitern unser Wohlergehen, unsere Zufriedenheit und Gesundheit und sind angenehme Unterbrechungen im täglichen Einerlei. Sie steigern unseren Lebenskomfort. Es ist wichtig, dass wir uns Zeit einräumen, um diese Augenblicke des Glücks im vollen Bewusstsein des Erfolgs zu erleben, zu würdigen und zu bejubeln. Da das Leben teilweise unglaublich herausfordernd sein kann, ist es wichtig, Wege zu finden, selbst kleinere Erfolge anzuerkennen und zu feiern. Sie vermitteln uns das Gefühl von Fortschritt und Hoffnung. Das Beklatschen unserer Erfolge erzeugt eine positive Rückkopplungsschleife und ermutigt uns, nach mehr zu streben und uns höhere Ziele zu setzen.

In vielen Fällen versäumen wir es in der knirschenden Mühle des Alltags, unsere Errungenschaften in der ihnen gebührenden Weise achtungsvoll hervorzuheben. Wir winken sie durch und lassen sie passieren, ohne ihnen den nötigen Respekt zu zollen und die mit ihnen verbundene Signalwirkung einzusaugen, weil uns schon die nächste Herausforderung im Nacken sitzt. Haken wir unsere Erfolge nicht achtlos ab, sondern zelebrieren wir sie in uns und natürlich auch salonfähig nach außen.

Um nicht aufgeblasen, hochmütig und anmaßend zu wirken, können wir durch sorgsames Betrachten der Situation ausmachen, wann wir uns ins Zentrum der Lage rücken und wann es angebrachter ist, sich im Hintergrund zu halten. Doch wie wir uns auch entscheiden, sollte bei unseren Überlegungen die Intention Priorität besitzen, uns weder herabzusetzen noch unsere Erfolgsspur zu verwischen. Stehen wir zu unserem Können und unserem Erreichten, aber erhalten wir uns unsere Bescheidenheit und Demut!

„Eigenlob ist für Loser. Sei ein Sieger. Steh für etwas. Hab immer Klasse und bleib bescheiden." John Madden

Siege, Durchbrüche und Erfolge gehören zu unseren Grundbedürfnissen, denn sie verleihen uns mehr Selbstgewissheit und Selbstbewusstsein. Durch sie finden wir das, was wir so oft im Leben suchen: eine Sinngebung für unser Dasein, den nützlichen Inhalt unserer Existenz oder eine bestimmte, wichtige Berufung.

Wenn uns Triumphe gelingen, wir erfolgreich sind, nehmen wir in uns die Bestätigung wahr, aus einem bestimmten Grund auf dieser Erde zu reisen. Erfolg macht uns bewusst, dass wir etwas geschafft haben. Wir wissen in diesen Momenten, dass wir etwas bewegen können, wenn wir mit Eifer und großer Begeisterung an die Realisierung unserer Ziele herangehen und bereit sind, über uns hinauszuwachsen. Erfolg produzieren ist, wie an der Börse handeln. Wir können erfolgreich sein und Gewinne generieren oder erfolglos und Verluste einfahren bzw. die Gewinne wieder verlieren. Doch für alles bedarf es einer Voraussetzung: Wir müssen zuerst investieren. Ohne vorherige Investition kein Erfolg, kein Gewinn.

Der wohl berühmteste NCAA-Basketballtrainer aller Zeiten, John Wooden, sagte einmal: „Erfolg ist nie endgültig. Scheitern ist nie verhängnisvoll. Es ist der Mut, der zählt."

Erfolg kommt und geht, zu selten ist er dauerhaft unser Gast. Er ist veränderlich, elastisch und zum Teil sprunghaft. Er unterliegt ständigen Bewegungen. Wir können ihn erreichen, halten und wieder verlieren. Dann können wir ihn erneut erlangen, bewahren und abermals einbüßen. So wie ein Feuer entfacht werden kann, hell lodert und wärmt, dann verglüht und anschließend neu entzündet werden kann. Entscheidend sind unser Verlangen, nicht aufzugeben, sondern weiterzumachen, und das dauerhafte Verfolgen unserer Zielsetzung.

Unsere eigene Bewertung und Anspruchsskala entscheiden am Ende über die Qualität unseres Aktivitätsergebnisses. Unsere Auffassung über den Glauben oder Nichtglauben der Umsetzungswahrscheinlichkeit unseres Zieles beeinflusst direkt unsere Vorgehenshingabe und nimmt Einwirkung auf unsere Erfolgsbestrebungen. Es kommt also auf unsere innere und äußere Gesamteinstellung hinsichtlich unseres Erfolgsbildes und dessen Ausführung an.

„Du kannst die Erfolgsleiter nicht hochklettern mit den Händen in den Hosentaschen." Arnold Schwarzenegger

Viele Menschen messen ihren Erfolg an der Höhe ihres Gehalts, der Größe ihrer Villa oder ihrer Machtposition und stellen nicht selten den materiellen Erfolg über das Menschliche. Aber sind sie dabei auch glücklich? Nicht wenige sind nach außen hin sehr erfolgreich, jedoch nicht glücklich, denn ihnen fehlen Liebe und Zuneigung. Erfolg ist mehr als ein bestimmter sozialer Status, Luxus und Vermögen oder Popularität. Wahrer, fühlbarer Erfolg kommt von innen und drückt sich in erster Linie in Gesundheit, gefestigten, liebevollen Beziehungen und ästhetischen Lebenseinstellungen aus. Finden wir wieder die Ursprünge eines erfolgreichen Seins: persönliche Erfüllung, inneren Frieden und ein Leben im Einklang mit den eigenen Werten und Leidenschaften.

Die Fähigkeit, sich an seine Prinzipien, Leitmotive und Entschlossenheit zu halten und dabei seine eigene Größe nicht zu verkennen, fördert einen erfolgreichen Charakter und zeichnet einen echten Gewinnertyp aus. Ein Mensch, der diese Eigenschaften verkörpert und der weiß, dass das Leben eine Achterbahnfahrt und Erfolg ein Prozess sein können, wird langfristig in allen Lebensbereichen große Siege einfahren und prächtige Erfolge erzielen. Von Erfolg gekrönte Menschen lernen und wachsen beständig, weil sie ihre erfolgreichen Errungenschaften auch für zunehmendes Wissen und persönliche Erweiterung nutzen.

Echte Erfolgsmenschen kennen ihren inneren Antrieb, die Motivation, die sie an ihrem Ziel und dessen Wahrwerdung festhalten lässt. Sie besitzen Klarheit darüber, was sie dafür tun müssen und ob sie über die nötigen Fähigkeiten und Mittel zur Umsetzung ihres Erfolgsgedankens verfügen. Sie wissen, welche Route sie gehen müssen und überwinden ihre Angst, einen neuen, unbekannten Weg einzuschlagen, wenn die Nadel auf ihrem Erfolgskompass in eine andere Richtung weist. Sie sind bereit, auch einmal einen Slalom zu fahren oder Umwege in Kauf zu nehmen, wenn sie damit ihrem Ziel näherkommen.

Was vielen Menschen abhandengekommen ist, um erfolgreich zu sein, sind die Kämpferhaltung, die Fähigkeit, Entbehrungen in Kauf zu nehmen, und der starke Durchhaltewille. Es fehlt ihnen die Beißermentalität, um sich ihrem Ziel siegreich zu nähern, wenn die Zeiten schwieriger werden. Man ist zu weich, um hart zu kämpfen. Lieber jammert und bemitleidet man sich selbst in zunehmendem Maß und findet schwache Ausreden, warum sich der Erfolg angeblich gar nicht einstellen konnte.

„Erfolgreiche und nicht erfolgreiche Menschen unterscheiden sich nicht groß in ihren Fähigkeiten. Sie sind unterschiedlich in ihrem Verlangen, ihr Potential zu erreichen." John C. Maxwell

Erfolg ist eine Denk- und Handlungsqualität. Er gehört zu den stärksten Säulen für ein erfülltes und positiv beeinflusstes Leben, in welchem wir ein bedeutendes und chancenreiches Vermächtnis, etwas Wertvolles, hinterlassen können. Etwas, das sich würdig und sinnvoll anfühlt und einen Unterschied zum Gewöhnlichen macht. Wir geben uns demgemäß das Gefühl, ein gutes, repräsentatives Leben zu leben und lassen eine Spur von dem zurück, was für uns Bedeutsamkeit besitzt. Entsprechend werden wir geachtet, respektiert und wohlwollend behandelt.

Es kommt auch vor, dass uns von unseren Vorhaben abgeraten wird. Zum einen, weil man uns den zu erwartenden Erfolg neidet, zum anderen, weil man an unserer Bestimmtheit, Standhaftigkeit und Willensstärke zweifelt. Vertrauen wir auf unsere Bereitschaft und unser Eigenschaftsprofil und erwarten stets das Beste! Konsolidieren, festigen wir unser Überzeugungsgerüst! Setzen wir uns mit unserem Leben produktiv auseinander! Machen wir eine Bestandsaufnahme unserer bisherigen Ziele, Erfolge und Misserfolge, um unsere zukünftigen Strategien und Bilanzen noch besser einzuschätzen, egal was andere dazu meinen! Gestalten wir unser Leben proaktiv und innovativ und brennen für die Erreichung unserer Träume! Erfinden wir uns neu, inszenieren wir uns neu, um neue, bessere Erfolge zu ernten. Gestatten wir unserem Freigeist mehr Entscheidungsauslauf und Erfüllungsraum!

Aufgrund seiner Natur hasst der Mensch zwar das Ungewisse, doch Ungewissheit birgt auch immer einen begrenzten Grad an Hoffnung auf Hilfe, Erneuerung und Verbesserung in sich. Wagen wir auch einmal den Sprung ins Ungewisse, um unsere Hoffnung auf ein schöneres und erfolgreicheres Leben zu nähren! Sind wir bei unseren Vorhaben die ersten ein, zwei Male gescheitert, denken wir oft, doch keine Chance auf Erfolg zu haben. Doch genau diese sollten wir dann nutzen, denn nur in den seltensten Fällen sind bereits sämtliche Chancen und Erfolgsgelegenheiten vergriffen, auch wenn wir es so sehen und für uns so auslegen.

„Du musst bereit sein, die Dinge zu tun, die andere niemals tun werden, um die Dinge zu haben, die andere niemals haben werden." Les Brown

Dafür sollte uns kein Berg zu hoch, kein Weg zu weit und keine Zeit zu lang sein. Durch Erfolg versetzen wir uns in die Lage, unsere Fähigkeiten vernünftig und substanziiert einzusetzen, und füllen unsere inneren Tanks erneut mit Zutrauen, Optimismus und Mut auf. Er ist wesentlicher Indikator und relevanter Faktor für mehr Lebensqualität, die Verwirklichung des eigenen Potenzials und bessere Selbsterkenntnis. Wir geben durch Erfolg unserer Ganzheitlichkeit mehr Ausdruck, also der ständigen Betrachtung und Wechselwirkung von Körper, Seele und Geist in allem, was und wie wir denken und handeln. Diese Wechselwirkung zeigt sich in unserem Entwicklungsverlauf bezüglich unserer Einzigartigkeit und somit in unserer Erfolgsübersicht.

Weil Erfolg garantiert, unser Selbst eigenständig zu entfalten, das zu tun, was wir für das Wichtigste halten, unsere Grundbedürfnisse zu erkennen und zu erfüllen und ein bedeutendes Leben zu führen, gehört er zu den uns geschenkten Kernrechten des Lebens. Greifen wir mit beiden Händen zu und sichern uns künftige anständige Erfolge in sämtlichen Zusammenhängen und Aktivitätsfeldern des Lebens! Dabei ist es gleichgültig, ob sich diese im Vorder- oder Hinterzimmer unserer Existenz befinden und um welche Art von Erfolg es sich handelt. Seriöser und anständig verdienter Erfolg ist einfach wahnsinnig fantastisch und beeindruckend, und deshalb steht uns zu, immer und überall, solange wir dabei nicht übermütig werden, unser Glück und unsere Menschlichkeit nicht verlieren und nicht zu viele Opfer bringen müssen.

„Erfolg bedeutet, dass Sie den Zweck Ihres Lebens kennen und darin zu wachsen, Ihr größtmögliches Potenzial zu erreichen."
John C. Maxwell

23. ZUSAMMENFASSUNG

„Ich arbeite daran, ein guter Mensch zu sein. Mein Ziel ist, die beste Version von mir zu werden." Denzel Washington

Das Geburtsrecht des Lebens ist keine limitierte Auflage von Glückskeks-Botschaften. Es birgt das ewige und explizite Versprechen in sich, den Menschen vollkommener, glücklicher und gesünder werden zu lassen und seine inneren Polaritäten ins Gleichgewicht zu bringen. Es ist die Wiege allen menschlichen Seins.

Das Geschäft der inneren Dämonen mit den Menschen floriert. Das kann es jedoch nur, weil wir uns nicht eingestehen wollen, dass wir entweder in oder an uns etwas verändern müssen oder uns zu oft zu schwach fühlen, um den Kampf gegen sie aufzunehmen. Um dieser Einstellung kraftvoll entgegenwirken zu können, besitzen wir dieses eindrucksvolle und angenehm großartige Geburtsrecht. Hierbei sind jedoch das Bewusstsein und die Einsicht wichtig, dass uns primär eben nicht jenes Recht prägt, sondern es die Anwendung und Umsetzung der in ihm enthaltenen Elemente sind, die letztlich unserer Identität, unserer Erscheinung mit ihren Aktionen und Reaktionen und damit unserem Leben einen untrüglichen und wesensspezifischen Stempel aufdrücken.

Das persönliche Leben und seine Resultate verwandeln sich nicht durch neue, helfende Voraussetzungen, sondern ausschließlich dann, wenn diese Grundlagen erkannt, angenommen und vor allem eingesetzt werden. Wenn wir das nicht tun, sie aus Angst, Ignoranz oder Infragestellen nicht nutzen und lieber weiterhin im altgewohnten Schlamm der ausgetretenen Pfade herumwaten, stehen wir vor einer äußerst schwierigen Aufgabe, wenn wir unserem Leben einen gehaltvolleren Inhalt, Sinn und mehr Freiheit und somit Echtheit, Perspektive sowie Reinheit geben wollen.

„Wissen ist nutzlos, wenn man es nicht anwendet."
Anton Tschechow

Unsere Innenwelt ist kein Jahrmarkt der Gefühle, Zustände, Einstellungen und Gemütslagen. Sie ist ein eigentlich klar strukturierter und wohlgeordneter Kosmos innerhalb unseres Ichs. Dieser innere kosmische Raum, der gelegentlich durcheinandergewirbelt wird, spiegelt sich in unserem Denken, Handeln und unserer Bewusstseinsbildung, also der umfassenden Verkörperung unseres Lebens, in der Außenwelt wider.

Verschiedenste Mächte versuchen beständig, Verwirrung zu stiften und entweder subtil und plump oder auffällig offensiv unsere Ordnung in unserem Innersten zu zerwühlen. Dadurch kommen wir oft aus dem Konzept unserer Lebensverwaltung, verlieren die Orientierung und sind verunsichert, planlos oder auch verängstigt. Um dieser negativen Aktivität gegensteuern zu können, hat uns das Leben bei unserer Geburt das Geburtsrecht des Lebens tief in unseren Innengarten eingepflanzt. Wenn wir es anerkennen, pflegen und einsetzen, kann es gedeihen und in und durch uns wirken. Es führt uns dann in einer für uns teils unerklärlichen, rätselhaft geheimnisvollen, aber äußerst sieg- und erfolgreichen Art und Weise zu unseren Wünschen und Zielen.

In unserem Geburtsrecht existiert ein konkretes, auf jeden Einzelnen speziell abgestimmtes Programm, das weder gestört noch unterbunden werden darf, damit es exakt funktionieren und präzise schaffen kann. Dieses Programm ergibt im Kern unseres inneren und äußeren Bestehens unsere Persönlichkeit und Bedeutsamkeit als Mensch.

„Der erste Schritt in Richtung Veränderung ist Erkenntnis. Der zweite Schritt ist Akzeptanz." Nathaniel Branden

Die hier aufgeführten Mentalitäten, Emotionen und Eigenschaften innerhalb unseres Geburtsrechts des Lebens greifen in ihrem Wirkungsfeld wie ein intaktes Schweizer Uhrwerk ineinander. Alles ergänzt sich in einer für uns manchmal unüberschaubaren, dennoch wunderbaren und phänomenalen, tatsächlich schon magischen

Wirkungsweise. Diese vollkommen gestaltete und beispiellose Funktionalität garantiert uns die Voraussetzungen für die einmalige Wirkungskraft unseres Geburtsrechts, seine einflussnehmende, methodisch-effiziente Formgebung und grenzenlose Reichweite.

Wir denken oft, alles dafür getan zu haben, damit unser Leben ein ideales Gepräge, eine Struktur und Klarheit besitzt und es beständig reicher und besser wird. Doch bleibt nicht stets zumindest ein kleiner Zweifel, ob wir wirklich aktiv **alles** dafür unternommen haben? Waren wir tatsächlich jederzeit bereit, alles zu investieren und neue Wege zu gehen? Oder haben sich vielleicht doch einmal Passivität oder Gleichgültigkeit in unserem Inneren angesiedelt? Machten sich zeitweise womöglich die Gedanken breit, dass das mit der verbessernden und weiterentwickelnden Lebensüberarbeitung und -sanierung alles Unsinn ist? Dass es sowieso nichts bringt, weil wir so sind, wie wir sind, und alles eine Frage des Schicksals ist, welches wir nicht beeinflussen können?

Wir sollten uns immer fragen, was im Zentrum unserer Wahrnehmung und unseres Wollens steht und was wir bereit sind, zu verändern! Dann können sich alte Themen auflösen und aus unseren Träumen und Gelegenheiten wunderbare Wirklichkeiten werden.

„Jede neue Erkenntnis zeigt dir einen neuen Weg in deinem Leben. Es hängt nur von dir ab, ob du ihn einschlägst.“
Reiner M. Sowa

Positive **Angst** gehört zu den normalen Grundgefühlen des Menschseins und ist in unser Nervensystem einprogrammiert. Ohne sie ist ein sicheres Leben nicht gewährleistet. Sie warnt uns vor Gefahren, negativen Einflüssen und all den Elementen, welche einem gesunden, selbstbestimmten und glücklichen Leben entgegenstehen. Die positive Angst fördert unsere Wachsamkeit und hilft uns, unsere Kräfte zu mobilisieren und Schutzmaßnahmen zu ergreifen. Durch sie schützen wir unser Überleben. Wenn wir lernen, die positive Angst von der negativen zu unterscheiden, können wir sie als die uns legitim bewachende und mahnende Begleiterin in allen Lebenslagen geeignet deuten und anerkennen. Wir werden befreiter atmen, ruhiger leben und müssen sie nicht mehr fürchten.

„Wer seine Ängste in der richtigen Weise erkannt hat, wird wirklich frei sein." Unbekannt

Die unverhältnismäßige und exzessiv krankhafte Angst resultiert aus einer **Angststörung**. Diese negative Angst zerstört den Menschen von innen heraus, bestimmt sein Leben und entreißt ihm seine Selbstkontrolle. Wenn sie sich in unserer Innenwelt verzweigt, wirkt sie übermächtig und vernichtend. Um den aufsteigenden Angstvorstellungen richtig zu begegnen, ist es entscheidend, sie in ihren Ursprüngen in ihrer Detailschärfe zu betrachten, korrekt einzuordnen und sich ihnen mit qualifizierter Unterstützung zu stellen. Dann kann diesen inneren Schreckensbildern viel von ihrer Intensität und lähmenden Gewalt genommen werden. Angststörungen sind nach wissenschaftlichen Erkenntnissen mit professioneller Hilfe gut behandelbar. Wird ihnen nicht mit sachverständigem Beistand entgegengetreten, können sie verheerende Ausmaße annehmen.

„Man muss vor nichts im Leben Angst haben, wenn man seine eigene Angst versteht." Marie Curie

Ohne **Glück** wären wir nicht in der Lage, Lebenspracht und herrliche Fülle brillant in unserer Existenz zu inszenieren und sie weiterzuentwickeln. Wir wären zu unkundig, um uns die gesamte Bandbreite der Schönheiten, Behaglichkeit und des Reichtums des Lebens untertan zu machen. Glück kann uns unerwartet von außen begegnen oder in seiner wahren Echtheit innerlich mit Herz und Seele empfunden werden. Es vollendet unseren Genuss jeglicher Bedürfnisse, Herzensangelegenheiten und Sehnsüchte.

Oft finden wir Glück in den uns umgebenden Selbstverständlichkeiten und der allgemeinen Routine des Alltags. Öffnen wir die Augen und unser Herz dafür!

Auch in den schwierigsten Zeiten können wir das Glück schrittweise erneut auf unsere Seite ziehen, wenn wir einen Paradigmenwechsel in unserem Bewusstsein herbeiführen können und ein neues Erklärungsmodell für die Wirksamkeit des Lebens zulassen.

„Willst du glücklich sein? Dann sei es ...! Jetzt ...!"
Romana Prinoth Fornwagner

Perfektionismus begrenzt, hemmt, knebelt. Wenn wir unser Leben in Mühelosigkeit und komfortabler Ungezwungenheit erkennen, erleben und auskosten möchten, ist es unabdingbar, sich von der Fessel des Perfektionismus zu lösen. Er kettet unsere Individualität an und torpediert und bremst unsere Schaffenskraft, lebendige Eleganz und Genialität. Je mehr wir uns vom Perfektionismus leiten und aufhalten lassen und dadurch in seine Abhängigkeit geraten, umso mehr werden wir uns von unserem Recht auf Nichtperfektion entfernen.

Unperfekt leben bedeutet Losgelöstheit, Ausweitung, aktiviertes Vergnügen, Ungebundenheit, Souveränität und ungezwungen eingeräumte Entfaltung im selbstbestimmten Konzeptionsspielraum.

„Ich bin ein Perfektionist, will immer alles besser machen und bin deshalb nie zufrieden. Ich werde nie zu dem Punkt kommen, an dem ich die Beine hochlegen kann und sage: Alles super, was bin ich glücklich." Sir Mick Jagger

Wenn wir in der Lage sind, **Vertrauen** zu uns selbst und anderen aufzubauen und ein glaubwürdiges Verhalten zu praktizieren, können wir an unseren Zielen festhalten und werden stets für deren Verwirklichung kooperative Hilfestellung erfahren. Unser Geburtsrecht hilft uns dabei, solidarische Menschen zu finden und diese zu aktivieren, indem es automatisch unsere Konzentration und unseren Blick auf solche Personen lenkt. Die Grundlage des Vertrauens stützt sich auf vier Pfeiler: Integrität, gute Absicht, Fähigkeiten und resultierende Ergebnisse. Diese vier Größen bilden eine Verknüpfung unserer Persönlichkeit und unseres potenziellen Könnens mit unserem Leben. Befinden sich diese vier Säulen in ausgewogener Übereinstimmung, werden sich unsere Ziele zu uns hinbewegen, statt sich von uns zu entfernen.

„Vertrauen steht und fällt mit der Deckungsgleichheit unserer Gedanken, Worte und Werke." Christian Rebosch

Lust ist ein substanzielles Gefühl in unserem Leben, aus welchem eine außerordentlich antreibende Faszination und Wirkkraft erwachsen kann. Durch sie nehmen wir angenehme Sachlagen oder Zustände in uns auf und können sie in vollem Maße genießen. Durch pulsierende Lust werden Barrieren überwunden und unser Lebensstandard erreicht bei ihrer Befriedigung einen höheren Level. Allerdings muss man sich bei der Zufriedenstellung seiner Lust auch stets der damit verbundenen Folgen im Klaren sein, da jederzeit das Gesetz von Aktion und Reaktion gilt.
Lust gehört zur Natur des Lebens und damit zur Natur des Menschen, und ihr Ausleben unterfüttert unsere Selbstbestätigung. Durch ihr ideenreiches und gestaltendes Temperament erhält unser Alltag mehr Volumen und einen höheren Freiheitsgrad. Wir verstehen den in der Lust enthaltenen Abenteuergeist als energiegeladenen, feurigen Lebensbefürworter.

„Lust ist Leben." Novalis

Zeit ist vergänglich und kann nicht zurückgebracht werden. Wer sich keine Zeit für sich und die, die ihm nahestehen, Zeit für Entspannung und Seelenruhe, Zeit für das Nichtstun sowie für alles Schöne und Lebenswerte im Leben nimmt, verlebt sein Leben. Er verfällt immer wieder in Rastlosigkeit, Rasanz und Verpflichtungs-abhängigkeit. Er füllt es oft mit den falschen Inhalten und ist nicht in der Lage, die bezaubernden und wohltuenden Seiten seines Daseins zu kreieren. Wenn wir die Räume unserer Zeit mit sinnvoller und lebensbejahender Substanz füllen, geben wir ihr Bedeutung, Gewinn und richten sie auf ein Ziel aus. Wir kommen in einen natürlichen Wechsel von Anspannung und Entspannung und bringen so die wichtige ausgleichende Harmonie in unser Leben.

„Die gute Zeit fällt nicht vom Himmel, sondern wir schaffen sie selbst." Fjodor Dostojewski

Der wahre **beste Freund** hilft uns, unserer Existenz mehr Einfachheit, Ungezwungenheit und unverbindliche Freiheit einzuverleiben. Er zeichnet sich durch unbedingte Ehrlichkeit, Zuverlässigkeit und Treue aus und toleriert unsere Schwächen, ohne uns dafür zu verurteilen. Wenn wir ihn brauchen, lässt er alles fallen und hält in allen Zeiten zu uns, selbst wenn sich der Rest der Welt über uns empört und von uns abwendet. Er unterstützt uns dabei, aus uns das zu machen, was und wer wir sein möchten. Dem besten Freund können wir unsere tiefsten Geheimnisse anvertrauen, und mit ihm an unserer Seite bekommen wir das Gefühl, sogar die Welt in die entgegengesetzte Richtung drehen zu können.
Diese besondere, äußerst wertvolle Freundschaft muss jedoch von beiden Seiten gepflegt und versorgt werden.

„Ist doch der Freund ein zweites Selbst." Aristoteles

Die **Liebe** ist das goldene Glanzlicht in unserer Innenwelt. Sie ist die erste und letzte Umarmung des Lebens und eine offenkundige und manchmal auch verborgene Adresse in unserer Seele, welche bisweilen gerne wiedergefunden werden möchte.
Wenn wir uns selbst lieben, wie wir sind, und eine allumfängliche Liebe in uns verspüren, werden wir in der Lage sein, unbeschreibli-

che Liebe gegenüber anderen zu üben, ohne uns dabei persönlich zu verlieren. Wir werden inneren Frieden, Einklang und Ruhe fühlen und eine weitreichend strahlende Attraktivität erzeugen. Dadurch werden sich Menschen von uns angezogen fühlen und in unserer Nähe Liebe, Beachtung und Geborgenheit empfinden.
Liebe ist für das persönliche Wachstum und die eigene Entfaltung unerlässlich. Sie ist eine der einflussreichsten, fürsorglich hingebungsvollsten und tiefgreifendsten Komponenten der inneren sinnlichen Perfektion. Wenn wir Liebe in sämtlichen Zonen des Lebens buntgemischt und vollumfänglich leben, werden wir niemals allein sein.

„Verlieren Sie Ihre Liebe, verlieren Sie Ihre Menschlichkeit. Verlieren Sie Ihre Menschlichkeit, verlieren Sie sich selbst. Verlieren Sie sich selbst, verlieren Sie alles." Christian Rebosch

Ärger tritt in der Regel immer dann auf, wenn eine unserer persönlichen Grenzen überschritten wurde. Fühlen wir uns ungerecht behandelt, gekränkt oder machtlos, oder sehen wir unsere Ziele blockiert bzw. vereitelt, schleicht sich schnell das Gefühl des Ärgers ein. Dieses sollte uns jedoch nur für eine zu der Situation passende und vertretbare Zeit in Beschlag nehmen. Da länger anhaltender Ärger eine nachweislich ungünstige Lebensversion nach sich zieht, sollten wir nach einer kurzen Unmutsdarstellung ins konstruktive Überlegen und bewältigende Handeln kommen. Dabei ist es wichtig, ihn als wichtiges Basisgefühl unseres Körpers zu betrachten und als Wegweiser anzunehmen, um in einer angemessenen Weise wirksame und nützliche Lösungen zu erarbeiten. Wohlerwogener Ärger dient als dynamischer Hinweisgeber für ein veränderungsbereites, steigerungsfähiges und fortschrittlich engagiertes Leben.

„Der Urheber für Ärger und schlechte Laune ist der ständige Kontakt mit Idioten." Unbekannt

Aufrichtige **Dankbarkeit** ist der vielversprechendste, idealste und selbstloseste Weg zu mehr Glückseligkeit, Hochgefühl und Wohlbehagen. Dankbarkeit gibt und erhält uns unsere innere Übereinstimmung, Gewährung und Stabilität und ist zentrales Brennelement für ein erfülltes Leben. Durch Dankbarkeit atmet unsere Gesinnung durch, unsere Seele auf, und auf unserer dankbaren Haltung basierend erkennen wir den wahren Reichtum und die höhere Bedeutung unseres Lebens. Das erste Prinzip für Dankbarkeit ist unsere Konzentration auf Chancen und Fülle, statt auf Negativität und Einschränkungen.

Gelebte Dankbarkeit wirkt wie ein Impfstoff, der uns anerkennend und genügsam, jedoch nicht gleichgültig, in die Zukunft blicken lässt. Sie zieht mehr zuversichtliche, zufriedene und günstige Effekte auf das körperliche und geistige Wohlbefinden nach sich und reduziert Stress und Ängste. Wir werden widerstandsfähiger und zufriedener und können vermehrt Gutes im Schlechten erkennen.

„Nicht die Glücklichen sind dankbar. Es sind die Dankbaren, die glücklich sind." Francis Bacon

Respekt bedeutet, Achtung, Höflichkeit, Anerkennung und Wertschätzung, aber auch Versöhnung gegenüber sonstigen Personen walten zu lassen. Wir erkennen den Menschen als emanzipiertes Wesen an, sind offen und bitten um Entschuldigung, wenn es angebracht ist. Respekt stärkt das eigene Selbst und akzeptiert, dass jeder Mensch Wert, Würde, aber auch fremde oder ungewohnte Mentalitäts- und Aktions- bzw. Reaktionswelten besitzt.

Voraussetzung für ein respektvolles Verhalten gegenüber anderen ist der Respekt vor der eigenen Person. Ein wohlerzogener Umgang schafft eine Atmosphäre des Verständnisses und der harmonischen Zusammenarbeit. Eine Investition in Respekt schüttet einen Gewinn in Form von Einverständnis, Entsprechung unterschiedlicher Denksysteme, einem gemeinschaftlichen Miteinander und eigenem Seelenfrieden aus. Wir sind aufgeschlossener und akzeptanzbereiter und werten somit das einvernehmliche Zusammenleben auf, erleichtern eine sozial verträgliche Kommunikation und achten sowie respektieren das gesamtheitliche Leben.

„So viele Dinge kommen wieder zurück und sind wieder in. Ich kann es kaum erwarten, bis Moral, Respekt und Intelligenz wieder im Trend sind." Denzel Washington

Lebensfreude erhalten wir durch die lebensbejahende und unbeschwerte Bewertung des Lebens und ein primär vergnügliches Lebensverständnis. Wir empfinden durch diese emotional positive Stimmung mehr Spaß im Leben und erlangen durch sie den richtigen Blick für eine einfachere Bewältigungsstrategie schwieriger Probleme und anstrengender Angelegenheiten.
Oft verirren wir uns im Tal unzufriedener Empfindungen und Gedanken, wodurch unsere Lebensfreude vom Sog des Lebenskummers und der Frustration mitgerissen wird. Wir verlaufen uns im eigenen Kopf, ohne dass uns das im fieberhaft ruhelosen Gewusel der Zeit bewusstwird. Kleiden wir uns mit mehr Vergnügen, Leidenschaft und Frohsinn! Machen wir die Lebensfreude zu einem Rockstar unserer Innenwelt, der uns euphorisiert und mit seiner Fröhlichkeit und guten Laune ansteckt.

„Lebensfreude besteht zum Großteil aus der Fähigkeit, mit Menschen und Situationen klarzukommen, die man nicht mag."
Christian Rebosch

Auch wenn wir im **Zweifel** eine Kontamination unseres Bestrebens nach planungssicherer Gewissheit, Stichhaltigkeit und Deutlichkeit erkennen, ist er im Leben, welches in seinem operativen Spektrum nicht immer mess- und überschaubar ist, unerlässlich.
Solange Zweifel und Selbstzweifel gesund und angemessen bleiben, sind sie unverzichtbar für die sich ständig modernisierende und perfektionierende Ergänzung des persönlichen Werdeganges

sowie sämtlicher Entwicklungsprozesse. Durch eine gesunde Skepsis gegenüber Personen und Situationen erhalten wir uns die Fähigkeit, gesicherte, taugliche und sinnvolle Entscheidungen zu treffen. Darüber hinaus schaffen wir uns mehr Einsatzkombinationen für Abwägungsliberalität und Selbstschutz. Zweifel genehmigen uns geistige Bewegungsfreiheit, um das Leben zu filtern, richtigzustellen und somit Irrtümer zu bereinigen.

„Zweifel ist eine Frage der Intelligenz." Klaus von Dohnanyi

Entspannung trägt zur Senkung körperlicher und seelischer Belastungen und Anstrengungen bei und fördert das Ablassen des alltäglichen Hochdrucks, welcher durch die verschiedensten Produkte der Lebensindustrie in Körper und Geist entsteht.
Lösen wir uns von der uns ständig begleitenden, in unzähligen Varianten auftretenden Daueranspannung des physisch-geistigen Elektrizitätswerkes! Lassen wir das Anstrengende und Zermürbende des Öfteren gesamtheitlich los und streifen den erdrückenden Ballast ab, um mehr Freiräume für uns selbst zu entwerfen! Folglich werden wir neue Widerstandskraft, lebendige Frische, eine erweiterte Dynamik und ein lebensfrohes und ausgeglichenes Lebensgefühl in uns ausfindig machen können.
Suchen und finden wir diese anschmiegsamen, beruhigenden Entspannungsphasen und lassen uns unbeschwert in ihnen fallen!

„Entspanne Dich. Lass dich gehen. Außer einigen wenigen Ausnahmen ist nichts so wichtig, wie es zuerst scheint." Unbekannt

Selbstbestimmte **Entscheidungen** zu treffen, nimmt eine Schlüsselrolle in unserem Geburtsrecht und individuellen Lebenssystem ein. Sie prägen unseren Charakter und sind von entscheidender Tragweite für unsere Persönlichkeit, unser Lebensniveau und die Resultate in unserem Leben. Entscheidungen spiegeln unsere innere, werteorientierte Grundausrichtung wider, die unsere Einstellungen und unser Verhalten bestimmen. Sie sind ein systematischer Ansatz, der unsere zukunftsgeleitete Vision eines überlegteren und überlegeneren Lebens darstellt. Entscheidungen weiten unseren Blick und formen das Bild unseres Lebens. Sie zu wählen und zu fällen, konkretisiert und kennzeichnet unsere mentale Stärke, zeugt von freier geistiger Selbstverwaltung, einem überlegenen Führungsstil und macht uns zu dem Menschen, der wir sind. Entscheiden wir also mit Bedacht und weise!

„Wir sind unsere Entscheidungen." Jean Paul Sartre

Durch **Unbeschwertheit** initialisieren wir in spielender und unbekümmerter, aber dennoch verantwortungsvoller Weise unser Leben und unsere progressiv ungezwungene Entfaltung.
Nehmen wir das Leben in seiner manchmal unbequemen Varianz leichter und entledigen uns der damit verbundenen Last und des Drucks, können wir geräusch- und müheloser im gegenwärtigen Augenblick leben sowie unbelasteter in die Zukunft blicken. Wir bauen Abstand zu den unerfreulichen Zwischentönen des Lebens auf. Dadurch können wir es aufgelockerter und konzentrierter in seiner ineinandergreifenden und elegant gemischten Wirkungserscheinung sowie vornehmen Feinheit definieren und leben. Wir erfahren das Leben als eine uns regelmäßig dienende und begünstigende, von beständiger Evolution und Ausdehnung geprägte Offenbarung.

„Leichtigkeit ist die Fähigkeit, sich von Sorgen und Ängsten zu befreien und das Leben mit einem offenen Herzen zu genießen."
worldday.de

Fehler sind Bestandteile des Lebens und gehören zur Ursprünglichkeit allen Seins. Im richtigen Umgang mit Fehlern werden diese analysiert und dann Lösungspakete geschnürt. Dem gegenüber wird in der negativen Fehlerkultur versucht, die Fehler zu vertuschen, und die Verursacher werden bestraft, wodurch sie durch aufkeimende Ängste oder Frust in ihrem Wirken begrenzt werden. Fehler entstehen durch Entscheidungen, Unerwartetes oder Neues und sind ein Startschuss zum Lernen. Durch ihre Begehung versetzen wir uns in die Lage, andere Sichtweisen einzunehmen sowie Denk- und Verhaltensstrukturen zu untersuchen und zu verändern. Fehler stellen fest, entschlüsseln und informieren, um uns zu befähigen, unser Leben zukünftig origineller, erfolgversprechender und vollendeter zu generieren und in Szene zu setzen.

„Wer noch nie einen Fehler gemacht hat, hat sich noch nie an etwas Neuem versucht." Albert Einstein

Durch **Gelassenheit** befähigen wir uns, unser Nervenkostüm in strapaziösen und dornenreichen Situationen sauber und gepflegt zu halten. Wir bewahren uns unsere Fassung, nehmen Wandlungsprozesse als Teil des Lebens an und lassen uns durch unsere Emotionen nicht aus der inneren Balance bringen.
Wenn wir uns in der Gelassenheit entfalten können, werden wir die Einzigartigkeit unseres exklusiven seelischen und gedanklichen Profils fortschrittlich modernisieren und vervollkommnen. Wir erkennen die allseitig methodische Verbindung, in welcher die beispiellose Vollkommenheit unseres Geburtsrechts mit unserer Persönlichkeit verschmilzt. Somit können wir unserer Präsenz neuen Glanz, unseren Lebensvorhaben neue Virtuosität und unserem charakterlichen Gefüge ein neues Bewusstsein vermitteln.

„Die letzte Weisheit des Lebens erfordert nicht die Annullierung von Missständen, sondern die Erlangung von Gelassenheit in sich selbst und darüber hinaus." Reinhold Niebuhr

Die Fähigkeit, „Nein" zu **sagen**, impliziert ein großes Maß an autoritärer Freiheit und lässt den Menschen ein intensives Gefühl der Eigenbestimmung erleben.

Entledigen wir uns des Pflichtgefühls, stets „Ja" zu sagen, nur um anderen zu gefallen, und ändern wir unsere ablehnende Einstellung zum „Nein"-Sagen! Würde es infolge des „Ja"-Sagens zu einer psychischen oder physischen Überforderung kommen, haben wir das Recht, mit einem „Nein" zu verweigern. In einer Notfallsituation werden wir, den Umständen entsprechend, auf eine Bitte unsere Hilfe gewähren oder sie selbst schon anbieten.

Zur richtigen Zeit und im richtigen Moment abzulehnen, stellt uns die Möglichkeit in Aussicht, uns selbst besser zu verwirklichen und unsere Resilienz, Lebensqualität und unseren Lebenswert zu erhöhen. Sagen wir in Zukunft nur „Ja", wenn wir auch „Ja" meinen!

„Die Fähigkeit, das Wort *Nein* auszusprechen, ist der erste Schritt zur Freiheit." Nicolas Chamfort

In der stillen und beruhigenden Oase der **Zufriedenheit** erlangen wir in den Stürmen des Lebens Ausgeglichenheit und sind in Übereinstimmung mit unseren Erwartungen und dem wahren Geschehen. Wir kommen bei uns an und können in uns ruhen. Wir sind im Frieden mit uns und unserem Umfeld und akzeptieren die herrschenden Zu- und Umstände.

Zufriedenheit ist der Schlüssel zu unserer Innenwelt. Mit ihr können wir alle lebensfrohen und erfolgreichen Maßstäbe, welche sich in unserem Inneren aufhalten, in die Außenwelt tragen. Unsere innere Zufriedenheit isoliert zunächst sämtliche schädlichen, unvorteilhaften und zerstörenden Anteile und Ausprägungen unserer Gefühle und Wahrnehmungen, um sie letztlich zu eliminieren. Dadurch wird sie sich zartfühlend und sanft ausweiten und intensivieren, wir werden unser Leben so annehmen können, wie es ist, und es zu etwas Besonderem machen.

„Ein angenehmes und heiteres Leben kommt nie von äußeren Dingen, sondern der Mensch bringt aus seinem Inneren, wie aus einer Quelle, Zufriedenheit in sein Leben." Plutarch von Chäronea

Erfolg ist kein interessenorientiertes Zufallsprodukt, sondern das Ergebnis von harter Arbeit, Fleiß, Konsequenz und Disziplin. Er ist die Summe der Erreichung unserer Wünsche und Ideen. Im Leben hat alles seinen Preis, erst recht der Erfolg, jedoch wird der Opferpunkt des materiellen Erfolgs oft zu wenig bis gar nicht beachtet.

Der wichtigste und bedeutendste Erfolg kommt von innen. Dieser Erfolg lässt uns ein Leben nach unseren eigenen Träumen und Vorstellungen leben und im Reinen mit uns selbst sein. Alle in unserem Geburtsrecht des Lebens enthaltenen und sich umarmenden Helfer und Zuarbeiter für ein zukunftsorientiert besseres und wegweisendes Leben sind dann aktiviert und wirken in und durch uns.

Um Erfolg zu finden, müssen wir lernen, auch Misserfolge richtig zu verstehen, und aufpassen, dass unser Ehrgeiz nicht unsere Fähigkeiten und unseren Wert als Mensch überholt.

Durch Erfolg können wir etwas Kostbares, einen Unterschied zum unauffälligen Standard, hinterlassen.

„Es gibt keine Geheimnisse für den Erfolg. Er ist das Ergebnis von Vorbereitung, harter Arbeit und Lernen aus Misserfolgen."
Colin Powell

Manchmal kommt der Zeitpunkt, an dem wir alle etwas verändern müssen, um mehr Transparenz und Gewissheit in unserem Leben zu erhalten. Gelegentlich müssen wir dafür auch unsere Pläne und Ziele der Realität anpassen. Mal sind es kleine, mal größere Korrekturen, doch sie alle tragen dazu bei, unserer Existenz ein aufmerksameres und gehaltvolleres Prestige zu verleihen. Zwei dieser Veränderungen sind die bewusstere Wahrnehmung sowie die Ausübung der oft in Vergessenheit geratenen uns helfenden Rechte, die uns vom Leben zuerkannt wurden.

Machen wir uns das Unbewusste wieder bewusst, um in Zukunft mehr davon profitieren zu können! Verabschieden wir uns von alten Dogmen, Klischees und Grundgedanken und öffnen uns mehr dem Leben und den darin enthaltenen Wundern! Bereiten wir uns auf neue Erfahrungen auf neuen Wegen vor und lernen, die Schule zu verstehen, durch die uns das Leben schickt!

Wir besitzen keine **Garantie** auf die Liebe. Wir verfügen auch über keine **Garantie** auf Gerechtigkeit, Glück oder Vertrauen. Wir besitzen noch nicht einmal eine **Garantie** auf das Leben selbst, egal in welcher Form. Aber wir alle besitzen ein **Recht** auf Liebe, ein **Recht** auf Glück und Vertrauen und vor allem ein ganz besonderes **Recht** auf das Leben. Auf ein Leben in selbstbestimmter Einzigartigkeit, Beispiellosigkeit und Vollendung.

„Es sind nicht die äußeren Umstände, die das Leben verändern, sondern die inneren Veränderungen, die sich im Leben äußern."
Wilma Thomalla

Welche Träume und Hoffnungen leben noch in unseren Herzen? Manifestieren wir diese Wünsche und Verlangen in unserer Welt, denn sie sind es wert, gelebt zu werden. Das Wichtigste dabei ist Selbstehrlichkeit. Sie bringt uns zwar nicht immer sofort an unser gewünschtes Ziel, fördert uns jedoch unaufhaltsam in unserer persönlichen Entwicklung und perfektioniert sie. Diese aufrichtige, wahrheitsliebende und kreative Herausbildung unseres individuellen Wesens lässt uns unseren Weg im Vertrauen weitergehen.
Das Leben hat auf Sie gewartet, Sie willkommen geheißen und offenbart sich nun jeden Augenblick durch Sie. Es verweilt jetzt nicht mehr, sondern fließt unaufhörlich in Ihnen und durch Sie weiter. Sie entscheiden, ob Sie es annehmen, im Gleichklang mitschwimmen oder dagegenhalten, und mit welchem Inhalt Sie es füllen.
Die Verbindung mit Ihrem Geburtsrecht ist kein Sommerflirt mit einem Anfang und einem Ende. Sie besteht ein Leben lang und kann durch nichts und niemanden getrennt werden. Somit können Sie ihm auch ein Leben lang vertrauen und von ihm profitieren.
Substanziell ist alles, was echt ist. Sie sind echt durch alles, was Sie in sich tragen. Das macht die Substanz Ihrer selbst aus und damit

die Echtheit Ihres Ichs und Seins. Akzeptieren Sie Ihre Schwächen und stehen Sie zu diesen, denn so wie Sie sind, sind Sie genug, sind Sie perfekt! Aber definieren Sie sich immer über Ihre Stärken und Talente! Schließen Sie Frieden mit Ihrer Persönlichkeit, auch wenn Sie gelegentlich nicht immer so begeistert von ihr sind! Sie ist Ihre wahre Natur, Ihre DNA, und sie ist unverwechselbar und beispiellos. Sie besitzen nun mal nur diese eine, und sie kennzeichnet Ihre Besonderheit, Ihren Typ und ursprünglichen Zustand, eben Sie als lebensechten und unverstellten Menschen.

Machen Sie Ihr Leben mit dieser Einstellung zu Ihrer Herzensangelegenheit!

„Es ist nie zu spät, um das zu sein, was du sein könntest.“
George Eliot

Alle vom Leben verliehenen Rechte besitzen kein Verfallsdatum. Seit der Existenz der Menschheit bestehen diese Rechte und mit Beginn der Menschheitsgeschichte wurden sie jeder einzelnen Person durch das Leben selbst zugesprochen. Es liegt nun an jedem persönlich, sich diesem Wissen zu öffnen, es sich bewusst zu machen, sich danach auszurichten und das Geburtsrecht des Lebens in und durch sich zur Geltung zu bringen - oder eben auch nicht. Durch das Zum-Tragen-Kommen-Lassen dieses Wirksystems kann jeder seiner Persönlichkeit als Ganzes beständig mehr Ausdruck verleihen und seinen Lebensrahmen selbst hochwertiger und günstiger gestalten.

Das Leben ist wie ein wissenschaftliches Experiment. Wir entwickeln, probieren aus, erkennen Falsches, überlegen, treffen Entscheidungen, justieren nach, tauschen aus, vergleichen, verlieren manchmal den Überblick, erkennen neu, orientieren uns um, verändern etwas, passen uns an ... und so geht es tagaus, tagein. Oftmals haben wir in unserer rasanten Zeit das Gefühl, in dieser Endlos-Odyssee die Übersicht und Ausrichtung zu verlieren. Damit das nicht passiert, will uns das Geburtsrecht des Lebens unterstützen. Es hilft uns, die richtige Richtung zu finden, dabei die einfachsten Wege zu gehen und die sinnvollsten und nützlichsten Entscheidungen zu treffen, um dann das Beste für uns herauszuholen.

In dieser Welt ist Ihr Leben zuhause, und in Ihrem Leben sind Sie zuhause. Als Ihre liebevolle und geschäftstüchtige Haushälterin unterstützt Sie Ihr Geburtsrecht in Ihrem Zuhause jederzeit, ohne dabei auf die Uhr zu blicken. Es kennt keinen Feierabend. Breiten Sie sich gemütlich aus in Ihrem ganz speziellen Refugium des äußeren und inneren Weltgetümmels, und lassen Sie sich mühelos und beruhigt in die vertrauten und fürsorglichen Arme Ihrer Haushälterin fallen! Sie wird Ihnen nie den Rücken zuwenden oder sich von Ihnen lossagen.

„Es heißt doch: "Wissen ist Macht". Wenn du aber etwas weißt, aber nicht dazu in der Lage bist, dieses Wissen zu nutzen, dann ist Wissen Ohnmacht." Annette Kernbach

Das Leben läuft nicht nach einem festgeschriebenen Drehbuch ab. Es passiert einfach, mal mit einem lauten Knall und Getöse, mal mit leisem Flüstern in dezenter Stille, mal deutlich, mal unmerklich, mal offensichtlich, mal heimlich.

Manchmal verändern wir etwas und sind uns der möglichen Folgen nicht im Klaren. Plötzlich passiert etwas Unangenehmes, Ärgerliches, und wir sind verwirrt oder entsetzt. Doch mit einem Mal entwickelt es sich zu etwas Positivem, obwohl wir nicht mehr damit gerechnet haben. Der Zauber des Lebens ist einmalig, grenzüberschreitend und teilweise unerklärlich für uns. Er scheint unergründlich und nicht greifbar, wenngleich er offensichtlich auf der Hand liegt und sich direkt vor unseren Augen abspielt. Doch wir nehmen ihn nicht wahr und übersehen ihn einfach. Wir verrennen uns im Hochdruck der Zeit und nehmen dabei gedankenlos und achtlos alles Wunderbare als selbstverständlich hin, sogar unsere so zentral bedeutsamen, unendliche Liebe aufweisenden Beziehungen. Müssen wir denn erst etwas verlieren, um zu begreifen? Wir haben so vieles vergessen, was wichtig im Leben ist und uns glücklich macht, da wir es unbedacht und fahrlässig, eigentlich schon armselig, in die routinemäßige Normalität fallen ließen.

Lassen Sie uns das Leben mit seiner Magie, seinen Wundern und seinem Zauber mit neuen Augen betrachten! **JETZT** ist die Zeit, um glücklich zu sein, wie auch immer sich die äußeren Umstände gestalten und uns die Elemente beeinflussen. Begrüßen, würdigen und respektieren wir das Leben und begehen es jeden Tag aufs Neue in einer festlichen Weise, denn es ist das höchste vorstellbare Geschenk! Zelebrieren wir unsere Macht durch neues Wissen und Anwenden, welche sich in der initiativen Wirksamkeit unserer, womöglich neu erkannten, Persönlichkeit und Lebensgestaltung offenbaren!

Charlie Brown: „Eines Tages werden wir sterben, Snoopy!"
Snoopy: „Ja, aber an allen anderen Tagen werden wir leben!"
Snoopy in „Die Peanuts", karrierebibel.de

ENDE

NACHWORT

„Lernen besteht in einem Erinnern von Informationen, die bereits seit Generationen in der Seele des Menschen wohnen." Sokrates

Das Leben ist kein methodisch festgelegtes Verfahren. Es ist eine Sache der Annahme und Aussöhnung, des Zulassens und Vertrauens. Das Leben besitzt seine eigene, ganz spezifische Grundlage und die dazugehörigen Regeln, auch wenn wir uns nicht immer damit einverstanden erklären können oder wollen. Aber erst, wenn man eine Sache erkannt und verstanden hat, kann man sie akzeptieren und anwenden, und das bezieht sich natürlich in erster Linie auf das Leben. Diese Einsicht inspirierte mich, Ihnen den wahren inneren Gehalt des Geburtsrechts des Lebens nahezubringen, damit Sie es erkennen und verstehen lernen, um es dann akzeptieren und in Ihrem Leben wirken lassen zu können.

Ich kam zu der Erkenntnis, dass ich die Einzelteile dieses für mich selbst bis vor Kurzem noch unerklärlichen Geburtsrechts besser begreifen musste, um das große Ganze überblicken und erfassen zu können. Es war erforderlich, es in seinem sinnreichen und zugrundeliegenden Charakter der Fürsorge, des liebevollen Engagements und seiner einheitlichen Gesamtheit gründlicher fühlen und durchschauen zu lernen. Aus diesem Grund wollte und musste ich die unverfälschte innere Natur dieses exzellenten Geburtsrechts mit seinen vielfältigen lebensbeeinflussenden und -bestimmenden Merkmalen und Inhaltsstoffen, aber auch seinen Gegenspielern, aufmerksamer und überlegter recherchieren und enthüllen.

„Was für ein herrliches Leben hatte ich! Ich wünschte nur, ich hätte es früher bemerkt." Colette

Es lag mir am Herzen, herauszufinden, ob und wie die diversen Lebenselemente miteinander korrelieren und ob sie einen gegenseitigen Bezug aufweisen. Ich wollte erfahren, welchen Einfluss dieses eventuelle Zusammenspiel auf das Leben des Einzelnen und auf das Leben insgesamt hat, und wie jeder auf die möglichen Kombinationen der zwiespältigen Lebensfaktoren einwirken kann, sogar in schwierigen Phasen. Ich verpflichtete mich also, diesem System, dieser nicht immer leicht zu verstehenden Dualität und Polarität des Lebens, auf den Grund zu gehen. Ich wusste, dass auch mein Leben noch einmal eine verheißungsvollere Richtung nehmen wird, wenn ich diese Kausalitäten in ihren Ursächlichkeiten zu verstehen und anzuwenden lerne.

Dadurch, dass ich mir zu eigen machte, mir meines Geburtsrechts des Lebens ständig bewusster zu werden und seine kraftvollen Bestandteile in mein tägliches Leben zu integrieren, wurde ich ein anderer Mensch. Ich bin nicht mehr derselbe wie früher, aber ich bin trotzdem immer noch ich. Ich habe mich in meinem Wahrnehmen, Denken und Interpretieren von vor allem schwierigen Situationen verändert, sodass ich jetzt im Stande bin, diese zu akzeptieren, anzunehmen und auch das oft Wundervolle in ihnen zu erkennen. Mir wurde zunehmend klarer, wer und was ich tatsächlich bin, und welch zauberhafte, unvergessliche Momente teils stark anspruchsvolle und turbulente Lebensepisoden in sich tragen.

„Das Leben ist in seiner Urnatur reichhaltig, strahlend und wunderschön." Christian Rebosch

Ich erkannte die Magie des Lebens. Ich verstand endlich, dass diese Magie in der versöhnenden Gegensätzlichkeit und Wechselwirkung des Lebens besteht. Positives und Negatives ergänzen sich, verschieben die Dinge manchmal und gleichen sich irgendwann, auf irgendeine Weise immer wieder aus. Durch diese Einsicht und das damit verbundene neue Bewusstsein blieb ich nicht mehr an der Oberfläche alles sinnlich Erkennbaren fixiert. Ich konnte nun meine Sicht in eine Tiefe gleiten lassen und erkennen, wie dort die Gegensätze des Erkennbaren in einer ursprünglichen Gemeinsamkeit vereint sind, dass das Eine ohne das Andere kein Ganzes ergibt. Alles, was ich bisher erlebte, hat mich zu dem gemacht, der ich jetzt bin. Enttäuschungen und Zuspruch, Erfolge und Misserfolge, Liebe und Schmerz, angenehme und abstoßende Begegnungen, Glück und Unglück - all das und noch vieles mehr hat mich geformt und ausgebildet. Nicht zuletzt das Schreiben meiner Bücher und das damit verbundene Auseinandersetzen mit meinem Leben, dem Leben insgesamt und dem Geburtsrecht des Lebens in seiner reinen und brillant schlichten Originalität und besonderen Wirkungsweise vermittelten mir außergewöhnlich viel neues Wissen und Fühlen. Dieses neue Wissen und Empfinden verliehen mir ein zeitgemäß passendes emotionales und rationales Unterscheidungsvermögen. Die enorm großflächig gewonnenen erfolgreichen und verheißungsvollen Aufschlüsse und das Entwirren und Glätten vieler meiner einseitigen, entstellten Sichtweisen brachten mich wieder zurück in die Erfolgsspur meines Lebens. Wenn ich auf dieses zurückblicke und auch meine jetzige Situation betrachte und dabei meine Familie sehe, kann ich dankbar sagen, dass das Leben es insgesamt, trotz allem, bestens mit mir gemeint hat.

Ich kam im Laufe der Zeit zu dem Schluss, dass ich selbst der Zauberer meines Lebens bin. Durch meine neuen Gedankenrichtungen und Interpretationsalternativen erhielt ich in vielen Teilen meiner Lebensform eine vollkommen neue Sicht auf die Dinge. Ich konnte viel deutlicher und schärfer zwischen verkleideten Kleinigkeiten, welche groß erschienen, und verdeckten Wichtigkeiten des Lebens unterscheiden, mein Belastungsniveau geboten neu abgrenzen und entdecken, welch feinen großen Wert winzige Geringfügigkeiten haben können. Die Konsequenz dessen war, dass ich das Ehrfurcht gebietende Schaffende und Glücklichmachende im Alltag neuartig realisierte und genoss und entsprechend gepflegter in meine Innen- und Außenwelt einordnen konnte.

„Die Magie des Lebens bringt alle Kräfte, gute und böse, ans Tageslicht und verbindet sie zum Nutzen der Menschen. Dadurch lebt das Leben, lebt der Mensch.“ Unbekannt

Die Magie des Lebens drückt sich nicht darin aus, alles ins Positive zu zerren und das Schlimme auszublenden, sondern auch dabei, das Negative und Düstere anzunehmen und zu verstehen. Selbst dann, wenn man den Eindruck gewinnt, dass die Welt untergeht und das Leben keinen lebenswerten Sinn mehr hat. Oft werden wir Opfer unserer Schwächen, Verständnislosigkeit und fehlenden Einwilligung. Doch wenn wir daraus lernen, eisern weiterzugehen, uns nicht unterkriegen zu lassen und für diesen Zweck die Schönheiten des Lebens als starke Begleiter zu suchen, ermöglichen wir es uns dennoch, ein erfülltes Leben zu leben. Dann verstehen wir es, Schwächen in Stärken und Einfachheiten in Besonderheiten zu verwandeln. Wenn wir uns diese Auslegung aneignen, können wir unsere alten Erinnerungen sanft pflegen und gleichzeitig neue schaffen. Verhelfen wir unserem Fühlen, Denken und Handeln zu einer veränderten Strategie und innovativen Zirkularität!

Das Geburtsrecht des Lebens beinhaltet die leider in Vergessenheit geratene Urweisheit und -liebe des Lebens und ist das zentrale Modul der Lebensmagie. Diese Magie führt unter Einberufung und situativer Anpassung der im Geburtsrecht etablierten Bestandteile alle losen Enden unseres Lebens zusammen und bringt sie in einen vernünftigen und harmonischen Einklang. Vielmals erkennen wir gar nicht, oder erst sehr viel später, dass der Ablauf unseres Daseins so, wie er war, uns zum Besten diente und wir letztlich den größtmöglichen Nutzen daraus zogen.

Mir wurde klar, dass mich das Leben durch die im Geburtsrecht enthaltenen, miteinander verbundenen und ineinandergreifenden Elementarkräfte durch alle Verengungen, Gefälle und Untiefen der Zeit hindurchmanövriert. Einzige Voraussetzung dafür war, dass ich es in seiner Ganzheitlichkeit umfassend begreife, mich dem öffne und es zulasse. Ich begriff, dass ich allein entscheide, ob mir diese Magie erhalten bleibt oder verlorengeht.

„Der Zauberstab ist mir gegeben. Ich muss ihn nur zu gebrauchen wissen." Leo Tolstoi

Das Geburtsrecht des Lebens betreibt kein Bäumchen-wechsel-dich-Spiel. Es ist immer dasselbe und versucht stets, mit derselben Intensität und Fürsorge und der es umgebenden Magie unser Leben inhaltsreicher und leichter zu gestalten. Diese neue Erkenntnis musste auch ich erst lernen, um einen besseren Klarblick über Gesamtlagen zu gewinnen. Doch nach Abschluss dieser Prozesse wurde mir vieles plausibler, wodurch ich das Leben wieder bedeutend einfacher und auch selektiv lebenshungriger annehmen konnte.

An dieser neu gewonnenen Einfachheit und Leichtigkeit wollte ich Sie gerne teilhaben lassen und Ihnen unvertraute oder ungeläufige Wege der Annahme des Lebens aufzeigen. Und ich wollte Sie zum Nachdenken bringen. Dabei griff ich auch sehr sensible Themen auf und beleuchtete sie in dem einen oder anderen Kapitel. Dadurch beabsichtigte ich, Betroffene sanft und gefühlvoll an eventuell neue Einsichten, Orientierungen und Strategieansätze heranzuführen und ihnen mögliche, vielleicht auch erst einmal etwas irritierende und gewöhnungsbedürftige Perspektiven zu eröffnen.

Es war mir ein Bedürfnis, Sie mit den ständig außer Betracht gelassenen und damit verpassten, dennoch vorhandenen Rechten vertraut zu machen, welche jeder Mensch wahrnehmen möchte und es dennoch so oft versäumt. Durch diese Versäumnisse bleiben immer wieder das Geheimnisvolle unsichtbar, das Rätselhafte unerklärbar und das Magische und der Zauber des Lebens nicht fassbar. Das Leben insgesamt verharrt dann unflexibel, spannungs- und reizlos sowie stressüberlagert und krankmachend in der unfruchtbaren und kühlen Monotonie der klassischen Durchschnittlichkeit.

„Die wahre Lebenskunst besteht darin, im Alltäglichen das Wunderbare zu sehen." Pearl S. Buck

LETZTE GEDANKEN

„Veränderung ist das Endresultat allen Lernens." Leo Buscaglia

Nun sind wir am Ende unserer Reise angelangt, und ich danke Ihnen, dass Sie mir gestatteten, Sie ein paar Momente begleiten zu dürfen.

Sie sind Teil von etwas viel Größerem, als Sie sich vielleicht vorstellen können. Sie sind ein Geschenk an diese Welt und lebendiger Teil der menschlichen Entwicklung. Damit sind Sie elementarer und unverzichtbarer Faktor des sich stets weiterentwickelnden und vervollkommnenden Lebens insgesamt. Als unmittelbarer Bestandteil des nie enden werdenden universellen Lebens sind Sie demzufolge auch automatisch unsterbliches Element des unendlichen Lebenssystems. Fangen Sie diese Vorstellung ein und stellen Sie sie in den Mittelpunkt Ihres Geistes!

Gestalten Sie diese Welt zu **IHRER** Welt, die Entwicklung und Vervollkommnung zu **IHRER** Entwicklung und Vervollkommnung, machen Sie das Leben zu **IHREM** Leben, denn diese Zeit ist **IHRE** Zeit! Vielleicht ist ja heute, genau jetzt, ein zeitgerechter und erstrebenswerter Anfang für ein in allen Begleitumständen ineinandergreifendes und optimierendes „Neues Ich" gekommen.

„Verlasse die Geschichte, die dich zurückhält. Betritt die neue Geschichte, die du bereit bist, zu erschaffen." Oprah Winfrey

Ich wünsche Ihnen von Herzen ein weitläufiges Leben voller Leidenschaft und Hochgefühl, voll Lebendigkeit, Lust und Faszination. Dass das Funkeln und die Abenteuerlust in Ihren Augen niemals vergehen und Sie immer glücklich sind. Ich wünsche Ihnen, dass Sie stets Ihre Träume ohne Erwartungsdruck leben können und zu keinem Zeitpunkt Ihr Lächeln verlieren. Vergessen Sie nie, dass Sie ein wunderbarer, eine besondere Herrlichkeit in sich tragender Mensch sind und stolz auf sich sein können!

In ein paar Tagen werden Sie schon viel von dem, was Sie in diesem Buch lasen, vergessen haben. Doch während des Lesens werden Sie hin und wieder etwas Bestimmtes in sich gespürt haben, und ich hoffe, dass diese Gefühle in dem einen oder anderen Moment wieder in Ihnen erwachen, und Sie liebevoll von ihnen gestreichelt werden. Ich wünsche Ihnen, dass diese Empfindungen Sie tragen und Ihnen die Schwere des Lebens, zumindest ein bisschen, erleichtern.

Jeder Mensch benötigt in seinem Leben Transparenz und Beistand zur Wahrung des eigenen Selbst. Wenn Sie das Geburtsrecht des Lebens anerkennen und ungehindert in Ihrem Leben laufen lassen, wird nach und nach alles klar auf Ihrem geistigen Bildschirm sichtbar werden. Ihr inneres Gleichgewicht wird vorhanden sein und vollkommene Liebe, Gewährung, Dankbarkeit und Selbstübereinstimmung werden sich wohlig fühlend in Ihnen ausbreiten.
Werden Sie Teil des Zaubers und der Magie Ihres Lebens und gestalten Sie bewusst und frei Ihre eigene Lebensbiografie!

Ihr
Christian Rebosch

„Wer nicht an Magie glaubt, wird sie niemals entdecken."
Roald Dahl